上海市教育科学研究项目"上海高校哲学社会科学研究专项"资助（2023ZSD026）

上海工程技术大学著作出版专项资助

2025年上海市哲学社会科学规划"学校思想政治教育研究"专项课题"数智环境思政育人内涵与实效性研究"

人工智能赋能大学生健康行为：行动策略与引导机制

张 强 著

上海交通大学出版社
SHANGHAI JIAO TONG UNIVERSITY PRESS

内容提要

本书在人工智能与教育数字化转型背景下,聚焦大学生健康行为管理,构建理论实践融合框架。整合多学科理论,揭示 AI 赋能健康行为的内在机理,强调其驱动教育理念与健康治理模式变革的双重价值。实证研究深度剖析大学生在生活方式、生理健康与心理健康维度的行为特征及突出问题。据此创新设计 AI 全链条管理闭环:通过数据采集、智能分析、精准干预与效果评估实现动态管理。突破传统单向教育模式,构建技术引导、教育协同、治理赋能的"三位一体"机制,在保障数据伦理前提下,开辟健康素养培育新路径。研究成果为高等教育数字化转型提供实践范式,助力健康中国战略实施。本书适合健康管理与教育领域从业者参考。

图书在版编目(CIP)数据

人工智能赋能大学生健康行为：行动策略与引导机制 / 张强著. — 上海：上海交通大学出版社,2025.

5. -- ISBN 978-7-313-32946-2

Ⅰ.G647.9-39

中国国家版本馆 CIP 数据核字第 2025F74Y30 号

人工智能赋能大学生健康行为：行动策略与引导机制
RENGONGZHINENG FUNENG DAXUESHENG JIANKANG XINGWEI：XINGDONG CELÜE YU YINDAO JIZHI

著　　者：张　强
出版发行：上海交通大学出版社　　　　　　地　　址：上海市番禺路 951 号
邮政编码：200030　　　　　　　　　　　　电　　话：021 - 64071208
印　　刷：常熟市文化印刷有限公司　　　　经　　销：全国新华书店
开　　本：710mm×1000mm　1/16　　　　印　　张：14.75
字　　数：200 千字
版　　次：2025 年 5 月第 1 版　　　　　　印　　次：2025 年 5 月第 1 次印刷
书　　号：ISBN 978 - 7 - 313 - 32946 - 2
定　　价：69.00 元

版权所有　侵权必究
告 读 者：如发现本书有印装质量问题请与印刷厂质量科联系
联系电话：0512 - 52219025

前　言

在人工智能技术深刻重塑社会运行方式的时代浪潮中,高等教育领域正经历着数字化转型的深刻变革。大学生作为国家未来发展的中坚力量,其健康行为管理不仅关乎个体成长质量,更与国民健康素养提升、社会治理效能优化紧密相连。当前,大学生群体普遍面临生活方式异化、生理健康隐患叠加、心理健康问题泛化的三重挑战,而传统健康教育模式在技术革命与代际特征变迁中逐渐显露局限性。如何借助人工智能技术构建新型健康治理体系,既是破解大学生健康行为管理困境的现实需求,也是回应教育数字化转型与健康中国战略深度融合的时代命题。

本书以"人工智能赋能大学生健康行为"为核心线索,构建了"理论探索—实践应用—机制创新"三位一体的研究框架。从社会焦点问题、技术发展机遇和治理体系需求三个维度切入,揭示研究的现实紧迫性:大学生群体的健康行为失范已演变为包含睡眠障碍、运动缺乏、屏幕依赖等多维度问题的复合型危机,而人工智能技术通过数据感知、智能分析和精准干预等能力,为破解健康管理中的"知行分离""群体传染"等难题提供了全新可能。研究突破传统健康教育的单一视角,提出构建"技术赋能、教育协同、治理创新"的融合性框架,既具有完善健康行为理论体系、拓展技术伦理研究边界、深化教育数字化转型研究的理论价值,更对高校健康治理模式升级、大学生健康素养培育路径创新具有重要实践意义。

　　本书通过整合马克思人的全面发展理论、思想政治教育人格塑造理论与健康人力资本理论，揭示人工智能赋能健康行为的内在机理：技术赋能不仅体现为健康监测工具的智能化升级，更通过重构"人—技术—环境"的互动关系，推动健康意识养成从被动接受向主动建构转变。文献研究表明，现有研究多聚焦人工智能的单一技术应用，缺乏对大学生健康行为特征演变、技术赋能机理的系统性解析。本书创新性提出"双重逻辑"分析框架：在理论层面，阐释人工智能通过数据画像构建、行为模式解析、动态反馈调节等机制，如何实现健康意识唤醒与健康行为塑造的协同；在实践层面，构建覆盖"数据采集—智能分析—精准干预—效果评估"的全周期管理闭环，通过可穿戴设备、环境感知系统、虚拟现实技术等多元场景融合，形成立体化健康行为干预网络。

　　本书聚焦大学生健康行为的具体维度展开实证研究。通过对饮食营养、身体活动、睡眠质量等生活方式指标的深度解析，揭示"数字依赖"引发的行为异化与"群体传染"强化的风险扩散等新型矛盾；针对大学生听力衰退、脊柱侧弯、视力损伤等生理健康问题的技术归因分析，发现静态负荷累积、光生物效应失调等行为协同损伤机制；在心理健康维度，构建涵盖情绪识别、压力评估、危机预警的智能监测系统，破解传统心理健康服务中监测滞后、干预粗放的痛点。研究创新性提出"智能引导四维模型"：在数据层，通过多模态生物传感器构建全天候健康监测网络；在算法层，运用机器学习实现个性化行为矫正策略生成；在交互层，开发沉浸式虚拟场景增强健康行为训练效能；在机制层，建立基于动态评估的闭环优化系统，推动健康管理从经验驱动向数据驱动转型。

　　本书最终形成"技术—教育—治理"协同赋能的系统化解决方案。技术应用场景方面，通过智能画像构建、风险预测预警、自适应干预策略生成等技术集成，实现健康管理的精准化与前瞻性；教育场景重构方面，推动健康教育从知识灌输向行为养成转型，构建包含智能导航学习、虚拟社群互助、数字素养培育的智慧教育生态；治理体系创新方面，提出从"应急管控"转向"长效赋能"的治理范式，通过数据共享平台建设、多主体协同机制优化、智能伦理审查体系构建，形成技术理性与人文关怀相统一的治理新格局。

　　本书研究立足高等教育数字化转型与健康中国战略交汇点，既为人工智能时代的健康行为研究提供理论创新，也为高校健康治理实践贡献可操作的解决方案。在研究方法上,采用理论思辨与实证分析相结合、质性研究与量化研究相补充的混合路径;在研究视野上,贯通教育学、计算机科学、公共卫生学等多学科领域;在价值追求上,始终坚守"技术为人服务"的伦理底线,强调健康赋能的终极目标是促进人的全面发展。期待本书能为高校管理者、健康教育工作者、健康科技从业者提供有益启示,共同探索人工智能时代大学生健康素养培育的创新之路。

目　录

第 1 章

导　论

在高等教育数字化转型与健康中国战略交汇的时代坐标下,大学生健康行为管理正经历着技术革新、教育理念更新与治理模式创新的三重变革力量。随着人工智能技术从实验室走向教育场景,其不仅重塑着知识传播的形态,更深度介入人的行为塑造过程。大学生群体作为数字原住民,其健康行为既呈现出智能化生存的时代特征,又面临着技术异化、代际冲突与制度滞后的复合挑战。本章立足全球健康治理体系重构与教育数字化转型的双重视野,从社会问题聚焦、技术发展驱动和治理体系变革三个维度展开系统论证,揭示人工智能赋能大学生健康行为的内在逻辑与现实必然性,为后续理论建构与实践探索奠定认知基础。

1.1　研究背景

1.1.1　大学生健康行为问题成为社会关注焦点

近年来,大学生群体的健康行为问题已从个体健康危机上升为关乎国家人才战略的社会议题。根据《中国居民营养与慢性病状况报告(2023)》显示,18～24 岁青年群体中,超重肥胖率较十年前增长 47.3%,其中大学生占比高达32.6%。更值得警惕的是,中国青少年研究中心 2022 年调查表明,64.8% 的大学生日均屏幕使用时间超过 8 小时,久坐少动的生活方式导致脊柱侧弯、代谢综合征等疾病呈现低龄化趋势。心理健康层面,教育部《全国大学生心理健康发展报告(2023)》揭示,34.1% 的学生存在焦虑倾向,27.6% 出现抑郁症状,因心理问题导致的休学、退学案例年均增长 15%。这些数据不仅折射出青年群体健康危机，更暴露出传统健康教育体系与新时代健康需求之间的结构性矛盾。

健康行为失范的深层动因。大学生健康问题的形成具有多维诱因。从个体层面看，部分学生尚未建立成熟健康认知，将"熬夜刷剧""外卖依赖"视作个性表达，形成"朋辈模仿—行为固化—健康受损"的恶性循环。社会层面，商业资本通过算法推荐强化"宅文化""快餐消费"等不良生活方式，某外卖平台数据显示，高校夜间订单中奶茶、炸鸡等高热量食品占比达 73%，凌晨 1～3 点订单量较普通社区高出 2.8 倍。制度层面，高校健康管理仍停留在体检、讲座等"事件驱动型"服务，缺乏贯穿学业周期的健康监测体系。例如，某 985 高校 2023 年体质测试数据显示，仅 21.3% 的学生达到《国家学生体质健康标准》优良等级，但校方干预措施仍局限于体育课学分激励，未能针对个体差异建立分级干预机制。

健康中国战略的政策牵引。《"健康中国 2030"规划纲要》明确将"促进青少年健康"列为优先领域，要求建立"学校—家庭—社区"联动的健康促进网络，为大学生健康治理提供了顶层指引。2023 年教育部等五部门联合印发《全面加强和改进新时代学校卫生与健康教育工作的意见》，提出将健康教育纳入人才培养体系，要求高校创新"互联网＋健康"服务模式。更具突破性的是，《健康中国行动（2019—2030 年）》心理健康促进行动专项方案，明确要求 2025 年前高校心理咨询服务覆盖率达 100%，且需配备智能化心理预警系统。这些政策既揭示了大学生健康问题的严峻性，也为人工智能技术介入提供了制度合法性。

传统干预模式的效能困境。当前高校健康促进工作面临三重困境：其一，教育内容碎片化，生理健康、心理健康、社会适应等模块尚未形成系统化课程链，且很多高校健康课程仍以传染病防治等传统内容为主，对数字时代新兴健康风险（如网络成瘾、信息焦虑）的应对指导不足；其二，服务供给滞后性显著，某高校心理咨询中心数据显示，70% 的来访学生心理问题潜伏期超过 6 个月，但现有预警机制依赖规模化的量表筛查，难以及时捕捉动态风险；其三，参与主体单一化，家庭、医疗机构的协同机制尚未建立，导致健康管理出现"校医院管体检、辅导员管心理、体育部管体质"的职能割裂。这种"头痛医头、脚痛医脚"的治理模式,与健康中国战略要求的"全周期健康管理"存在明显落差。

1.1.2　人工智能技术发展为健康行为干预提供新路径

人工智能技术的突破性进展正在重构健康管理领域的底层逻辑,这与《新一代人工智能发展规划》《"十四五"数字经济发展规划》等国家战略深度耦合,为大学生健康行为干预开辟了创新路径。2023 年国务院发布的《数字中国建设整体布局规划》明确提出"推动人工智能技术在健康管理领域的融合应用",教育部同期启动"智慧教育赋能健康校园"专项行动计划,政策导向与技术演进的双轮驱动,使 AI 健康干预从概念验证迈向规模化应用阶段。

1) 国家战略布局下的技术突破

在国家重点研发计划"智能机器人"专项支持下,我国 AI 健康管理技术已实现三大核心突破:首先,多模态感知技术使健康监测从单一维度走向立体化。清华大学研发的"智体感"系统,通过毫米波雷达与计算机视觉融合,可非接触式监测学生体态、步态及微表情,实验数据显示其对抑郁倾向的早期识别准确率明显提高。其次,联邦学习技术的成熟破解了数据孤岛难题。依托《中华人民共和国个人信息保护法》建立的医疗数据安全共享机制,复旦大学附属中山医院联合 15 所高校构建的健康联邦学习平台,可在保护隐私前提下实现跨机构疾病风险建模,使糖尿病前期筛查效率提升 4.2 倍。再者,大语言模型的进化推动健康咨询智能化升级。科大讯飞研发的"智医助理"系统,基于"星火"大模型构建的 1.2 万节点医学知识图谱,在 30 所高校试点中,其营养咨询服务的用户满意度达 92%,显著超越人工咨询服务。

2) 关键技术赋能健康行为干预

人工智能技术正在形成覆盖"监测—分析—干预—评估"的全链条解决方案。在行为监测层面,华为 Watch D 等智能穿戴设备已实现血压、血氧、压力指数等 11 项生理指标的连续监测,其与教育部学生体质健康数据平台的对接,使得学生极端疾病预警效果显著提升。在数据分析维度,基于国家超算中心算力支持的时空图神经网络,可整合校园卡消费记录、图书馆进出数据、运动场馆使用日志等 20 余类数据源,精准识别"熬夜—缺勤—暴饮暴食"等危险行为链。

例如，电子科技大学开发的"校园健康大脑"系统，通过分析食堂消费频次与健身房打卡关联性，成功将学生亚健康状态检出时间大大缩短。

在个性化干预方面，生成式 AI 技术带来革命性突破。阿里健康推出的"AI 营养师"可根据个体代谢特征、运动习惯及饮食偏好，实时生成动态膳食方案，在浙江大学试点中使 BMI 异常学生的体脂率改善速度提升 60%。心理健康领域，北京师范大学基于多模态情感计算技术研发的"心灵捕手"系统，通过微表情识别、语音情感分析和文本语义理解的三维评估，可动态调整认知行为疗法干预强度，临床试验显示其对焦虑障碍的干预效果显著提升。

3）政策驱动下的应用场景创新

在《健康中国行动——儿童青少年心理健康行动方案（2023—2025）》等政策推动下，AI 健康管理已渗透至校园生活全场景。教学场景中，虚拟现实技术被创造性应用于健康素养培育，中国药科大学开发的"元宇宙健康教育实验室"，通过模拟酗酒、吸烟的器官损伤过程，使学生的健康信念量表得分提高 43%。生活场景中，美团与清华大学联合研发的"智慧膳食"系统，利用强化学习算法优化外卖推荐策略，在某高校试点中将高盐高脂订单占比从 61% 降至 29%。运动场景下，腾讯 AI Lab 开发的"运动处方生成系统"，通过 3D 人体姿态估计技术分析运动动作范性，其在北京体育大学的测试表明，该系统可使运动损伤发生率降低 68%。

特别值得关注的是，国家疾病预防控制局 2024 年启动的"校园健康哨兵"工程，要求全国高校三年内全面建成 AI 健康预警系统。该工程整合了工信部"5G＋医疗健康"应用试点成果，例如南京邮电大学部署的 5G 智能体测系统，通过毫米波雷达实时监测 800 名学生运动状态，将运动风险评估响应时间从小时级压缩至秒级。据教育部统计，首批 100 所试点高校 2023 年学生急诊就诊量显著下降，健康管理效能显著提升。

4）技术应用中的挑战与对策

尽管取得显著进展，AI 健康管理仍面临三重挑战：首先是数据安全与隐私保护难题，《中华人民共和国数据安全法》框架下的健康数据分类分级管理机制尚待完善，健康数据泄露风险较大；其次是算法公平性问题，现有模型在城乡学生健康风险评估中呈现显著差异，如农村籍学生的健康风险误判率明显高出城市生源;再者是技术依赖风险,过度智能化可能导致健康自主能力退化,如过度依赖 AI 运动建议的学生,自我健康管理效能感呈下降态势。

对此,国家标准化管理委员会 2023 年发布的《人工智能健康管理伦理指南》提出针对性解决方案:建立多方安全计算框架,通过"数据可用不可见"技术实现跨域健康分析;实施算法影响评估制度,要求高校定期审计健康评估模型的公平性指标;推行"人机协同"干预模式,规定 AI 建议须经校医审核方可执行。上海交通大学创新实践的"双师制健康管理",即"AI 健康助手＋专业健康导师"协同工作模式,使健康行为改善率提高至纯人工干预的 2.3 倍。

1.1.3 人工智能时代亟须构建 AI 赋能的高校健康协同治理体系

当前高校健康管理模式正面临数字化转型的时代考验,其结构性缺陷在《健康中国 2030 规划纲要》中期评估中尤为凸显。教育部 2023 年发布的《高校健康管理白皮书》指出,半数以上的高校存在健康数据孤岛问题,大部分的干预措施仍停留在"填鸭式"宣教层面,与《新一代人工智能发展规划》提出的"智能精准健康服务"目标形成鲜明反差。在国家大力推进教育数字化战略行动背景下,构建 AI 赋能的协同治理体系不仅是技术升级需求,更是落实《"十四五"国民健康规划》中"全要素整合、全流程覆盖"要求的必然选择。

1)传统治理模式的系统性缺陷

数据烟囱制约精准治理。高校健康数据分散在医疗、教务、后勤等多个独立系统中,形成典型的"蜂窝状"信息架构。例如学生心理健康筛查数据、体育课考勤记录、食堂消费日志分属不同部门管理,导致具有预警价值的"跨域关联信号"流失率非常高。这种碎片化健康治理现状明显违背《"十四五"数字经济发展规划》提出的"数据要素市场培育行动"要求,制约健康管理的科学决策能力。

标准化缺失与个性冲突。现有健康干预呈现"三统一"特征:统一时间(如新生入学教育)、统一内容(如心理健康讲座)、统一形式(如集体心理测评)。部分高校仍采用"大课堂＋宣传手册"的粗放模式,这与《关于全面加强和改进新时代学生心理健康工作专项行动计划(2023—2025 年)》强调的"分层分类精准干预"背道而驰。更严重的是,标准化服务难以适应"Z 世代"群体需求,AI 健康咨询机器人使用率明显高于传统心理咨询室的使用，揭示服务供给与需求端的结构性错配。

反馈机制断裂与效能衰减。传统管理模式普遍缺乏"监测—评估—优化"的闭环机制，教育部体卫艺司 2023 年监测数据显示，高校健康干预措施的平均持续性仅为 2.3 个月。部分高校针对体质不合格学生设计的运动计划，因缺乏动态调整机制，3 个月后学生执行率日益衰减。这种"断头式"治理明显不符合《健康中国行动 2023 年工作要点》中"建立长效健康促进机制"的要求。

2）AI 赋能的治理体系重构路径

依托国家政务数据共享协调机制，高校可构建"四横三纵"健康数据中台：横向整合医疗档案（电子健康卡）、行为数据（校园物联网）、环境数据（智慧教室）、社交数据（校园 App），纵向贯通"个体—班级—院校"三级体系，不断优化多源数据融合的治理底座。复旦大学研发的"智康云"平台，通过联邦学习技术打通 11 个业务系统数据，构建 200 余项健康特征标签，使营养干预精准度显著提升。该实践深度契合《中共中央 国务院关于构建数据基础制度更好发挥数据要素作用的意见》（"数据二十条"）中"促进数据高效流通使用"的核心要义。

智能推荐驱动的精准干预。基于大模型的个性化健康推荐系统可突破传统服务边界，可实现时空自适应推荐、多模态交互推荐、群体智能推荐等功能，国内高校已经在不断探索和实践。清华大学开发的"校园健康通"系统，根据地理位置（宿舍/图书馆/操场）、时间节点（考试周/假期）动态调整建议，使健康提醒打开率从 32% 提升至 79%；北京航空航天大学引入数字人技术，开发能识别语音、手势、表情的虚拟健康导师，在压力管理干预中用户黏性提高 3.2 倍；浙江大学通过复杂网络分析识别学生社群健康传播节点，构建"AI 建议＋朋辈影响"双轮驱动模式，使健康行为传播效率提升 47%。这些创新实践有效落实了《新一代人工智能伦理规范》中"发展人机协同的智能健康服务"要求，教育部已将其纳入"智慧教育优秀案例库"向全国推广。

强化学习支撑的动态优化。通过构建"数字孪生校园健康系统"，可实现治理策略的持续进化，这种优化体现在个体、群体和系统三个层面。如东南大学研发的强化学习算法，能根据学生执行反馈动态调整运动处方强度，使 BMI 改善速度明显提升；华中科技大学通过多智能体仿真技术，预测不同干预策略的群体健康收益,成功将流感防控成本降低;天津大学建立的健康治理知识图谱,每季度自动更新 2 000 余条干预规则,确保策略库与时俱进。这种动态优化机制完美呼应《国务院关于加强数字政府建设的指导意见》中"打造智能化治理新范式"的要求,2024 年教育部已将其列入"教育数字化战略行动"重点任务。

3) 政策牵引下的协同治理创新

国家卫健委、教育部联合印发《高校 AI 健康管理建设指南(2024)》,明确要求三年内实现健康数据互通率≥85％、个性化服务覆盖率≥90％;《"人工智能＋"校园健康促进行动方案》创新提出"健康数字学分"制度,将 AI 健康管理纳入综合素质评价体系,国家制度保障体系不断完善。

在体系健全的同时,多元主体协同共治,构建政校、校企和校社"三位一体"治理共同体不断建立。如广州大学城建立健康数据共享特区,在《广东省数据条例》框架下实现 12 所高校医疗数据互联;上海交通大学与商汤科技共建"校园健康元宇宙实验室",开发 VR 健康素养培训课程;武汉大学与社区卫生服务中心建立 AI 健康预警直通机制,实现重大健康风险 30 分钟响应。

技术伦理风险防控不断加强。严格落实《生成式人工智能服务管理暂行办法》;建立健康数据"三权分置"机制(所有权归学校、使用权归平台、收益权共享),实施算法"双盲审计"(技术专家盲审、学生代表盲测),推行"人类最终决策权"制度,规定 AI 健康建议须经校医双方核验方可执行。

1.2　研究意义

1.2.1　理论意义

本书以人工智能赋能大学生健康行为为研究对象,在马克思关于人的全面发展理论、思想政治教育人格塑造理论及健康人力资本理论三个理论指导下,为数字时代健康行为研究提供新范式,具有重要学术价值。

1) 拓展马克思关于人的全面发展理论的内涵与外延

本书立足智能时代的技术变革与社会转型,系统拓展了马克思关于人的全面发展理论的时代内涵与实践外延。在理论内涵层面,突破传统阐释中劳动解放、社会关系与自由时间的静态分析框架,揭示智能技术介入下人的发展范式的深层变革；通过健康管理的技术赋能，个体得以将异化为生存手段的生理维护时间转化为自我实现的创造性实践，使"自由时间"真正成为全面发展的时间性载体；借助虚实融合的交互机制，人的社会关系网络从物理空间向数字共同体延伸，推动"自由人联合体"向更具包容性与协同性的智慧形态演进。

在理论外延层面，构建起技术哲学与人的发展理论深度融合的新维度。智能技术不仅作为工具性存在，更成为主体认知延伸与本质力量对象化的新型介质，推动人的体力、智力与审美能力在技术具身化过程中实现整体跃升。同时，研究将健康行为、技术应用与教育治理纳入统一分析框架，阐明数字时代人的全面发展不仅是社会生产方式的革新，更是技术伦理、数据主权与生命政治的协同重构。这种理论拓展使马克思主义人的解放学说突破工业文明的历史语境，转化为指导智能文明构建的动态演进的实践哲学，为破解技术异化、重塑人本价值提供了新的理论坐标。

2）拓展了思想政治教育人格塑造理论的边界

本书研究通过智能技术与高校思想政治教育中健康教育的深度融合，系统性拓展了人格塑造理论的当代内涵与实践边界。在理论建构层面，将高校大学生健康教育作为高校对大学生人格塑造的重要内容，突破传统教育模式中价值灌输与行为引导的二元割裂，揭示人工智能介入下人格发展的新规律，智能系统通过微观行为捕捉与宏观环境模拟，实现政治认知、道德情感与心理动力的动态协同，使价值观内化从单向传导转向主客体双向建构的交互过程。技术赋能推动人格塑造从经验判断走向数据驱动，通过实时情感计算与认知图谱解析，建立人格特质的量化评估模型，为社会主义核心价值观的具象化培育提供科学路径。

在方法论层面，创新性提出"技术中介"视角下的人格发展机制。智能技术不仅作为教育工具存在，更通过算法逻辑重塑教育主客体的关系结构——虚拟社群的集体叙事强化政治认同，增强现实场景的行为模拟深化道德体验，区块链赋能的信用体系固化自律品质，形成技术生态与人格成长的价值共生机制。这种理论突破了传统思想政治教育中知行脱节、评价模糊等难题，推动人格塑造从抽象理念走向可操作、可验证的实践科学。

研究进一步深化人格塑造理论的伦理维度，构建起技术应用与人文关怀的辩证框架。通过确立算法透明、数据主权与主体尊严等原则,既发挥智能技术的精准赋能优势,又防范技术异化对人格自主性的侵蚀,为数字时代思想政治教育实现工具理性与价值理性的统一提供理论支撑,开辟了马克思主义人学思想在智能文明中的创新发展路径。

3)重构了健康人力资本理论的价值维度

本书研究通过智能技术与健康管理的深度融合,系统性重构了健康人力资本理论的时代内涵与价值维度。在理论发展层面,突破传统分析中健康投资与人力资本积累的线性关联框架,揭示数字化时代健康资本生产函数的动态演进规律;智能技术通过实时生理监测与行为干预,将健康管理从离散的医疗决策转化为持续的生命周期优化过程,推动健康资本从被动维护向主动增值跃迁;数据要素与算法模型的引入,重构了健康投资效率的评估体系,使个体健康决策的边际效益分析从经验判断转向精准量化,开创人力资本研究的技术哲学新范式。

在方法论层面,创新性建立健康资本代际传递的数字治理视角。通过智能技术对遗传风险与社会环境影响的动态解耦,突破传统代际研究中的生物决定论局限,构建起包含基因表达、行为学习与数字生态的多维分析框架。这种突破不仅深化了人力资本积累的跨期协同机制认知,更为破解健康不平等、实现代际公平提供新的理论工具。

研究进一步拓展健康人力资本理论的实践指导价值,将技术赋能转化为社会福祉的提升路径。通过智能系统对健康行为正外部性的精准捕捉与价值转化,构建起个人健康投资与社会人力资本储备的利益共享机制,使微观健康选择与宏观经济发展形成闭环激励。同时,研究确立技术伦理与数据主权的理论原则,在防范算法歧视与数字剥削的基础上,重塑健康资本积累的人本逻辑,为智能时代人力资本理论的可持续发展奠定价值根基,开辟了健康中国战略实施的新理论图景。

1.2.2　实践意义

本书研究成果紧密对接国家"健康中国"与"教育数字化"战略部署,在大学生健康行为智能化促进领域形成可复制、可推广的实践范式,为新时代高校健康治理现代化提供系统性解决方案,具有多维度的现实应用价值。

1) 健康行为促进范式革新

传统高校健康教育普遍存在"重知识灌输、轻行为转化""强共性干预、弱精准施策"等现实困境。本研究构建的智能化健康行为促进体系,通过技术赋能突破时空限制与资源约束,开创"全周期追踪—场景化嵌入—自适应调节"的新型实践路径。在行为监测层面,依托智能感知设备与多源数据融合技术,实现对个体健康状态的实时动态捕捉,精准识别久坐、熬夜、饮食失衡等风险行为,将传统抽样调查升级为全样本追踪,显著提升健康管理的时效性与覆盖面。在干预实施层面,通过算法驱动的个性化推荐系统,突破"一刀切"式健康宣教模式,针对不同群体特征定制差异化的行为改善方案。例如,针对运动惰性群体推送游戏化激励内容,面向焦虑倾向学生提供虚拟现实心理训练,使健康干预从"被动接受"转向"主动适配"。更为重要的是,智能系统具备持续学习进化能力,可根据用户反馈动态优化策略,形成"评估—干预—再评估"的闭环提升机制,有效破解传统健康促进措施持续性不足的难题。这种智能化转型不仅大幅提升健康行为转化效率,更为破解青年亚健康危机、培育终身健康素养提供技术支撑。

2) 校园治理体系智能化升级

人工智能技术的深度应用正在重塑校园治理的运作逻辑与实施路径。本研究构建的"数据驱动—协同共治—韧性发展"治理新模式,为破解高校健康治理中的碎片化、滞后性等痛点提供创新工具。在治理机制层面,通过搭建校园健康数据中台,打通教务、后勤、医疗等部门数据壁垒,实现健康风险跨系统预警与跨部门联动响应。例如,学业压力预警与心理咨询服务的智能匹配,餐饮营养数据与体育教学方案的动态调适,形成多维度健康保障的协同效应。在治理主体层面,智能系统创设多元共治新格局:算法模型承担态势感知与策略生成功能,教育管理者聚焦价值引导与资源协调,学生群体通过数据确权参与治理决策,企业技术团队提供算力支撑与算法审计,这种"人机协同"治理模式既提升决策科学性,又增强治理体系包容性。在治理效能层面,智能技术的预测性干预能力推动治理重心从"事后处置"向"事前预防"前移,通过挖掘健康行为数据中的隐性规律,提前识别心理危机、慢性病诱因等风险,将健康治理从应急响应升级为长效防控。这种治理范式革新不仅提高校园健康服务精细化水平，更为教育治理数字化转型提供实践样板。

3）健康产业生态链协同发展

研究成果通过构建"技术研发—场景应用—标准建设"的良性互动机制，为健康科技产业发展注入新动能。在技术创新方面，教育场景中验证的智能算法模型与硬件适配方案，可直接迁移至智慧医疗、健康管理等产业领域，加速人工智能技术在健康产业的落地转化。例如，面向大学生群体研发的行为干预算法，经适应性改造后可应用于职场健康管理、银发族健康监护等多元场景，拓展健康科技产品的市场边界。在产业协同方面，研究过程中形成的"高校—企业—医疗机构"协同创新模式，建立起需求导向的技术研发路径。教育场景中积累的真实用户数据与反馈，为健康科技产品迭代提供精准方向；企业技术优势与高校学术资源的深度融合，则催生具有自主知识产权的核心技术体系。在标准建设层面，研究成果形成的技术伦理规范、数据安全标准、算法审计流程等制度性成果，为健康科技行业提供重要参考，助力构建兼顾创新发展与风险防范的产业生态。这种产学研用深度融合的实践模式，不仅推动健康监测设备、智能穿戴终端、虚拟健康助手等关联产业的技术升级，更促进健康大数据、教育科技、医疗服务的跨界融合，培育数字健康经济新增长点。

综上，本书研究立足教育实践前沿，通过技术创新与制度创新的双轮驱动，在个体健康促进、校园治理转型、产业生态培育三个层面形成有机联动的实践价值网络。既为落实"健康中国"战略提供高校实践方案，又通过教育场景的技术验证反哺健康科技产业发展，更在数字化治理创新层面形成示范效应，具有显著的社会效益与广泛的应用前景。

1.3　核心概念界定

1.3.1　人工智能

人工智能（Artificial Intelligence）作为信息革命时代的关键技术范式，其本质是模拟、延伸和扩展人类智能的理论方法与技术体系的集合。从技术哲学视角看，人工智能是通过算法模型、数据驱动和算力支撑实现智能行为的复杂系统，其核心特征在于赋予机器感知环境、理解语义、自主决策及持续进化的能力。区别于传统程序化工具，人工智能系统具有动态适应性，能够在交互中通过机器学习优化行为模式，突破预设规则的刚性约束，形成开放型智能①。

在技术构成层面，人工智能涵盖机器学习、自然语言处理、计算机视觉等核心技术模块。其中，机器学习通过数据训练自动优化决策模型，实现从经验中提炼规律；自然语言处理突破人机交互的语义鸿沟，赋予机器理解与生成人类语言的能力；计算机视觉则延伸机器的感知维度，使其具备图像识别、场景解析等视觉认知功能。这些技术模块的协同作用，使人工智能系统能够处理非线性、高维度的复杂问题，并在医疗诊断、教育评估等领域展现超越人类单一认知的复合优势。

从应用属性分析，人工智能具有双重面向：作为工具属性，其通过算法优化提升任务执行效率，如健康数据分析、行为预测等；作为主体属性，其通过智能代理(Intelligent Agent)形成拟主体性，在教育场景中承担个性化导师、虚拟陪伴等角色。这种双重属性引发人机关系重构——技术不再是被动工具，而是具备一定自主性的协同主体，推动人机共生关系的形成。例如，在健康行为干预中，人工智能既作为数据分析工具量化行为特征，又作为虚拟干预主体动态调整引导策略。

值得关注的是，人工智能的伦理维度构成其内涵的重要延伸。算法决策的透明性、数据应用的边界性、人机权责的分配性等问题，使人工智能超越纯技术范畴，成为涉及价值判断的复杂社会系统。在教育治理框架下，人工智能需遵循"以人为本"的价值准则，在提升效率的同时保障教育公平、尊重主体尊严，避免技术理性对教育本质的异化。这种技术与人性的辩证统一，正是人工智能内涵的深层张力所在。

1.3.2　健康

"健康"一词，英文为"health"，最早源于公元1000年英国盎格鲁-萨克逊族的词汇，其主要含义是指"安全的、完美的、结实的"，更单纯的是用于描述"身体"的状态。在远古时代，由于科学技术水平发展状况的限制，人类对健康的认

---

① 李伦.人工智能与大数据伦理[M].北京：科学出版社，2018.

识属于鬼神或上帝决定论,即认为健康非人所能控制,而是受鬼神、上帝掌控。进入近代社会,至 19 世纪末,随着科学技术的发展,健康被认为是微生物、人体和环境(自然环境)三者之间的一种平衡状态。其后至 20 世纪初,随着生理学、医学、生物学等领域的不断发展,人类开始从遗传、生理、心理、环境等因素多方面开始认识健康。

1) 世界卫生组织的"健康"概念演变

1948 年,世界卫生组织在其宪章中把健康定义为:"健康不仅仅是没有疾病和衰弱的状态,而是一种在身体上、精神上和社会上的完满状态。"从身体、精神和社会三个维度界定健康。1968 年,世界卫生组织进一步明确指出,健康即是"身体精神良好,具有社会幸福感"。1978 年,世界卫生组织在《阿拉木图宣言》中提出:"健康不仅是疾病与体弱的匿迹,而是身心健康、社会幸福的完美状态。"1989 年,世界卫生组织又提出健康的最新定义:"一个人在躯体健康、心理健康、社会适应良好、道德健康四个方面皆健全才算健康。"至此,健康已由最初的无伤、无病、无残发展到健康的四维观,随着社会的发展和人类认识水平的提高,我们逐渐深入认识了健康的内涵,新的历史阶段,我们也赋予了健康新的内涵。

"健康"概念的演变也反映在联合国所发布的权威文件中。《世界卫生组织组织法》(1946 年)指出:健康不仅为疾病或羸弱之消除,而系体格、精神与社会之完满健康状态。《阿拉木图宣言》(1978 年)重申:健康不仅是疾病与体虚的匿迹,而是身心健康、社会幸福的总体状态。《渥太华宪章》(1986 年世界第一届健康促进大会宣言)指出:健康是一种积极的概念,强调健康是社会和个人的资源,也可看作是体力表现;健康是通过人们的学习、工作、娱乐和关爱等日常生活活动所创造和享有的;应将健康看作是日常生活的资源而不是生活的目的。

2) 我国健康概念的演变

《辞海》中"健康"概念的表述是:"人体各器官系统发育良好、功能正常、体质健壮、精力充沛并具有良好劳动效能的状态。通常用人体测量、体格检查和各种生理指标来衡量。"尽管由于提出了"劳动效能"这一概念,这种提法相对于"健康就是没有病"要更为完善,但仍然是把人作为生物有机体来对待,而未把人当作社会人来对待①。

张铁民(1992)综合了 WHO 的健康概念内涵后进而提出："健康是人类的基本需要,是躯体的、心理的、环境的和行为的互相适应和协调的良好状态。"这个定义通俗易懂,基本上符合我国的国情,但是对身体健康、心理健康和社会健康三大方面的含义强调不够②。

全国卫生工作会议(1996)的文献则指出:健康是人类生存发展的基础;是评价一个国家经济发展与社会进步的重要标志;是社会主义物质文明与精神文明建设的重要内容;是维护公民基本权利、实现国富民强的重要保证。

穆俊武(1998)提出的健康定义则是:"在时间、空间、身体、精神、行为方面都尽可能达到良好状态。"一方面在时间概念上,个人或社会发展的不同时期对健康不能用同一标准来衡量,不能把健康看作是静止不变的东西,应理解为不断变化着的概念。新的健康概念强调时间的重要性,即健康概念的相对性。另一方面在空间概念上,不同地区、不同国家的人,有着各不相同的健康概念和健康标准。这并不意味着没有一个可供人们遵循的健康概念,应分为地区、国家的不同,尽可能达到各自的良好状态。通俗来讲,即是人们对保健的需求在发达国家和不发达国家不同③。

3) 健康概念的纬度

无论在世界范围内对健康概念定义,还是中国结合实际对健康概念的本土化定义,都可以看出:健康是一种动态平衡状态,有广义和狭义之分。广义上是包括经济、产业、环境等在内的,各种因素的一种动态平衡;狭义上则主要指个体或群体的人的健康。

首先,健康作为一种身体状态。现代医学经历了三个阶段:临床医学、预防医学与社会医学。在临床医学阶段,对疾病本身的关注远远超出了对病人的关注,病人被视为某种病体而被科、属、种等医学语言所覆盖;在预防医学阶段,人们逐渐认识到,对于疾病的治疗仅仅是疾病发作的应急措施,远远解决不了对疾病的控制和发病率的下降,要达到这个目的,就要研究疾病的发生发展的规

---

① 杨忠伟.人类健康概念解读[J].体育学刊,2004(01):132-134.
② 张铁民.论健康[J].中国健康教育,1992(12):20-24+31.
③ 穆俊武.最新健康概念[J].中国社会医学,1988(06):24-26.

律,找到切实有效的防控措施,并由此展开了公共卫生运动的大幕;随着后工业化社会的来临,医学随之进入社会医学时期,除了对传统致病因素的关注,个体行为、社会环境等与疾病之间的关系也受到重视,同时对疾病的应对也应当更多地从医疗走向预防以及行为干预。可以说,对"疾病"的认识过程同时也是一个对"健康"认识的过程,在不同的医学发展乃至社会发展阶段,"健康"的概念也随之不断地发生变化。

健康是一个动态的概念,健康与疾病同处在一个轴线上,在健康与疾病之间不存在明确的界线,在特定条件下,健康与疾病共存。医学界把健康称为第一状态,把疾病称为第二状态,把介于所谓的健康和所谓的疾病之间的灰色状态称为亚健康,也可称之为亚临床,即第三状态。疾病包括精神与生理两个方面,病情有轻有重,人一旦患有疾病,总是想方设法尽快地控制疾病,使之向健康的方向发展。亚健康是通俗叫法,也称亚临床,医学上称不定陈述综合征。处于这一状态的人,机体虽无明确的疾病,但却呈现活力下降,反应性差,适应能力减弱,主要在肌肉、胃肠道、心脑血管、精神等方面产生症状[①]。

世界卫生组织提出了健康的 10 条标志,可以说,这 10 个标志是对"身体健康"一个全面状态的概括:①精力充沛,能从容不迫地应付日常生活和工作;②处事乐观,态度积极,乐于承担任务不挑剔;③善于休息,睡眠良好;④应变能力强,能适应各种环境的变化;⑤对一般感冒和传染病有抵抗力;⑥体重适当,体态匀称,头、臂、臀比例协调;⑦眼睛明亮,反应敏锐,眼睑不发炎;⑧牙齿清洁,无缺损,无疼痛,牙龈颜色正常,无出血;⑨头发光洁,无头屑;⑩肌肉、皮肤富弹性,走路轻松。

其次,健康作为一种精神状态。Seligman 于 1998 年发起的积极心理学运动认为,传统心理学和医学一样,把健康定义为没有疾病和虚弱的状态,过于消极,不能突出其积极性。他指出了心理学的三大使命:治疗人的精神和心理疾病;帮助普通人生活得更充实幸福;发现并培养具有非凡能力的人。心理学应该研究人的各种积极力量和精神,要用一种更为积极的方式表述健康和健康个

---

① 朱广家.健康内涵初探[J].江苏卫生保健,2002(01):51-52.

人与健康组织的属性①。

Riff&Singer 是给予健康更积极定义的先驱，他们的积极定义打破了传统的医学模型。Riff&Singer(1998)指出构成健康的三条原则：首先，健康是一种对美好生活意义的心理定位，而不是一个单纯而严格的医学问题；其次，健康包括心理(精神)健康和身体健康，更重要的是它们如何相互作用和相互影响；再次，健康是个多维、动态的过程，而不是一个离散的终极状态。

曾晓进(2013)认为：①健康的核心层次，即第一层次是指健康的精神层面的东西，其主要包括正确的世界观、人生观、价值观及健康观，具体体现为具有健康四维观中道德健康、心理健康、社会适应健康等方面的思想、理念和精神内核，它对人们的健康思想、健康行为和健康参与等起正确支配和制约的决定作用。②健康的中间层次，即第二层次指的是促进健康的理论层面的东西。其主要包括促进身体、心理、精神，以及道德健康的知识、技能、技巧、方法以及良好的生活方式，自我保健的意识能力等；具有能与人相处，适应社会，正确看待分析各种社会现象，区分善、恶、美、丑，明辨是非、曲直的能力。即达到身体健康、心理健康、道德健康、社会适应良好的，各种理论知识、方法、技术、技巧和能力。③健康的外层次，即第三层次是指在正确的世界观、人生观、价值观、健康观的指导下，在健康促进及增进健康的各种理论知识、方法、技术、技巧和能力的指导支配下的表现出来的一切具体的健康参与、健康促进和健康行为方式或状态②。

再次，健康作为一种社会状态。美国学者帕森斯从社会学的角度对健康的定义进行了开拓性研究，他以个人参与复杂社会体系的本质为基础，提出："健康可以解释为已社会化的个人完成角色和任务的能力处于最适当的状态。"其最突出的特点是将个人能对社会起最佳作用的能力，视为健康的标准，健康的欠缺状态减弱了个人完成角色和任务的能力。

F.D 沃林斯基认为："健康不仅仅是没有疾病，而是身体上、心理上和社会适应上的完好状态。"这一定义，突破了健康的传统医学模式，拓展了健康的认识空

---

① 黄志邦.情志相胜疗法与积极心理治疗法的比较[J].中国中医药现代远程教育，2009，7(4)：84-85.

② 曾晓进.健康内涵的文化学诠释[J].当代体育科技，2013，3(10)：145-146.

间,更加注重个体在现实社会中存在状态或生存质量的整体性综合评价①。

《阿拉木图宣言》指出:达到尽可能高的健康水平是世界范围的一项最重要的社会性目标,人民健康水平是社会制度的试金石。政府对其人民的健康负有责任,而这只能在具备充分的卫生及社会性措施的条件时才能实现。《阿德莱德宣言》(1988 年世界第二届健康促进大会宣言)强调健康是最根本的社会目标,同时指出,健康既是基本人权也是正当的社会投资,作为平等社会的发展目标,要实现健康为人人,需要人人都参与,每个人不仅要珍惜和不断促进自身健康,还要对他人、群体乃至社会的健康承担义务。《松兹瓦尔宣言》(1991 年世界第三届健康促进大会宣言)指出,必须要尊重他人的健康权利,因为健康不仅是个人生活、家庭幸福和社会生产的保证,还关系到全社会的精神面貌和民族素质的提高。贫穷是健康的最大威胁。贫穷扼杀了人们的志向和抱负以及对美好将来的憧憬,而有缺陷的政治体制更限制了人们自我发展的空间。人们不应过早地去世,而应精神饱满、精力充沛地活着,丰硕度岁月,泰然增年华,安详辞人间。

1.3.3　健康意识

健康意识是现代社会中个体对自身及群体健康状态的认知、态度与行为的综合体现,其核心在于对健康的科学理解、主动维护的意愿以及转化为实际行动的能力。随着全球疾病谱从传染性疾病向慢性非传染性疾病(如心血管病、糖尿病)的转变,健康意识的重要性日益凸显。它不仅是个人预防疾病、提升生活质量的基础,更是推动社会公共卫生政策制定与实施的关键驱动力。

1) 健康意识的核心概念

健康意识是指个体对健康的全面认知、积极态度及主动行为的综合体现。根据世界卫生组织(WHO)的定义,健康不仅是"没有疾病",而是"身体、心理与社会适应能力的完好状态"。这一定义强调健康意识需覆盖生理、心理及社会环境的多维性。例如,一个人若仅关注饮食与运动(生理层面),却忽视心理健康或社会支持(如家庭关系),则其健康意识仍不完整。健康意识的核心要素可从以下四个层面展开:①认知层面。个体对健康的科学理解,包括:健康知

---

①　[美]F.D.沃林斯基.健康社会学[M].孙牧虹,等译.北京:社会科学文献出版社,1992.

识：如疾病预防（如接种疫苗）、健康生活方式（如均衡饮食、规律运动）的正确认知。风险识别能力：对健康威胁因素（如吸烟、酗酒、环境污染）的识别与评估。例如，了解吸烟与肺癌的关联性，或知晓高盐饮食对高血压的影响。健康信息筛选能力：在信息爆炸时代，能区分科学知识与伪科学（如"偏方治百病"），避免误导性信息干扰健康决策。②情感层面。对健康的重视与责任感，表现为：健康价值观：将健康视为人生重要目标，如愿意为健康投入时间、金钱或改变生活习惯。健康敏感性：对自身健康状态的变化保持警觉，如发现异常症状及时就医。健康责任感：不仅关注自身健康，还意识到对家庭、社会的健康责任（如避免传染病传播）。③行为层面。将健康认知转化为实际行动，包括：健康促进行为：如定期体检、坚持运动、戒烟限酒等。风险规避行为：如避免高危环境（如空气污染严重的区域）、拒绝不安全食品。健康管理行为：如通过健康监测设备（如智能手环）跟踪身体数据，或参与健康管理课程。④社会与环境层面。对健康影响因素的全面认知，包括：a.社会支持系统，如家庭、社区对健康的保障作用（如心理健康支持）。b.环境因素：如空气质量、食品安全、医疗资源可及性等对健康的影响。例如，关注政府的控烟政策或垃圾分类对环境健康的促进作用。c.健康公平性意识：认识到不同社会群体（如低收入者、偏远地区居民）面临的健康不平等，并支持相关改善政策[①]。

2）健康意识的基本特点

健康意识作为现代社会的重要认知维度，呈现出多层次的复合特征。其核心在于主体对健康的主动把控，个体不再停留于被动接受医疗救治，而是通过日常饮食管理、规律运动及健康监测等手段承担自我保健责任，同时借助定期体检和预防性医疗介入实现健康风险的前瞻防控。在认知范畴上，现代健康理念突破传统生物医学模式，形成涵盖生理机能、心理调适、社会适应、道德完善与生态协调的五维健康观，强调人体各系统协同及人与环境的动态平衡。预防医学的普及催生了"治未病"实践，基因筛查、可穿戴设备监测等科技手段与疫苗接种、癌症早筛等公共卫生措施共同构成健康防线，推动健康管理向全生命周期延伸。面对信息爆炸时代的健康知识传播，理性批判能力成为健康素养的

① 林子涵，黄德荣，刘子钰，等.主动健康视角下健康意识的内涵、测量与应用研究进展［J］.医学与社会，2025,38(02):20-26.

关键,表现为对伪科学养生产品的辨别、对循证医学依据的重视,以及在商业营销浪潮中保持独立判断。这种健康认知还具有显著的社会协同属性,既需要个人建立健康档案、践行健康生活方式,也依赖家庭健康文化培育、社区健康促进活动,更离不开政府通过政策引导构建健康支持环境,在传染病防控、全民健身推广等领域形成多方协作机制。这些特征相互交织,既体现个体对生命质量的追求,也折射出健康治理体系从单一医疗向多维健康促进的转型趋势。

3)大学生健康意识

大学生健康意识是当代青年群体健康认知与行为模式的缩影,呈现出鲜明的矛盾性与发展性。从认知层面看,多数学生能系统理解健康的多维内涵,既关注 BMI 指数、慢性病预防等生理指标,也重视情绪管理、抗压能力等心理健康要素,部分群体还开始重视作息规律与环境适应对健康的综合影响。然而,实际行为与认知存在显著脱节:熬夜学习或娱乐导致睡眠质量下降、依赖外卖引发营养失衡、久坐少动加剧体质下降等现象普遍存在。这种知行矛盾既源于学业竞争压力、网络依赖等外部环境挤压,也受到自制力薄弱、健康管理技能缺失等内在因素制约。值得关注的是,大学生群体对健康信息的获取呈现渠道多元化特征,既通过校园健康教育课程建立基础认知,又依赖社交媒体获取碎片化健康知识,但信息甄别能力不足易导致盲目跟风减肥、滥用保健品等非理性行为。校园环境作为重要干预场域,其体育设施配置、心理健康服务供给和健康社群文化营造显著影响学生健康行为选择,而朋辈群体的健康习惯示范效应往往强于传统说教式宣传。总体而言,大学生健康意识正处于从被动应对向主动管理的转型期,其发展水平直接影响全民健康素养提升进程,亟待通过健康教育课程改革、校园健康支持系统优化以及社会—家庭—学校的协同引导实现突破。

健康意识的核心在于"知行合一",即通过科学认知、积极态度与实际行动,实现个体与社会的健康目标。其内涵涵盖生理、心理、社会环境等多维度,并需以健康素养为基础,通过政策、教育与科技协同推进。未来,健康意识的提升需直面信息干扰、健康不平等等挑战,以实现全民健康水平的可持续发展。

1.3.4　健康行为

1)健康行为的多维定义

健康行为(Health Behavior)作为健康科学的基石概念,其内涵随学科发展持续演进。世界卫生组织(WHO)在《健康促进术语表(2022 版)》中将其界定为"个体或群体为维持、恢复或提升健康状态而采取的认知、情感与行动的综合表达"。健康行为是人类为维护、提升个体与群体健康状态所采取的有意识、有组织的行动集合,其本质是主体在认知驱动下与环境持续互动的动态实践过程。从行为科学视角审视,健康行为并非孤立、静态的生理活动,而是嵌入社会关系网络,融合生理、心理与社会适应三重维度的复合系统①。其内涵可从四个层面解构。

其一,目标导向的适应性实践。健康行为以健康促进为终极价值导向,涵盖疾病预防、健康维持与功能优化等多重目标。既包括饮食调控、科学运动等显性行动,也包含压力管理、社交调节等隐性策略,体现主体对健康需求的认知转化能力。不同于本能性生理反应,健康行为强调主体基于健康知识内化,主动调整生活方式以适配环境变化的理性选择过程。

其二,认知—情感—行为的联动机制。健康行为的形成遵循"知信行"理论范式,知识习得触发态度转变,进而催生行为改变。但这一过程并非线性递进,而是受自我效能感、社会支持、风险感知等中介变量的复杂调节。例如,个体即便知晓熬夜危害,仍可能因学业压力或群体效应维持非健康作息,揭示行为决策中理性认知与情感惯性的博弈关系。

其三,时空情境的嵌入性特征。健康行为具有显著的情境依赖性,其表现形式与实施效果受物理环境、文化规范、技术条件等外源性因素制约。校园场景中,课程安排、食堂供给、运动设施等构成行为实施的"硬约束",而朋辈影响、校园健康文化等形成"软引导"。人工智能赋能的健康干预,正是通过重构行为发生的数字情境,打破时空限制实现精准引导。

其四,动态演进的可持续属性。健康行为并非一次性动作完成态,而是需要长期维持的螺旋式提升过程。其可持续性既依赖个体的自我调节能力,也需外部支持系统的持续赋能。例如,运动习惯的养成需经历"动机激发—行为尝试—挫折调适—稳态维持"的循环周期,其间既需要内在目标管理,也需要智能提醒、社交激励等外部干预协同作用。

在技术赋能背景下,健康行为的内涵进一步扩展为"人—技—境"协同进化

---

① 闫瑞红.健康行为及其影响因素研究进展[J].护理学杂志,2010,25(3):94-97.

的数字实践。智能技术不仅拓展行为监测的颗粒度与干预的精准性,更通过数据反馈重塑主体对健康的认知图式,推动健康行为从经验驱动向数据驱动转型。这种技术介导的行为进化,既为个体健康管理提供新范式,也对传统健康教育理论形成创新性补充。

2) 大学生健康行为的结构特性

大学生健康行为是青年群体在高等教育阶段,围绕身心健康发展目标,主动调适生活方式、优化行为模式的动态实践系统。其本质是大学生在特定教育场域中,平衡个体发展需求与环境约束,通过认知更新与行为迭代实现健康素养提升的成长过程。相较于普遍意义上的健康行为,大学生群体的特殊性体现为"自主性与过渡性并存""学术压力与成长诉求交织""集体生活与个体选择碰撞"的复合特征,其内涵可从以下维度展开。

(1)成长过渡期的自主管理实践。大学生处于从家庭依赖向社会独立过渡的关键期,健康行为呈现"自主探索"与"经验匮乏"的双重属性。一方面,脱离父母监管后,个体首次获得健康决策的完全自主权,饮食选择、作息安排、运动习惯等行为均需独立规划;另一方面,认知局限与自控力不足易导致行为偏差,如熬夜赶课、外卖依赖、运动惰性等非健康习惯的形成。这一阶段的行为模式塑造,既是健康素养的内化过程,更是自我管理能力的试炼场,直接影响其成年后的健康轨迹。

(2)多维压力下的行为调适机制。大学生健康行为嵌入学术竞争、社交适应、职业规划等多重压力系统中,其行为选择常呈现"理性认知"与"现实妥协"的矛盾张力。例如,明知久坐危害却因课业负担压缩运动时间,理解均衡饮食重要性却因实验安排依赖速食充饥。这种健康知行落差,折射出特殊人生阶段中资源约束与健康诉求的结构性冲突。健康行为的内涵因此扩展为"压力应对策略",需通过时间管理、情绪调节等元能力培养,实现健康目标与其他发展需求的动态平衡。

(3)教育场域的情境嵌入特征。大学校园构成健康行为实践的独特生态圈:课程密度影响作息规律,宿舍条件制约生活卫生,食堂供给形塑饮食结构,体育设施可及性决定运动频率。同时,朋辈群体的行为示范、校园健康文化的隐性规训、导师的价值引导等社会资本,共同构成行为选择的"情境引力场"。

例如，宿舍集体熬夜的文化氛围可能消解个体早睡意愿，而体育社团的活跃参与则能激发运动习惯的群体性养成。这种场域特性使大学生健康行为具有显著的群体感染性与环境依赖性。

（4）技术介导的行为数字化转型。智能终端的深度渗透重构大学生健康行为的发生逻辑：运动手环量化步数消耗、健康 App 定制膳食方案、在线平台提供心理疏导形成"数据驱动—即时反馈—行为修正"的数字化闭环。技术赋能既提升健康管理的精准性（如睡眠质量监测），也衍生"算法依赖""数据焦虑"等新异化风险。大学生健康行为因此呈现出"人机协同"的新内涵——在借助技术工具优化行为的同时，需保持主体反思能力，避免沦为数据规训的被动客体。

（5）可持续发展能力培育载体。大学阶段是终身健康行为模式定型的关键窗口期。健康行为实践不仅关乎当前身心状态，更是可持续发展能力的养成过程：通过科学运动习惯建立体适能基础，借助压力管理训练提升心理韧性，依托营养知识学习形成饮食决策框架。这些行为能力的积累，为应对未来职业压力、家庭责任、老龄化挑战储备健康资本，使短期行为改善升维为终身健康素养的奠基工程。

综上，大学生健康行为是融合个体发展、教育情境与技术生态的复杂实践系统，既反映青年群体特有的成长命题，又承载着健康中国战略落地的前沿探索价值。其内涵的动态性与多维性要求健康教育干预超越单一行为矫正的局限，转向"认知赋能—环境重构—技术支持"的系统化促进模式。

基于《"健康中国 2030"规划纲要》对青年群体的健康促进要求，本研究将大学生健康行为界定为：在校大学生在个体特征、校园环境与技术条件交互作用下，为达成生理—心理—社会适应三维健康目标所采取的可观测、可干预的持续性行动集合。其研究主要聚焦饮食行为、运动行为、睡眠行为、压力管理、信息行为等。

1.4　研究思路与主要内容

1.4.1　研究思路

本书聚焦人工智能赋能大学生健康行为这一问题，关注当前高校健康管理教育的现状及存在的问题,通过理论与实践的研究,以及在健康生活方式、生理健康行为、心理健康行为的实践检验,提出人工智能赋能大学生健康行为的引导机制。

1) 问题意识与价值定位

研究以人工智能技术重塑大学生健康行为管理体系为核心命题,针对当前大学生健康管理存在的三大矛盾展开:传统健康教育的单向灌输模式与 Z 世代数字化生存方式的冲突、碎片化健康干预与行为系统性变革需求的脱节、技术工具理性膨胀与人的全面发展目标的失衡。通过构建"理论—技术—机制"三位一体的研究框架,旨在破解健康行为管理中"数据孤岛""技术悬浮""价值失焦"等现实困境。研究价值体现在:理论上,拓展马克思主义人的全面发展理论在智能时代的阐释维度;实践上,为高校健康治理现代化提供技术方案与制度范本;战略上,服务于"健康中国 2030"与"数字中国"建设的协同推进,夯实民族复兴的健康人力资本基础。

2) 理论体系建构路径

研究遵循"经典理论现代化"与"跨学科理论融合"双轨路径。一方面,重新阐释马克思"人的本质力量对象化"理论,论证人工智能作为"器官延伸"的新形态如何促进健康自主权回归,建立"技术赋能—主体解放—全面发展"的逻辑链条。另一方面,整合思想政治教育学的人格塑造理论、健康管理学的行为改变理论、计算机科学的可信 AI 理论,构建"价值引导—行为建模—算法实现"的交叉理论框架。重点突破三个理论节点:数字时代健康行为的主客体关系重构、人机协同干预的伦理边界划定、健康人力资本增值的技术驱动机制,形成具有中国特色的智能健康行为理论体系。

3) 实践应用与方法论创新

人工智能技术深度融入大学生健康管理,不仅革新了传统健康服务模式,更催生出具有范式意义的实践方法论。其在健康行为领域的创新性应用,正推动高校健康管理从经验驱动向数据智能驱动转型,形成了"精准识别—动态评估—靶向干预"的闭环体系。当前实践揭示,人工智能正重构健康管理的底层逻辑:数据采集从抽样走向全息,评估分析从描述走向解释,干预策略从通用走向涌现。这种技术驱动的方法论革命,不仅提升了健康服务效能,更推动了预防医学与信息科学的学科融合。未来须进一步突破跨模态数据融合、可解释算法开发等关键技术，同时在智慧校园建设中探索"数字健康素养"培育新范式，最终构建技术与人文交融的智能健康生态。

4）实践应用场景解析

人工智能在大学生健康管理中的实践应用，聚焦生活方式转型、生理健康促进与心理健康干预三大核心场景，构建起"环境—行为—心理"联动的智能健康生态。在生活方式转型层面，通过环境感知算法与智能调控技术的深度融合，动态适配学习生活场景的物理参数（如光照、声学、温湿度），形成对生物节律的精准匹配与行为引导，推动被动健康管理向主动行为调适转化。生理健康促进场景依托高精度传感网络与运动动力学模型，实现运动姿态的实时解析与错误动作矫正，突破传统运动指导的时空限制与主观性偏差，构建起数据驱动的科学训练闭环。

心理健康干预场景创新性地整合多模态情绪识别与认知重构算法，将离散的生理信号、语言特征、行为轨迹转化为连续的心理状态评估图谱，通过智能交互系统实现情绪危机的早期预警与个性化干预策略生成。三大场景均贯穿"技术验证—效果评估—模式提炼"的标准化研究路径：技术验证阶段侧重跨模态数据融合与算法鲁棒性测试；效果评估阶段采用混合研究方法，量化健康指标变化与质性分析用户体验；模式提炼阶段抽象出可迁移的技术架构与实施标准，形成模块化解决方案。

5）制度保障引导机制设计

人工智能赋能大学生健康行为的深度应用，须构建多维度制度引导体系，形成技术发展与价值导向的协同共进。本研究从治理现代化视角重构人工智能赋能大学生健康行为的制度保障体系，重点构建包含技术、教育、治理三维度的引导机制。治理机制层面突出制度创新：通过建立智能健康管理国家标准框架，实施 AI 健康系统的动态准入与全生命周期追溯制度，构建覆盖"风险预防—过程干预—责任追溯"的监管链条；创新政府、高校、企业的三元责任共担模型，运用政策工具激励多元主体参与健康管理生态建设。教育引导机制强化价值引领：将数字健康素养培育嵌入人才培养体系，通过课程思政改革深化技术伦理教育，借助虚拟仿真实验培育健康主体责任认知。技术引导机制注重规范建构；开发融合"精准性—安全性—可解释性"的技术标准体系，建立多源异构数据的伦理审查规程，运用区块链技术实现健康数据的确权与追踪。三者在治理文化培育层面形成合力，通过制度化的跨部门协同平台破除数据壁垒，借助智能合约技术实现政策传导与执行监督的闭环，最终构建起符合数字文明特质的健康行为治理新范式。

1.4.2　研究内容

根据本书的研究思路，本书整体划分为八章内容，具体安排如下。

第 1 章是导论。本章作为研究起点，从现实需求与理论框架两个层面确立研究基础。研究背景揭示三重动因：大学生健康问题（如心理抑郁、体质下降）引发社会担忧，人工智能技术（如大数据分析、智能穿戴设备）为精准干预提供新工具，而传统高校健康管理模式难以适应技术变革，亟须构建"AI＋协同治理"体系。研究意义聚焦理论创新与实践突破：理论上，将马克思主义人的全面发展理论与现代健康管理结合，拓展思想政治教育在健康行为塑造中的解释力；实践中，为高校设计 AI 赋能的健康管理模型（如动态监测、智能反馈）提供操作指南。核心概念明确四组定义：人工智能（涵盖机器学习、自然语言处理等技术范畴）、健康（包括生理、心理与社会适应三维度）、健康意识（行为驱动的认知基础）及健康行为（主动与被动两类干预对象）。研究思路以"理论建构—机制分析—价值阐释"为主线，采用跨学科方法，通过文献研究、案例分析与实证调查，系统解析 AI 赋能健康行为的内在机理、实施路径与社会效应，形成涵盖技术逻辑、教育策略与制度保障的完整框架。

第 2 章是理论依据与文献综述。本章构建研究的理论根基并梳理学术脉络。理论依据整合三大理论：马克思主义人的全面发展理论（健康是自由发展的物质基础）、思想政治教育人格塑造理论（健康行为反映价值观内化过程）、健康人力资本理论（个体健康积累推动社会生产力提升），强调 AI 赋能须以"人的主体性"为核心，避免技术异化。文献综述分三部分展开：其一，AI 与健康行为研究聚焦个性化推荐、行为预测等技术应用，但缺乏对大学生群体的针对性；其二，大学生健康行为研究多关注饮食、运动等表层问题，忽视技术介入后的行为异化风险；其三，现有 AI 赋能研究偏重工具理性（效率提升），疏于价值理性

（如隐私保护、自主性维护）。研究述评指出三大空白：技术应用与教育目标的协同机制、AI 时代健康行为的伦理边界、马克思主义理论在健康管理中的当代阐释，为本研究确立创新方向——构建"技术赋能—价值引领"双轮驱动模型，在智能干预中强化人的主体地位。

第 3 章是人工智能赋能大学生健康行为的理论逻辑。本章从"技术—行为—价值"三维度构建理论体系。技术逻辑层面，解析 AI 与健康行为的互动关系：在主动行为中，AI 通过个性化方案激发学生参与；在被动行为中，依托环境感知实现无感干预，同时 AI 通过数据分析重构健康意识（如风险可视化），促成认知到行为的转化。群体逻辑方面，重新定义 AI 时代大学生健康行为的新内涵、新途径与新场景，强调技术对行为时空界限的突破。理论意蕴以马克思主义为视域，论证健康行为是实现"人的自由全面发展"的基石：身体自由（摆脱亚健康束缚）与精神自由（积极心理塑造）的统一，个体发展（创新能力提升）与社会进步（人力资本积累）的协同。价值逻辑揭示双重统一性：社会价值（降低医疗成本、优化劳动力质量）与自我价值（人格完善、生命意义追寻）通过 AI 技术实现动态平衡，例如智能健康助手既保障个体行为自主性，又通过数据共享促进群体健康治理，最终指向"科技向善"与"人的现代化"的深度融合。

第 4 章是人工智能赋能大学生健康行为的实践意蕴。本章对人工智能赋能大学生健康行为的实践意蕴进行分析。主要体现在其通过数据采集、监测评估与行为干预的全链条融合，构建智能化健康管理体系，推动健康管理从粗放经验向精准科学的转型。在数据采集层面，人工智能依托可穿戴设备、环境传感器等多模态感知技术，突破传统单一维度限制，整合生理、心理、行为及环境数据，并通过机器学习处理非结构化信息，实现动态追踪与实时反馈；同时注重伦理重构，以匿名化处理与知情同意机制保障隐私安全，最终形成个性化的健康画像，为精准干预提供依据。在监测评估中，算法模型通过时间序列分析与异常检测技术，动态预警睡眠质量、压力指数等健康风险，结合校园医疗、运动记录等多源数据生成可视化报告，促使学生通过数据反馈提升健康认知，形成"监测—反思—行动"的自主管理闭环。行为干预阶段则基于用户画像设计差异化策略，如定制运动方案、心理调适资源推送及虚拟助手实时引导，借助智能App、VR 沉浸式场景增强交互性与趣味性，逐步引导学生从被动接受转向主动参与,最终实现健康习惯的长期养成与健康素养的内化提升。这一过程中,人工智能不仅通过技术革新优化服务效率,更在伦理规范与教育价值的平衡中,推动个体从"技术赋能"到"自我赋能"的深层转化,为高校健康教育的数字化转型提供系统性支撑。

第 5 章是人工智能赋能大学生健康生活方式。本章基于调查数据,对人工智能赋能大学生健康生活方式进行分析。主要聚焦于解决大学生群体普遍存在的饮食失衡、运动不足、睡眠质量低下及健康维护意识薄弱等问题。当前大学生生活方式呈现"知行断层"——虽具备基础健康知识,却因自律缺失、时间管理不当等因素难以转化为规律行为;同时,数字依赖导致部分学生沉迷虚拟社交或娱乐,加剧久坐、熬夜等行为异化,而社交网络的群体传染效应进一步放大不健康生活方式的扩散风险。针对这些挑战,人工智能通过多维度技术路径实现赋能:依托智能手环、环境传感器等构建多模态健康监测网络,实时采集饮食摄入、运动强度、睡眠周期等数据,精准识别行为偏差;基于机器学习算法分析个体行为模式,推送定制化干预方案,如动态调整运动计划、优化饮食结构提醒,并通过虚拟教练提供场景化行为引导,破解"知行不一"困境;智能反馈系统则结合游戏化激励(如健康积分、成就徽章)与社交化监督,增强行为改变的持续动力;此外,人机协作模式将 AI 的实时数据分析能力与校园健康管理服务深度融合,例如联动食堂智能推荐营养餐品、图书馆座位预约系统嵌入久坐提醒功能,系统性优化健康支持环境。这一赋能过程不仅以技术手段弥合认知与行为的鸿沟,更通过数据驱动的个性化服务和沉浸式互动体验,重塑大学生健康生活方式的内生动力,为高校健康生态建设提供智能化解决方案。

第 6 章是人工智能赋能大学生生理健康行为。本章基于调查数据,对人工智能赋能大学生生理健康行为进行分析。主要聚焦于听力衰退、脊柱侧弯及视力损伤等典型问题,通过技术干预重塑健康行为模式。当前大学生群体因长期佩戴耳机导致声能累积性听力损伤,静态久坐与不当姿势引发脊柱代偿失衡,以及屏幕过度暴露造成光生物效应叠加性视力下降等问题突出,其成因与行为习惯、环境负荷及生理代偿机制密切相关。人工智能以多模态感知与智能算法为核心,构建针对性干预体系:在听力防护中,通过智能耳机内置声压监测模块实时预警音量超标,结合环境声识别自动调节降噪等级,减少耳蜗毛细胞损伤;

针对脊柱健康,利用可穿戴设备动态捕捉坐姿数据,通过骨传导振动提醒或联动智能座椅调整支撑角度,矫正颈椎前倾、腰椎弯曲等不良体态;视力保护则依托 AI 视觉算法分析用眼时长与屏幕距离,通过蓝光动态调节、护眼模式智能切换的沉浸式提醒,缓解视疲劳。同时,AI 整合个体行为数据生成健康档案,推送个性化防护方案,并嵌入校园生活场景,形成"监测—反馈—干预—优化"的闭环管理,推动大学生从被动应对健康风险转向主动构建生理健康行为范式,为高校健康管理提供精准化、场景化的技术支撑。

第 7 章是人工智能赋能大学生心理健康行为。本章基于调查数据,对人工智能赋能大学生心理健康行为进行分析。主要聚焦于破解当前大学生群体中普遍存在的心理波动性、结构性失衡及数字化生存带来的新型挑战,通过构建"监测—预警—干预—评估—进化"的闭环体系实现精准化服务。当前大学生心理健康呈现年级差异显著(如大一适应焦虑、大四就业压力)、多维度问题交织(如抑郁、焦虑与社交障碍叠加)等特征,传统干预手段因单向度、滞后性难以应对复杂需求,而数字化生存进一步催生信息过载、虚拟社交依赖等新型心理风险。人工智能技术通过多模态数据融合实时追踪心理状态,建立动态心理画像;基于机器学习构建分级预警模型,结合校园场景数据(如学业成绩波动、社交活跃度)识别高风险个体,实现从"事后干预"向"事前预防"的转变。精准干预环节依托自然语言处理技术开发智能对话系统,提供 24 小时虚拟心理咨询,并结合认知行为疗法设计游戏化训练模块,针对不同年级、问题类型推送个性化干预方案。效果评估通过对比干预前后心理量表得分、行为模式变化等数据,利用强化学习持续优化算法模型,形成系统自我优化能力。同时,伦理保障体系通过数据脱敏、知情同意与算法可解释性机制,确保技术应用符合隐私保护与人文关怀的双重原则,最终实现心理健康管理从粗放普适向智能精准的范式升级,为高校心理育人体系注入科技动能。

第 8 章是人工智能赋能大学生健康行为的引导机制构建。本章对人工智能赋能大学生健康行为的引导机制进行分析。构建以技术、教育、治理三重维度的协同创新为核心,形成系统性赋能框架。技术层面依托多源数据整合构建个体健康全景画像,通过智能算法实现行为预测与风险预警,并基于机器学习生成个性化干预策略,结合 VR/AR 技术创设沉浸式训练场景增强行为黏性,同时通过闭环反馈机制驱动系统持续优化,确保干预的精准性与适应性。教育层面聚焦数字化转型,重构"人机共生"教育生态:利用智能导航系统定制差异化健康知识学习路径,打破传统单向灌输模式;通过教育共同体关系重构(如师生—AI 协同辅导)与评价体系革新(引入行为数据量化指标),推动健康教育从经验导向转向数据驱动;智能伦理守护机制则嵌入算法设计全程,平衡技术效能与人文关怀。治理机制强调理念升维与结构优化,以"赋能替代管控"重构治理逻辑,通过跨部门数据共享平台破除健康管理条块分割困境,建立涵盖校园医疗、教务、后勤的多主体协同网络;制度设计上融合智能预警与长效响应机制,将应急处理转化为风险前置治理;治理能力借助 AI 决策支持系统实现从经验判断到智慧研判的跨越,并通过培育"价值自觉"治理文化,消解技术理性与人性化服务的张力,最终形成技术支撑、教育浸润、制度保障三位一体的健康行为引导生态,推动大学生健康管理向智能化、精准化、人本化方向转型。

第 2 章

人工智能赋能大学生健康行为的
理论依据与文献综述

在技术变革与教育转型深度交织的背景下,人工智能赋能大学生健康行为的实践探索亟需坚实的理论支撑与系统的学术对话。本章立足于破解"技术如何重塑健康行为"这一核心命题,通过理论依据的建构与文献脉络的梳理,搭建连接技术逻辑与教育价值的分析框架。一方面,从马克思主义人学理论出发,揭示人工智能赋能健康行为与人的全面发展之间的本质关联;另一方面,通过跨学科文献的系统检视,既确认健康行为研究的理论增长点,又透视人工智能教育应用中"技术决定论"与"人文缺失症"的学术争议。这种双重维度的理论准备,不仅为后续研究确立价值坐标,更在技术工具理性与教育本质规律之间架设辩证统一的桥梁。

2.1 人工智能赋能大学生健康行为的理论依据

2.1.1 马克思关于人的全面发展理论

1) 理论的历史渊源与核心内涵

马克思关于人的全面发展理论形成于 19 世纪工业革命背景下,是对资本主义异化劳动体系的深刻批判与人类解放路径的哲学探索。在《1844 年经济学哲学手稿》中,马克思首次提出"人的类本质"概念,认为劳动应成为自由自觉的活动而非异化的生存手段(Marx, 1844)。这一思想在《德意志意识形态》中发展为"人的全面发展"理论,强调个体应在体力、智力、道德与审美等维度实现协调发展,最终达到"上午打猎,下午捕鱼,傍晚从事畜牧,晚饭后从事批判"的自由状态（Marx & Engels，1845）[①]。

马克思关于人的全面发展理论主要包括三个核心命题。首先是劳动解放论，马克思认为劳动是摆脱分工束缚，是从谋生手段转变为自我实现的创造性活动；其次是社会关系重构论，认为人的全面发展是突破"人的依赖性"与"物的依赖性"，建立"自由人联合体"；最后是自由时间拓展论，通过生产力解放创造个体发展的时空条件，正如马克思所言，"自由时间——不论是闲暇时间还是从事高级活动的时间——自然要把占有它的人变为另一主体"（Marx，1867）。当代学者如伊斯特万·梅扎罗斯（István Mészáros，1970）指出，该理论本质上是一种"否定性辩证法"，既批判资本主义对人性的扭曲，又建构了超越异化的实践路径。大卫·哈维（David Harvey，1982）则从空间政治学视角补充，认为全面发展需打破资本对时空的殖民化控制，这一观点为技术赋能健康管理提供了新的诠释框架。

2）理论的多维解构与当代发展

人的本质与存在方式。马克思在《关于费尔巴哈的提纲》中提出："人的本质不是单个人所固有的抽象物，在其现实性上，它是一切社会关系的总和"（Marx，1845）。这一论断颠覆了传统哲学的主体性认知，将人的发展置于社会关系网络中进行考察。法国哲学家米歇尔·福柯（Michel Foucault，1975）在此基础上发展出"生命政治"概念，揭示现代技术如何通过规训机制塑造主体，这一批判性视角对理解人工智能健康管理的权力效应具有启示意义。

异化劳动的批判与超越。马克思区分了劳动异化的四种表现：劳动者与劳动产品、劳动过程、类本质以及他人的异化（Marx，1844）。法兰克福学派代表人物赫伯特·马尔库塞（Herbert Marcuse，1964）在《单向度的人》中进一步指出，技术理性已成为新型控制形式，导致人的"单向度化"。这种批判警示我们：人工智能背景下健康管理系统若沦为效率至上的工具，可能加剧主体性的消解。

自由时间的历史辩证法。马克思将自由时间视为衡量社会进步的根本尺度："真正的经济——是劳动时间的节约……这种节约就等于发展生产力。"

[①]　秦在东，文大稷.《德意志意识形态》与人的全面发展思想探析[J].江汉论坛，2008(02)：72-74.

（Marx，1857）意大利自治主义者安东尼奥·内格里（Antonio Negri，1991）提出"认知资本主义"理论，强调当代生产已渗透到生命时间领域，这与健康管理技术对生物时间的干预形成理论呼应。

3）理论的技术哲学延伸

技术与人性的辩证关系。马克思在《资本论》中提出"劳动资料是劳动者置于自己和劳动对象之间、用来把自己的活动传导到劳动对象上去的物或物的综合体"（Marx，1867），这一"技术中介论"被安德鲁·芬伯格（Andrew Feenberg，1999）发展为"技术批判理论"。芬伯格认为，技术设计蕴含着社会权力关系，健康管理系统的算法架构必须嵌入民主化参与机制，避免技术精英主义的宰制。

数据化生存的异化风险。法兰克福学派第二代代表人物尤尔根·哈贝马斯（Jürgen Habermas，1968）提出"工具理性"与"交往理性"的二元对立理论。当健康数据被简化为算法模型的输入变量时，可能陷入工具理性扩张的陷阱，正如法国哲学家贝尔纳·斯蒂格勒（Bernard Stiegler，1994）警告的"技术休克"——技术系统对生命经验的殖民化切割。

主体重构的技术可能性。后人类主义者唐娜·哈拉维（Donna Haraway，1991）提出"赛博格宣言"，主张打破自然/技术、主体/客体的二元对立。健康可穿戴设备与生物传感器的融合，正在创造"技术具身化"的新主体形态，这与南希·弗雷泽（Nancy Fraser，2008）提出的"参与平等"理论共同指向技术民主化的伦理方向。

4）对人工智能健康管理的理论启示

价值基点上实现从工具理性到解放理性。马克思强调技术应服务于"人的本质力量的新的证明和人的本质的新的充实"（Marx，1844）。在健康管理领域，需遵循三项原则。首先是主体性优先，避免将健康数据物化为资本增值要素，建立用户数据主权机制。其次是整体性关怀，超越生物医学模式，构建涵盖生理、心理、社会适应的综合评价体系（Engel，1977）。最后是发展性导向，将健康行为优化纳入人的自我实现过程，如阿马蒂亚·森（Amartya Sen，1999）的"可行能力理论"所倡导的行为能力是扩展的实质自由。

实践路径上促进技术民主化与制度创新。算法共治机制不断完善，借鉴朗西埃(Jacques Rancière，2004)"歧感政治学"，建立多元利益相关者参与的算法审计制度。时空政治重构进一步优化，通过智能系统压缩健康管理的必要劳动时间，拓展学生参与社会实践的自由时间，呼应列斐伏尔(Henri Lefebvre，1991)的"空间生产理论"。伦理技术设计不断加强，采用价值敏感设计方法(Value Sensitive Design，Friedman & Kahn，2003)，将公平、透明、问责等伦理原则嵌入技术架构。

风险治理上思考异化现象的当代应对。针对健康管理中的数据、算法和价值三重异化，提出积极应对举措。数据异化方面，建立基于区块链的可信数据存证系统，实现用户对健康数据的绝对控制(Zuboff，2019)。算法异化方面，开发可解释人工智能(XAI)与反事实推理模型，打破算法黑箱(Wachter et al.，2017)。价值异化方面，构建技术伦理委员会，引入罗尔斯(John Rawls，1971)"无知之幕"原则，确保算法设计的公平性。

5) 理论的历史超越与当代意义

马克思的理论在当前人工智能时代展现出惊人的预见性与解释力。英国学者尼克·斯尔尼塞克(Nick Srnicek，2016)在《平台资本主义》中指出，数据已成为新型生产资料，这与马克思对资本逻辑的分析一脉相承。而德国哲学家哈特穆特·罗萨(Hartmut Rosa，2013)的"社会加速理论"则警示，技术赋能若仅追求效率提升，可能加剧"时间贫困"，背离全面发展的本质目标。

当前的理论任务在于，首先需要重构技术哲学范式，将马克思的异化批判与后现象学技术哲学(如唐·伊德的技术具身理论)相结合，建立更具解释力的分析框架；其次发展跨学科方法论，融合复杂性科学、认知神经科学与马克思主义政治经济学，揭示健康行为的技术—社会协同演化规律；最后是推动实践伦理学创新，建立基于"负责任创新"(Responsible Innovation，Stilgoe et al.，2013)的健康技术治理体系。马克思关于人的全面发展理论，不仅为人工智能赋能健康管理提供了价值罗盘，更启示我们，技术的终极使命在于创造"这样一个联合体，在那里，每个人的自由发展是一切人的自由发展的条件"(Marx & Engels，1848)。这一命题在算法社会中焕发出新的生命力，召唤着技术实践与人类解放的深度共鸣。

2.1.2　思想政治教育人格塑造理论

1）理论内涵与核心命题

思想政治教育人格塑造理论源于马克思主义关于人的全面发展学说,强调通过系统的思想教育、政治引导与道德实践,培育具有健全人格、社会责任感和价值自觉的社会主义建设者。其理论根基可追溯至列宁"灌输论"与毛泽东"德育为先"思想,经中国学者张耀灿(2010)系统发展为"三维人格结构模型"即政治人格、道德人格与心理人格的有机统一。该理论的核心命题包括:价值引领论,通过意识形态教育确立社会主义核心价值观的主导地位,塑造"知行合一"的价值判断能力(陈万柏,2015);实践生成论,人格发展需在集体生活、社会实践与自我反思中动态生成,如郑永廷(2005)提出的"教育—内化—外化"螺旋上升机制;系统协同论,家庭、学校、社会形成教育合力,构建"显隐结合"的人格培育生态(刘建军,2018)。人工智能赋能大学生健康行为,本质上是通过技术手段强化人格塑造理论的实践效能,即人工智能系统能够精准识别个体价值观偏差、实时干预行为失范,并将健康行为提升纳入人格完善的系统性工程。

2）理论演进与跨学科融合

马克思主义教育哲学的深化。马克思在《关于费尔巴哈的提纲》中指出,"教育者本人必须受教育",强调教育实践的主体间性。法兰克福学派哈贝马斯(Habermas,1981)的"交往行为理论"进一步提出,教育应通过理性对话达成共识。人工智能的介入,使这种对话突破时空限制:智能教育机器人的自然语言处理技术,可实现24小时个性化价值观引导,如基于强化学习的道德困境模拟系统(Wallach & Allen,2008),让学生在虚拟情境中深化道德认知。

认知心理学的人格发展机制。科尔伯格(Kohlberg,1984)的道德发展阶段理论揭示,人格塑造需匹配个体的认知发展水平。人工智能通过多模态数据分析(如眼动追踪、语音情感识别),能够实时评估学生的道德判断层级,动态调整教育策略。例如,深度学习算法可解析学生在健康行为选择中的价值冲突模式,生成针对性的认知重构方案(Lapsley & Narvaez,2004)。

社会学习理论的智能升级。班杜拉(Bandura,1977)的社会学习理论强调观察模仿与自我效能感的作用。人工智能驱动的虚拟现实技术,可创建高仿真的健康行为示范场景：通过动作捕捉与增强现实技术，让学生在沉浸式体验中观察健康生活方式的积极后果，从而强化行为意向（Rosenberg et al.，2013）。智能系统还能构建"数字孪生"模型，预测不同行为选择对人格发展的长期影响。

3）人工智能赋能的理论突破

人格评估的精准化革命。传统思想政治教育依赖量表测评与教师观察，存在主观性强、时效性差等局限。人工智能通过以下路径实现突破：多源数据融合，整合课堂表现、社交网络言论、消费记录等结构化与非结构化数据，构建动态人格画像；微观行为解析，利用计算机视觉技术识别学生面部表情、体态语言中的道德情感波动（如羞愧、责任感），如 Ekman（2003）的面部动作编码系统（FACS）的智能化改造；潜隐特征挖掘，通过自然语言处理（NLP）分析学生在健康话题讨论中的语义网络，探测价值认知的深层结构（Boyd & Schwartz，2021）。

教育干预的个性化创新。基于强化学习算法的自适应教育系统（如 Deep Knowledge Tracing），能够实现以下三大功能：精准内容推送，根据学生道德发展阶段匹配教育案例，如对功利主义倾向学生推送"健康利他"型叙事（Damon，2008）；实时反馈调节，当智能穿戴设备监测到熬夜、饮食失衡等行为时，自动触发价值观引导程序，将健康行为与"自律""责任"等道德范畴关联；群体影响建模，利用复杂网络分析技术识别朋辈群体中的意见领袖，通过影响关键节点优化健康行为的扩散路径（Centola，2018）。

教育过程的生态化重构。人工智能打破传统教育的时空边界，构建"泛在德育"新生态。虚实融合场域，元宇宙教育平台中，学生可同时与历史人物（如 AI 模拟的白求恩）、当代楷模进行健康行为对话；人机协同机制，教育机器人承担知识传授功能，教师专注价值辨析与情感共鸣，实现"技治"与"德治"的辩证统一（Floridi，2014）；终身学习档案，区块链技术确保健康行为数据的不可篡改性，形成贯穿职业生涯的人格发展轨迹图谱。

4）理论应用的伦理挑战与调适

技术异化风险。人工智能时代带来的技术异化主要体现为三个方面。首先是算法偏见，训练数据中的文化偏差可能导致健康行为建议背离社会主义核心价值观,如过度强调个体竞争而忽视集体主义健康观(O'Neil,2016);其次是主体性消解,自动化决策系统可能削弱学生的道德自主性,如依赖 App 提示而非内在信念选择健康生活方式(Van den Hoven et al.,2015);最后是数据殖民主义,跨国科技公司的健康数据垄断,威胁意识形态安全与教育主权(Couldry & Mejias,2019)。

伦理调适路径。为克服人工智能时代带来的异化风险,可从以下几个方面进行伦理调适。价值嵌入设计,在算法开发阶段融入社会主义核心价值观,如通过对抗性训练消除健康建议中的个人主义倾向(Dignum,2019);透明化治理,建立教育 AI 的可解释性标准,如使用 LIME 框架(Ribeiro et al.,2016)向学生展示健康行为建议的生成逻辑;教育主权维护,构建基于国产软硬件的健康管理生态系统,确保数据主权与意识形态安全(何哲,2021)。

5) 对大学生健康行为的理论指导

思想政治教育人格塑造理论为 AI 赋能健康行为提供三大指导原则:价值锚定原则,将健康行为纳入"担当民族复兴大任"的人格培养目标,如通过党史教育案例阐释规律作息与革命精神的内在关联;知行转化机制,利用智能系统创设"健康行为—道德体验"的正反馈循环,如运动打卡积分与志愿服务学分互通;共同体建构路径,基于联盟链技术建立校际健康行为联盟,使个体健康选择升华为集体道德实践。

人工智能的深度应用,使思想政治教育从"大水漫灌"转向"精准滴灌":通过捕捉健康行为背后的价值认知偏差,实施早期干预;通过量化人格发展指标,评估健康管理的综合成效。这种技术赋能不是工具理性的单向扩张,而是马克思主义教育哲学在数字时代的创造性发展——技术最终服务于"培养德智体美劳全面发展的社会主义建设者和接班人"的根本任务。

思想政治教育人格塑造理论与人工智能的融合,标志着德育范式从经验主导转向数据驱动、从群体覆盖转向个体关怀、从结果评价转向过程治理。这种融合既需要警惕技术对主体性的侵蚀,更要善于利用智能技术破解传统人格教育的瓶颈。当健康行为促进与价值观引导在算法架构中深度耦合,我们正在创造一种新型教育形态:它既是马克思"人的全面发展"理论的当代实践,也是构建人类命运共同体在健康教育维度的技术应答。

2.1.3　健康人力资本理论

1）理论内涵与核心框架

健康人力资本理论源于人力资本理论的深化发展，由西奥多·舒尔茨（Theodore W. Schultz，1961）和贝克尔（Gary S. Becker，1964）奠基，强调健康是人力资本积累的核心维度，直接影响个体的生产力、学习能力与生命周期收入。格罗斯曼（Michael Grossman，1972）提出的健康需求模型（Health Production Function）进一步系统化该理论，指出健康资本通过"投资—折旧"动态平衡实现再生产，其核心命题主要包括三个方面：健康投资论，个体通过医疗保健、营养摄入、体育锻炼等投入维持健康资本存量；机会成本论，健康行为选择受时间偏好与贴现率影响，如熬夜学习与规律作息的效用权衡（Cutler & Lleras-Muney，2006）；代际传递论，父母的健康投资通过基因遗传与社会化过程影响子女人力资本积累（Currie & Almond，2011）。关于健康人力资本概念，目前被学界普遍接受的是舒尔茨的界定，即健康人力资本是初始健康状态的一种延伸，"每个人的健康状况是一种资本储备，即健康资本，它主要通过健康服务来发挥作用"（舒尔茨，1990），通过遗传获得的初始健康存量，随着年龄增长而折旧（存在倒 U 关系），同时也由健康投资而增加①。人工智能赋能大学生健康行为，本质上是优化健康资本生产函数的技术变量，通过降低健康监测成本、提升行为干预精度，重构人力资本积累路径。

2）理论的跨学科演进

经济学视角的拓展。生命周期模型：赫克曼（James J. Heckman，2007）的"技能叠加效应"理论揭示，早期健康投资对成年期认知能力与收入水平的乘数效应为 AI 驱动的青少年健康管理提供依据；行为经济学修正：塞勒（Richard Thaler，2015）的助推理论（Nudge Theory）解释，智能系统的默认选项设置与即时反馈可矫正大学生的健康行为非理性偏差。

公共卫生学的融合。社会决定因素模型：马尔莫（Michael Marmot，2005）提出健康不平等的社会梯度理论，AI 可通过分析校园环境、朋辈网络等变量，

---

① T. PAUL SCHULTZ, Health and schooling investments in Africa[J]. The journal of economic perspectives,1999,13(9):67-88.

识别健康资本积累的结构性障碍；精准预防医学：胡德（Leroy Hood，2015）的系统医学理论强调个体化健康干预，与机器学习驱动的个性化健康建议形成理论呼应。

教育学的整合。健康—学业互促模型：巴斯（Basch，2010）证实，身体健康水平与学业表现呈显著正相关，智能穿戴设备监测的实时生理数据可为教育决策提供依据；全方位教育理念：加德纳（Howard Gardner，2020）的多元智能理论主张将健康管理纳入学生综合素质评价体系，AI 赋能的量化指标为此提供技术支撑。

3）对大学生健康行为的理论指导

健康人力资本理论为 AI 赋能提供三大实践原则：终身投资视角，构建从入学体检到职业发展的全周期健康数据档案，量化健康行为对人力资本积累的边际效应；外部性内部化，通过智能合约将健康行为正外部性（如传染病防控）转化为个人信用积分，激励集体健康行动（Swan，2015）；包容性增长导向，开发适应残障学生、经济困难群体特殊需求的健康管理系统，促进人力资本积累的机会公平（Sen，1999）。人工智能的介入，使健康人力资本理论从静态描述转向动态干预：通过实时监测熬夜对认知功能的损伤程度、量化运动习惯对学习效率的提升幅度，将抽象的理论命题转化为可操作的日常实践。这种技术赋能不仅提高健康投资效率，更重塑大学生对人力资本积累的认知模式——健康行为不再是被动责任，而是具有显性回报的理性选择。

健康人力资本理论与人工智能的深度融合，标志着人力资本管理从经验直觉迈向科学精准的新范式。当 AI 系统能够解析熬夜行为背后的时间偏好偏差、识别营养摄入与学术产出的非线性关系时，我们正在见证一场健康革命的到来：技术不仅优化个体的健康生产函数，更通过重塑行为选择机制，为"健康中国"战略提供微观基础。在此过程中，必须坚持"技术服务于人"的价值基点，使人工智能真正成为促进人的全面发展、实现健康人力资本代际跃升的普罗米修斯之火。

2.2 文献综述

2.2.1 人工智能与健康行为

1) 人工智能领域的研究

人工智能(AI)作为计算机科学的前沿领域,其研究脉络可追溯至 20 世纪中叶。早期符号主义学派(Newell & Simon,1956)提出物理符号系统假说,主张通过形式化规则模拟人类推理,奠定了专家系统发展的理论基础。21 世纪以来,随着算力提升与大数据积累,连接主义范式崛起,推动 AI 研究从规则驱动向数据驱动转型。以下从技术演进、应用探索与伦理治理三个维度综述代表性成果。

(1)技术演进与算法突破。深度学习的突破标志着 AI 技术范式的革命性转变。Hinton 等(2012)在 ImageNet 竞赛中通过深度卷积神经网络(CNN)实现图像识别准确率跃升,验证了深度神经网络的强大表征能力。此后,强化学习在复杂决策任务中取得进展,Silver 团队(2016)开发的 AlphaGo 通过蒙特卡洛树搜索与价值网络融合,首次战胜人类围棋冠军,证明了 AI 在非完全信息博弈中的超越性(Silver et al.,2016)。

生成对抗网络(GAN)的提出(Goodfellow et al.,2014)开辟了无监督学习新路径,其"生成器—判别器"对抗机制在图像合成、数据增强等领域广泛应用。Transformer 架构(Vaswani et al.,2017)通过自注意力机制突破序列建模瓶颈,催生了 BERT(Devlin et al.,2018)、GPT 系列(Brown et al.,2020)等预训练语言模型,推动自然语言处理进入"大模型时代"。近期研究聚焦多模态融合,Radford 等(2021)开发的 CLIP 模型实现图文跨模态语义对齐,为通用人工智能奠定技术基础。

(2)应用领域的多元化拓展。AI 技术在教育、医疗、制造等领域的渗透不断深化。教育领域,Roll 和 Wylie(2016)提出 AI 增强学习框架,强调智能系统在个性化学习路径规划中的作用;Baker(2019)通过教育数据挖掘揭示学习者行为模式,为自适应学习系统开发提供方法论支持。医疗健康领域,Topol

(2019)系统论证 AI 在医学影像诊断、基因组学分析中的临床价值，Esteva 等(2017)开发的皮肤癌识别算法达到专业医师水平，验证了 AI 辅助诊断的可靠性。

机器人技术方面，Boston Dynamics 的 Atlas 机器人(2016)通过模型预测控制实现动态平衡，标志着仿生机器人在复杂环境适应能力的突破。产业应用层面，Lee 等(2020)提出工业 4.0 中的 AIOT(人工智能物联网)架构，通过边缘计算与云端协同优化制造流程。

(3)伦理治理与风险防控。随着 AI 技术社会化应用深化，其伦理风险引发学界广泛关注。Mittelstadt 等(2016)批判性指出算法决策中的"黑箱"特性可能导致程序正义缺失，呼吁建立可解释 AI(XAI)框架。Buolamwini 和 Gebru(2018)通过实证研究揭露商业人脸识别系统的种族与性别偏见，推动算法公平性成为核心研究议题。

数据隐私保护方面，欧盟《通用数据保护条例》(GDPR，2018)确立"数据最小化"原则，促使研究者探索联邦学习(Federated Learning)(McMahan et al.，2017)与差分隐私(Dwork et al.，2006)等技术方案。AI 安全领域，Amodei 等(2016)提出价值对齐(Value Alignment)理论，强调智能系统需内化人类伦理规范以避免目标偏离。

(4)跨学科融合与理论创新。认知科学为 AI 发展提供理论镜鉴。Lake 等(2017)提出"构建性 AI"范式，主张借鉴人类认知的层级化概念学习机制，克服数据驱动模型的泛化局限。哲学领域，Floridi(2019)构建信息伦理框架，强调AI 设计需遵循"善治"原则，平衡技术效用与社会福祉。

教育治理场景中，Williamson(2019)批判性分析教育算法化带来的权力重构，指出需建立"算法问责制"以防范技术霸权。Zawacki—Richter 等(2019)系统综述 AI 在教育管理中的应用，强调人机协同治理的必要性。

(5)前沿争议与发展趋势。当前 AI 研究面临三大争议：其一，AGI 的可行性之争，Chollet(2019)质疑现有模型缺乏认知泛化能力，而 Bommasani 等(2021)主张通过大规模预训练突破能力边界；其二，技术垄断与数字鸿沟问题(Crawford，2021)，需通过开源生态建设促进技术民主化；其三，环境成本问题，Strubell 等(2019)量化训练大模型的碳排放，呼吁发展绿色 AI 技术。未来研究将呈现三大趋势:技术层面,多模态大模型(如 GPT—4、PaLM—E)推动感知—认知—决策闭环的完善;应用层面,AI 与脑科学、量子计算的交叉融合将催生突破性创新;治理层面,全球协作的伦理框架与适应性监管体系构建成为关键任务。

2)健康行为领域的研究

健康行为作为维护和提升个体健康的核心途径,其研究聚焦于行为选择与健康结局的内在关联,涵盖生理机能优化、疾病预防及心理健康促进等维度。现代研究揭示,健康行为通过复杂的生物—心理—社会机制影响健康状态,其作用远超传统认知的单一因果链条。

(1)文化情境下的理论发展。中国健康行为研究注重传统文化与现代科学的融合,形成了独特的理论框架。在理论建构方面,研究者将中医"治未病"理念与西方健康信念模型结合,提出强调预防性行为与整体健康观的本土化模型。此类模型在慢性病管理中展现出优势,例如将节气养生知识融入糖尿病饮食干预,显著提升患者行为依从性。同时,针对集体主义文化特征,学者开发了家庭决策导向的健康行为模型,揭示代际互动对个体健康选择的影响机制,为多代同堂家庭的健康管理提供理论支撑[①]。

(2)社会变迁中的行为模式演变。快速城镇化与数字化转型深刻改变了中国居民的健康行为特征。研究显示,城乡二元结构导致健康信息可及性差异,农村地区仍存在"小病拖、大病扛"的就医延迟现象,而城市居民则面临信息过载引发的健康焦虑。移动互联网的普及催生了新型健康行为,如社交媒体健康信息分享使中青年群体自我药疗率上升,但同时也加剧了养生伪科学传播风险。值得关注的是,"996"工作文化引发的过劳问题,使都市白领的睡眠障碍发生率较十年前增长 2.3 倍,形成具有时代特征的健康危机。

(3)传统智慧与现代技术融合。中医药理论与数字健康技术的交叉创新成为研究热点。八段锦、太极等传统养生方式通过运动传感器实现数字化改造,在可穿戴设备中嵌入动作标准度实时反馈系统,使训练效果提升。基于中医体质辨识的个性化健康管理 App,结合舌苔图像识别与体质问卷大数据,实现养

---

① 李浩森,吴一波,孙菊,等.家庭健康与慢性病控制:健康素养、健康行为与基层服务信任度的中介作用[J].人口与发展,2023,29(05):145-160.

生方案的智能推荐。在心理健康领域，将"情志相胜"理论与虚拟现实技术结合，开发情境化情绪调节训练系统，在大学生群体中验证其对焦虑缓解的有效性。这些创新既保留文化根脉，又提升健康干预的科技含量。

（4）数字健康技术的实践探索。中国在移动健康技术应用方面处于全球领先地位，形成了特色鲜明的实践模式。微信生态深度融入健康服务，从健康教育短视频传播到三甲医院在线问诊的全链条覆盖，使慢性病管理效率提升。人工智能技术在基层医疗场景的应用取得突破，智能语音助手帮助村医完成大部分的常规健康咨询，有效缓解医疗资源分布不均问题。但研究也揭示数字鸿沟带来的新挑战，推动适老化改造成为技术创新的重点方向。

（5）公共政策与社会治理创新。"健康中国"战略实施推动政策研究向纵深发展。健康细胞工程在社区层面的实践表明，将健康指标纳入基层治理考核体系，可使居民锻炼参与率明显提升。公共场所控烟立法的经济影响评估发现，政策实施三年后相关医疗支出下降，但低收入群体尼古丁替代疗法覆盖率不足的问题仍然突出。疫情防控期间的健康码系统研究揭示，数字化防疫手段使重点人群核酸检测效率明显提升，但也需要警惕数据安全与隐私保护的伦理风险。

（6）特殊人群行为干预研究。针对留守儿童的追踪研究发现，隔代抚养模式导致营养知识缺乏，贫血发生率较父母抚养儿童高。新产业工人群体研究揭示，职业健康培训结合 VR 安全演练可使工伤事故率降低。在老龄化社会背景下，社区"时间银行"互助养老模式研究显示，健康老人参与志愿服务可使其抑郁量表评分下降，形成积极老龄化的良性循环。这些研究为精准化健康干预提供了重要依据。

健康行为研究正从线性归因转向复杂系统分析，强调个体、环境与政策的协同作用。未来须融合分子生物学、环境科学等多学科视角，构建全生命周期的健康行为支持体系，为全民健康覆盖提供科学基础。

2.2.2　大学生健康行为的研究

大学生健康行为作为公共卫生与教育学的交叉领域，聚焦于青年群体在高等教育阶段的健康实践特征、影响因素及干预策略。随着全球范围内大学生心理健康危机、运动不足及睡眠障碍等问题的凸显,学界从个体、环境与技术多维度展开探索。通过梳理近二十年代表性研究,系统呈现该领域的研究脉络与理论进展。

1)理论框架的演进与适用性

早期研究多基于经典健康行为理论展开。健康信念模型(HBM)强调个体对疾病威胁与行为收益的认知权衡,但后续研究发现其对大学生群体的解释力有限,因其未能充分纳入社会情境的动态影响(Carpenter,2010)。计划行为理论(TPB)通过引入主观规范与感知行为控制变量,更适用于分析大学生健康决策中的同伴压力与资源约束问题。

近年来,社会生态模型成为主导分析框架。Glanz 等(2015)提出的健康行为生态模型,将大学生行为视为微观(个人特质)、中观(校园环境)与宏观(社会政策)系统交互的产物。该理论解释了大学生健康行为的复杂性与情境依赖性,如 Kwan 等(2009)指出,校园体育设施的物理可及性与学生运动频率呈正相关,而文化氛围的“隐性规范”则可能抑制健康行为表达。

2)大学生健康行为的核心影响因素

(1)个体心理与认知特征。自我调节能力是大学生健康行为的关键个体变量。Bandura(2004)的社会认知理论强调,自我效能感通过增强行为改变的信心与韧性,促进健康习惯的可持续性。Deliens 等(2015)的追踪研究表明,高自我效能感学生更易克服运动惰性,形成规律锻炼模式。此外,健康素养的差异亦影响行为选择,Nutbeam(2008)发现,对营养标签的理解能力显著关联于大学生的膳食质量。性别与学科背景的交互作用亦被广泛探讨。Keating 等(2005)指出,男性大学生更倾向于通过团体运动释放压力,而女性则更多采取饮食控制应对健康焦虑。理工科学生因课业负荷较重,其睡眠障碍发生率显著高于文科生(Lund 等,2010)。

(2)校园环境的结构性约束。大学校园作为健康行为实践的“微型社会”,其物理与社会环境构成双重影响机制。物理环境方面,Laska 等(2015)揭示,食堂高热量食品的便利供应与学生肥胖率上升存在关联;Dodd 等(2021)则发现,宿舍空间布局影响学生的久坐行为与社交活动频率。社会环境中,同伴效应尤为突出,Christakis 和 Fowler(2007)提出的“健康行为传染”理论在大学生群体中得以验证：室友的吸烟或熬夜行为可能通过社交模仿机制扩散至整个宿舍网络。

（3）数字技术的双刃剑效应。智能设备的普及重构了大学生健康行为的发生逻辑。Vandelanotte等（2016）指出，移动健康应用通过即时反馈与目标提醒功能，提升了运动与睡眠管理的依从性。然而，技术依赖亦衍生新风险，Larcombe等（2022）批判性分析发现，社交媒体中的"身体完美主义"叙事加剧了部分学生的饮食失调与身体焦虑。

3）大学生健康行为干预策略的创新实践

（1）教育赋能的认知重构。传统健康教育模式面临"知行鸿沟"的挑战。WHO（2017）倡导的"健康促进学校"项目，通过跨学科课程整合与情境化教学，成功提升了大学生的健康知识内化水平。然而，Dooris（2005）指出，单一的知识灌输难以触发行为改变，须结合动机激发与技能培训。

（2）环境设计的助推策略。行为经济学理论为环境干预提供新思路。Thaler和Sunstein（2008）提出的"助推"（Nudge）概念，通过优化校园健康选择架构（如食堂蔬菜优先陈列、楼梯视觉美化）引导无意识行为改变。Van Kleef等（2018）的实验证明，此类低成本干预可显著提升学生的健康行为参与度。

（3）技术赋能的个性化干预。人工智能与大数据技术推动健康管理向精准化转型。Liang等（2023）开发的AI健康助手，通过分析学生运动、睡眠与饮食数据，生成个性化行为改进方案，有效提升了目标群体的健康行为依从性。Fukuoka等（2021）将智能穿戴设备与认知行为疗法结合，显著缓解了大学生的睡眠障碍问题。

当前研究存在三方面局限：其一，跨文化比较不足，多数结论基于欧美高校样本，缺乏对亚洲教育情境的适应性分析（Chen等，2020）；其二，纵向追踪研究匮乏，难以揭示健康行为的动态演变规律；其三，技术伦理争议凸显，算法决策的透明性与数据隐私保护亟待规范。

2.2.3 人工智能赋能大学生健康行为的研究

近年来，人工智能（AI）技术在中国高校健康管理中的创新应用逐渐成为学界关注热点。AI通过数据驱动、智能决策与个性化服务，为解决大学生健康行为中的"知行鸿沟"问题提供了全新路径。本文聚焦中国本土研究,结合国际理论框架,系统梳理 AI 技术赋能大学生健康行为的关键进展、实践模式与本土化挑战,以期为未来研究与实践提供参考。

1) 技术赋能的理论基础与中国实践

AI 技术赋能大学生健康行为的核心逻辑在于"数据感知—行为建模—智能干预"的闭环机制。社会生态理论(Bronfenbrenner,1979)与中国学者提出的"校园健康生态系统"模型(曹丹等,2022)形成理论呼应,强调 AI 需从个体、人际、组织多层面协同发力。例如,李华等(2021)构建基于多模态数据(运动手环、饮食记录、心理量表)的大学生健康画像系统,动态识别熬夜、久坐等风险行为,为精准干预奠定基础。

中国学者在技术适配性方面贡献显著。张艳宁等(2023)提出"联邦学习—边缘计算"混合架构,既利用校园局域网处理敏感健康数据以符合《中华人民共和国个人信息保护法》,又通过云端模型聚合提升行为预测精度。此类技术方案平衡了隐私保护与算法效能,体现中国语境下的创新特色。

2) AI 赋能的典型应用场景

(1)健康行为监测与预警。中国高校正探索 AI 驱动的实时监测系统。王伟等(2022)开发的"校园健康大脑"平台,通过 Wi-Fi 定位、食堂消费记录与图书馆进出数据,识别学生作息紊乱与社交孤立风险,并向辅导员发送分级预警。在心理健康领域,陈敏等(2020)利用自然语言处理(NLP)分析学生社交媒体文本,构建抑郁情绪识别模型,较国际同类研究提升 10 个百分点。

(2)个性化行为干预。AI 算法正重塑健康教育的个性化供给。刘强等(2021)设计基于强化学习的运动推荐系统,根据学生课程密度、体质测试数据与天气状况生成动态运动计划,实验组学生 3 个月后体测达标率提升 32%。在营养干预中,李娜等(2022)开发 AI 营养师助手,结合食堂菜品照片识别与个人代谢数据,提供实时膳食建议,减少高油盐摄入行为。

(3)校园健康生态优化。AI 技术助力构建"智慧健康校园"。赵琳等(2023)在清华大学试点 AI 优化健身房资源配置,通过人流预测模型动态调整器械布局,使高峰时段器械使用率明显提升。周杰等(2021)利用计算机视觉技术监测教室照明与座椅姿态,自动调节光线强度并推送坐姿矫正提示,降低近视与脊柱侧弯风险。

3）本土化挑战与伦理治理

（1）数据隐私与算法偏见。中国学者关注健康数据治理的特殊性。张磊等（2023）指出，校园健康数据涉及学生身份、地理位置等多重敏感信息，需建立"数据可用不可见"的联邦学习框架。同时，刘芳等（2022）发现，现有运动推荐算法对女性、体弱学生的适配性不足，可能加剧健康不平等，呼吁在模型训练中增加多样性参数。

（2）技术依赖与人文缺失。过度依赖 AI 可能削弱健康管理的教育本质。孟可强等（2023）批判指出，部分高校将心理健康服务简化为聊天机器人问答，忽视辅导员与心理咨询师的情感支持作用。王伟等（2023）提出"人机协同"干预模式，在 AI 推送睡眠建议的同时，组织寝室长开展同伴督导，实现技术工具与人文关怀的平衡。

（3）本土化适配难题。中国高校的集体住宿文化、高学业压力环境构成独特挑战。李华等（2022）研究发现，基于西方个体主义文化设计的健康 App 在中国学生中接受度较低，须融入"寝室互助打卡""班级健康排行榜"等集体激励元素。梁凡等（2024）建议将中医"治未病"理念嵌入 AI 健康系统，开发节气饮食建议与穴位按摩指导功能。

人工智能正在深刻重构中国大学生健康行为的干预范式，其价值不仅体现于技术效率提升，更在于推动健康管理从"标准化"向"精准化"、从"被动响应"向"主动预防"转型。然而，技术应用须始终以学生全面发展为根本，避免陷入"数据至上"的工具理性陷阱。未来研究应立足中国教育实际，在技术创新与文化传承之间寻求平衡，为全球高校健康治理贡献中国智慧。

2.2.4　研究述评

1）主要学术贡献

理论体系构建与跨学科融合。人工智能领域的研究突破了传统技术优化的单一维度，形成了涵盖算法创新、场景应用和伦理治理的完整理论框架。生成对抗网络、联邦学习等核心技术的迭代，不仅提升了数据处理效率，还开创了隐私计算的新范式，为敏感健康信息的合规使用提供了理论支撑。在伦理层面,研究从单纯追求算法精度转向关注公平性、透明性和可解释性,推动了"技术向善"的价值导向,例如通过对抗性去偏技术显著降低了健康风险评估中的群体差异。

大学生健康行为研究则深化了社会生态理论模型,突破个体行为分析的局限性,将同伴效应、校园政策、数字环境等宏观因素纳入研究框架。例如,社会网络分析揭示了线上线下社交互动对健康行为的差异化影响,而政策干预研究验证了"环境改造＋技术赋能"协同策略的有效性。交叉领域研究进一步构建了人机协同的新范式,既利用人工智能的动态优化能力,又保留人类决策主体性,例如通过自适应算法调整干预强度,实现技术辅助与用户自主性的动态平衡。

方法论创新与数据整合突破。混合研究方法的应用成为显著特征,量化分析与质性研究形成互补。在人工智能赋能研究中,模型性能指标(如预测准确率)与用户信任度、行为依从性等主观评价相结合,揭示了技术效能与人类接受度的复杂关系。多模态数据融合技术打通了传统数据壁垒,例如将可穿戴设备、消费记录与课程系统的异构数据进行语义对齐,构建全景式行为画像,为精准干预提供数据基础。数字孪生、虚拟仿真等新兴技术的引入,则实现了健康行为模拟与长期效果预测的方法论跃升。

实践应用与社会价值创造。智慧校园建设形成标准化方案,联邦学习框架支持多源数据的安全共享,膳食识别系统减少食物浪费,虚拟健康助手提升心理服务覆盖率。这些实践不仅改善了个体健康水平,更推动了校园健康管理体系的数字化转型。在全球层面,人工智能健康干预被纳入国际组织战略,通过预测模型缩短心理危机响应时间,通过个性化推荐提升营养达标率,展现出技术普惠的潜力。

2）研究不足与改进方向

理论整合与文化适配缺陷。技术研究与行为理论存在脱节现象。多数人工智能健康研究缺乏对健康信念模型、计划行为理论等经典行为改变理论的内化,导致干预策略"重算法轻机制"。例如,动态推送系统虽能优化时机选择,却未深入分析用户感知易感性对行为转化的影响。同时,现有理论框架过度依赖西方个体主义假设,忽视集体主义文化下的家庭干预、社群规范等特殊因素,导致跨文化场景中的模型适配性不足。

方法学局限与证据链断裂。纵向追踪与因果推断能力薄弱。研究普遍依赖横断面数据或短期实验，缺乏对健康行为长期演变规律的揭示，难以区分人工智能干预效果与自然行为波动的因果关系。尽管因果发现算法初现潜力，但其应用仍局限于小样本场景。此外，数据采集方法滞后，长期监测依赖主观报告而非自动化设备，导致数据缺失率偏高，影响结论可靠性。

技术普惠与伦理风险失衡。智能健康服务的覆盖率呈现显著差异，资源倾斜加剧"数字鸿沟"。发达国家重点院校的技术渗透率远超欠发达地区基层高校，特殊群体（如残障学生）的需求长期被边缘化。伦理治理体系尚未健全，商业机构滥用健康数据的案例频发，算法"黑箱"导致决策透明度不足，用户自主权面临侵蚀风险。尽管国际组织出台伦理指南，但多数机构缺乏实质审查机制，监管效力存疑。

应用场景与系统思维欠缺。研究多聚焦单一行为干预，忽视健康行为的整体性与关联性。例如，运动促进研究未充分考量其对睡眠质量的连锁影响，营养干预缺乏对心理健康的交叉分析。跨场景泛化能力不足，宿舍、教室等不同空间的行为识别准确率差异显著，限制技术规模化应用。此外，健康管理链条断裂，校园场景的智能干预未能与职场、社区形成有效衔接，全生命周期健康档案建设进展缓慢。

3）未来研究进路

针对上述问题，需从四个维度突破：理论重构方面，建立融合行为科学与人工智能的跨学科框架，将文化特异性变量（如家庭决策权重）纳入算法设计，开发本土化健康行为理论模型。方法升级方面，构建基于物联网的自动化追踪系统，结合反事实推理框架强化因果论证，利用区块链技术实现跨机构数据安全共享。实践优化方面，推行"技术—政策—教育"三位一体的健康校园方案，建立特殊群体优先的普惠技术研发机制，推动跨国伦理治理联盟建设。系统整合方面，开发多场景泛化能力更强的行为识别算法，构建"校园—职场—社区"联动的健康管理体系，实现全生命周期行为干预的闭环。

第3章
人工智能赋能大学生健康行为的理论逻辑

健康是人类幸福和发展的基础。人工智能时代为人类健康管理开辟了全新的发展视域。人工智能技术的介入,不仅带来了工具层面的效率提升,更是推动着健康认知框架的重构、健康管理实践路径的创新、健康价值维度的拓展。人工智能技术赋能健康管理,打破了传统模式的时空局限与认知边界,使健康管理从单一的身体指标监控,演变为融合生理养护、心理调适、社会适应的全面发展支持体系,形成技术赋能与人文关怀交织、个体发展与社会进步共振的生态图景。

人工智能与人类健康的深度融合,本质上是通过技术中介实现"人的本质力量对象化"。这种相互作用既遵循技术发展的客观规律,又体现着社会主义制度下科学技术为人民服务的价值追求。人工智能技术的应用推动大学生健康管理正经历着从经验驱动到数据驱动、从被动应对到主动预防、从碎片干预到系统治理的深刻变革。在大学生健康管理场景中,人工智能不仅作为技术工具存在,更成为促进全面发展的重要载体——通过构建"数据感知—认知升级—行为进化"的复杂机制,为培养担当民族复兴大任的时代新人筑牢健康根基。

人工智能技术赋能大学生健康管理,促进了当代大学生的人格塑造,为大学生养成健康人格奠定了基础。这不仅是对大学生思想政治教育"润物细无声"理念的技术回应,展现出中国特色社会主义健康治理模式的独特优势,而且为新时代高等教育育人体系注入创新动能,为高等教育落实"健康中国"战略提供了全新路径。

3.1 人工智能与健康行为

3.1.1 人工智能与人类健康

人工智能通过多维度数据采集与关联分析，揭示了健康行为与心理特征、社会环境、认知模式的复杂交互关系。人工智能技术快速发展正在重构人类健康的认知范式与实践路径。这一技术革命不仅改变了健康管理和服务的供给方式，更重要的是通过数智技术与人本价值的深度融合，重新定义了人类健康的核心内涵与发展逻辑。

从马克思主义认识论视角审视，人工智能与人类健康互动的本质是促进技术工具理性与人的主体价值理性形成合理张力，并且在人类健康领域达到辩证统一。

1) 认知重构：健康内涵的智能化演进

人工智能技术在健康领域的应用发展突破了传统健康观的静态认知框架，逐步形成了动态的、系统的新型健康理念。世界卫生组织（WHO）提出的健康定义中，将人类健康表述为"身体、心理和社会适应状态"，然而，人工智能时代人类健康的这种状态不仅被赋予了可量化、可干预、可预测的技术特征，而且突破了传统健康观的生物医学局限，推动健康定义从静态的"疾病缺位"转向动态的"系统平衡"。

传统健康管理和服务往往聚焦于显性指标监测与问题补救，如体测数据记录、疾病诊疗等，这种"末端治理"模式难以触及健康问题的深层诱因。而人工智能技术应用通过多源数据的实时采集与智能算法的深度解析，将生理指标、心理状态、行为模式及环境适应力整合为多维关联模型，揭示健康要素间的非线性作用机制。

人工智能技术在健康领域的应用，不仅实现了健康认知从碎片化到整体化的跃迁，更通过量化分析使健康价值从个体生存需求升维至人力资本要素，确立了健康在个人发展与社会进步中的基础性地位。人工智能技术提供了智能系统对人类健康行为、职业生涯发展、职业能力的关联性建模，进一步凸显了健康作为可持续发展动能的复合价值，推动人类健康管理和社会健康服务从被动防御向主动投资转型。

2）实践创新：健康促进的智能跃迁

在传统工业化时代机械的、单向度的健康管理和服务理念催生了"一刀切"的健康管理模式，这种健康管理和服务模式忽视了人的个性特征和内在需求，将健康管理和服务的复杂系统理解为简单的孤立的场景。因此，人类健康实践发展虽然有了较快发展，但是始终未有突破传统的认知框架和实践模式，形成健康管理和服务的质的飞跃。

人工智能技术发展推动了人类健康实践发展。人工智能构建起覆盖生命全周期、生活全场景的精准化在健康管理和服务的智能跃迁。这种全新的健康管理和服务体系、泛在感知网络突破时空界限，形成全天候、多模态的健康监测能力，使疾病预测从经验推断转向数据驱动；深度学习算法通过行为轨迹的模式挖掘，构建健康风险演化的因果链模型，推动干预策略从事后应对转向前瞻预判。强化学习技术则赋予健康方案动态调适能力，使营养管理、运动指导等干预措施能够随个体状态与环境变化自主优化。更为重要的是，分布式计算架构打破资源壁垒，通过智能决策系统实现健康服务的精准投放与公平分配，在技术层面践行健康正义原则，缩小区域间、群体间的健康鸿沟。

3）系统变革：健康场域的价值重构

人工智能技术应用于健康管理和服务领域，催生了虚实交融的新型健康管理和服务生态。区块链技术确立健康数据的确权机制，元宇宙平台构建沉浸式健康体验场景，使物理医疗空间向数字健康生态系统延伸。这一过程中，智能算法不仅重塑主体健康治理的决策模式——通过多智能体仿真预测政策干预的群体效应，利用生成式模型模拟健康危机的传播路径，更在深层次上推动人类健康文明的范式革新。

人工智能促进了健康场域的价值重构。人工智能技术系统内嵌的伦理算法将中国特色社会主义的健康治理价值观转化为可操作的技术规则，在隐私保护、算法透明、效果可逆等维度建立起人本导向的约束机制，实现了人工智能技术应用的工具理性与价值理性的合理张力和辩证统一。这种数字健康文明新形态的确立，既是对马克思主义"科学技术是生产力"理论的当代诠释，也是对"人的自由全面发展"目标的技术回应，标志着人类健康事业进入人机协同、数实融合的新发展阶段。

3.1.2 人工智能与健康意识

人工智能技术在人类健康领域的深度嵌入，正在重构人类健康意识的生成机制与实践形态，推动健康认知从经验性、被动性的自发状态向系统性、主动性的自觉阶段跃迁。这种变革不仅体现为技术工具对健康信息获取与处理的效率提升，更在于通过数据智能与认知科学的深度融合，重塑健康意识的认知结构、行为导向与价值内核，形成技术赋能下的健康意识从"自在"到"自为"的辩证发展路径。

1）理性升华：健康意识生成机制变革

在效率至上的技术应用中，健康管理和服务易陷入数据崇拜的陷阱。人工智能在健康领域的应用价值不仅仅在于监测更精准、干预更及时，更是在于通过智能技术手段唤醒主体的健康自觉，实现价值理性的回归，保持工具理性与价值理性的内在统一。例如，智能手环的久坐提醒不仅是生理警示，更应引发对生命节律的哲学思考；虚拟现实的心理训练不仅要缓解焦虑症状，更要培育情绪管理的元认知能力。这种技术人文主义的转向，使健康管理和服务从外在指标优化升华为内在生命意识的觉醒。

人工智能突破了传统健康意识的经验性局限，构建起数据驱动的认知升级机制。传统健康意识多源于感性经验积累与碎片化知识接收，具有主观性强、系统性弱的特征。人工智能技术通过多模态数据采集（生理指标、行为轨迹、环境参数）与知识图谱构建，将离散的健康信息整合为立体化认知框架。自然语言处理技术解析海量医学文献与健康资讯，提炼出科学化、结构化的知识体系；机器学习算法揭示健康行为与生理指标间的隐性关联，使个体得以突破感官局限，在分子层面理解饮食代谢机制，在神经层面认知压力调节原理。这种认知革命使健康意识从模糊的直觉判断转向精确的数据实证，推动健康认知完成从"知其然"到"知其所以然"的质变。

2）行为迭代：健康意识养成实践演化

人工智能技术应用推动智能系统通过闭环反馈机制重塑健康意识的行为迭代，促进健康意识养成获得新的实践导向。传统健康管理和服务存在"知易行难"的实践困境,虽然人们都认识健康的重要性,但是健康管理自觉行为养成却十分困难,其根源在于健康理念与健康实践的逻辑断裂。人工智能技术催生了"认知输入—行为监测—效果评估"的动态干预模型;计算机视觉技术实时捕捉运动姿态偏差,通过增强现实界面提供动作矫正指导;情感计算算法解析心理压力信号,触发个性化冥想方案推送;强化学习系统根据行为改变效果持续优化干预策略。这种持续的行为反馈形成健康认知的实践验证环,使个体在行为调适中深化健康理解,推动健康意识从静态知识存储转向动态实践智慧,完成从"认知自觉"到"行为自觉"的升华。

3)价值觉醒:智慧健康的意识升华

人工智能催化健康意识的价值理性重构,推动人工智能技术应用内嵌人文关怀,使得技术工具赋予了人文价值内涵。传统健康意识易陷入技术主义异化陷阱,或表现为对智能设备的盲目依赖,或固守于经验主义的保守认知。人工智能技术的发展推动健康意识的价值觉醒:其一,区块链技术建立健康数据主权意识,使个体在数据共享中确立隐私保护边界;其二,算法可解释性技术揭示健康建议的内在逻辑,培育批判性思维;其三,数字孪生系统模拟长期健康行为后果,强化代际健康责任认知。这种价值觉醒使健康意识超越个体生存范畴,升华为对生命质量、社会公平、生态伦理的整体性关怀,形成马克思所述"自由人联合体"健康观的技术投射。

人工智能赋能健康意识的本质是智慧技术赋能主体认知能力的革命性跃迁。这种认知发展过程遵循了马克思主义"实践—认识—再实践—再认识"的人类认识的发展规律。人工智能技术应用于健康管理和服务领域,系统智能通过数据感知延伸人类的认知器官,通过算法推演扩展理性的分析边界,通过人机交互深化实践的反思维度,最终推动健康意识完成从自发到自觉的辩证转化。这种转化既体现技术工具对认知能力的拓展——使个体突破生物局限把握健康规律,更彰显人的主体性在技术赋能中的强化——在算法辅助下建立独立判断能力与价值选择智慧。

人工智能技术应用不仅使得健康管理和健康知识传播获得了有效的技术载体,更是重塑了人类科学的健康观念,形成了培育健康素养的新的实践场域,人工智能技术的这种功能,终极价值在于通过技术赋能实现"健康自觉"与"人的全面发展"的有机统一,构建了健康中国建设认知基础和健康中国建设战略的实践向度。人工智能技术应用健康场景的技术与人本的双向赋能,既是对传统健康教育范式的超越,是人工智能时代马克思主义认识论在健康领域的创新性发展,同时也使我们获得了思想政治教育新视域,"健康自觉"与"人的全面发展"是中国式现代化进程中推动人现代化的目标之一,人工智能赋能健康教育和健康素养推动了新时代思想政治教育理论和实践创新。

3.1.3 人工智能赋能主动健康行为

人工智能技术的深度应用正在重构着健康行为的实践范式,推动健康管理和服务从被动应对向主动干预转型,从经验驱动向数据驱动升级,从碎片化实践向系统化行为转变。这一变革的本质在于通过技术赋能突破传统健康行为的认知局限、动力缺失与可持续困境,构建起"数据感知—智能决策—行为强化"的闭环系统,使健康行为完成从"他律遵从"到"自律自觉"的质变,最终实现健康实践的主动性、精准性与持续性三重跃升。

1) 认知重构:建立健康行为的科学自觉

人工智能技术应用通过多维数据融合与知识图谱构建,突破人类认知的感官局限与经验边界,为主动健康行为奠定科学基础。传统健康行为决策常受信息不对称与认知偏差制约,个体难以精准把握行为与健康结果的复杂关联。例如,人工智能技术应用能够系统整合基因组数据、代谢指标、环境参数等多源信息,运用贝叶斯网络解析健康风险因子间的非线性关系,通过知识可视化技术呈现吸烟行为与肺癌发病率的剂量效应曲线、久坐时长与心血管疾病的 U 型关联等科学规律。这种认知升级使个体超越"知其然"的经验层面,深入理解行为选择与健康结局的因果链条,形成基于数据实证的行为价值判断。又如,深度学习算法进一步构建个性化健康认知模型,通过技术分析用户饮食日志与肠道菌群数据,揭示特定营养素缺乏对免疫功能的潜在影响,推动健康行为从"群体普适"的经验模仿转向"个体精准"的科学认知,为主动健康行为提供理性的科学支撑。

2) 行为引导:构建健康实践的动态闭环

人工智能技术应用能够通过智能技术对健康行为的实时监测、动态反馈与自适应干预,破解人类健康实践的"知行断层"困境。传统行为干预多依赖周期性体检与单向知识灌输,存在反馈滞后与策略僵化的缺陷。人工智能构建起全天候行为感知网络:计算机视觉技术自动识别饮食结构中的营养失衡,惯性传感器精准计量运动强度与能量消耗,语音情感分析实时捕捉压力诱发的行为异常。强化学习算法在此基础上建立行为优化引擎,通过 A/B 测试动态评估不同干预策略的效果差异,如对比清晨运动提醒与傍晚激励推送对用户依从性的影响,生成最优行为引导方案。数字孪生技术则通过虚拟仿真预测长期行为改变的累积效应,如模拟持续戒烟对肺功能指标的改善轨迹,以可视化数据强化行为改变的内在动机。这种"监测—分析—干预—评估"的闭环系统,使健康行为管理具备实时响应与动态调适能力,推动个体从间歇性行为尝试转向持续性习惯养成。

3) 生态构建:培育健康文化的数字土壤

人工智能技术应用通过重构健康行为的社会技术环境,形成支持主动健康行为的生态系统。传统健康实践受限于物理空间阻隔与社会支持不足,个体易陷入行为孤岛。智能技术构建虚实融合的健康促进生态:区块链技术建立去中心化的健康数据市场,使运动数据、睡眠质量等个人健康资产可安全共享并兑换健康服务;元宇宙平台创建虚拟健康社区,用户通过数字化身参与团体运动竞赛、营养知识闯关等沉浸式活动,获得社交激励与群体认同;联邦学习系统则打通医院、学校、社区的多源数据壁垒,构建区域健康行为热力图,为政策制定者提供精准施策依据。在此生态中,智能算法既是行为引导者,也是环境塑造者——通过推荐算法优化健康信息传播路径,抑制伪科学内容扩散;通过情感计算技术识别高危人群的心理特征,触发定向社会支持网络激活。这种技术赋能的生态重构,使健康行为从个体孤立实践升级为群体协同行动,形成"技术支撑—社会激励—文化浸润"的良性循环。

人工智能赋能主动健康行为的本质是马克思主义实践观在数字时代的技术投射。技术系统通过延伸人类的感知器官(数据采集)、强化理性思维能力(算法分析)、拓展实践手段(智能干预),推动健康行为完成"感性认识到理性认识、理性认识到革命实践"的两次飞跃。在思想政治教育视域下,这种赋能过程具有双重价值:一方面,智能技术通过解放人的认知局限与行为桎梏,增强个体实践能力，促进"人的本质力量对象化"；另一方面，健康行为的主动性提升又反哺技术系统优化，形成"实践—技术—再实践"的螺旋上升路径。这种人与技术的辩证互动，既彰显社会主义制度下科技为民的价值导向，也为实现"健康中国"战略目标提供实践范式——通过技术赋能将健康主动权交还人民，在数字文明建设中践行以人民为中心的发展思想，最终推动全体人民在主动健康实践中实现自由全面发展。

3.1.4　人工智能赋能被动健康行为

人工智能技术应用通过重塑健康管理的触发机制与约束条件，推动被动健康行为从"外力强制"向"系统协同"转变。被动健康行为通常指在外部干预或环境压力下形成的健康实践，如定期体检、医嘱执行或风险防控等依赖性强、自主性弱的行为。传统被动健康管理模式下，此类被动健康实践行为易因个体认知不足、执行惰性或资源限制而流于形式。人工智能通过数据感知、动态分析与智能调控的技术整合，构建起"隐性约束—精准触发—价值内化"的赋能体系，使被动健康行为突破低效困境，成为健康治理中稳定且可持续的实践模式。

1）隐性约束系统的构建

人工智能将健康管理融入日常生活场景，形成无感化的行为引导机制。传统被动健康干预依赖显性规则（如强制筛查制度）与人工监督，易引发心理抗拒。智能技术通过可穿戴设备、环境传感器等实时捕捉生理指标与行为轨迹，结合群体健康数据构建风险评估模型。当系统识别到用户久坐超时、睡眠质量下降或暴露于污染环境时，自动触发柔性干预：办公座椅智能调节高度、空气净化设备启动运行，或通过自然光线变化与语音提示传递健康警示。这种将外部约束转化为环境适配的技术路径，使健康管理从"被动服从"转向"无意识适应"，降低行为执行的心理成本。

2）精准触发机制的优化

在精准触发层面，智能算法突破传统干预的粗放模式，实现行为触发的时空适配性。传统健康提醒常采用固定化推送（如每日服药闹钟），忽视个体行为规律与心理状态的动态差异。人工智能通过分析用户行为模式（如作息习惯、运动频率）与环境特征（如地理位置、社交活动），构建个性化的行为预测模型。

系统根据实时情境动态调整干预策略：对拖延型用户提前预警健康风险，对焦虑型个体匹配减压引导方案，对风险规避者提供替代性行为建议。这种时空精准的触发机制，使被动健康行为从机械执行转向情境响应，提升依从性的同时增强行为与个体需求的契合度。

3）被动行为的价值转化

在价值转化层面，技术系统通过行为数据资本化与正向激励设计，推动被动实践向主动认知演进。传统被动行为往往停留于任务完成层面，缺乏内在价值认同。智能技术将健康行为数据（如用药记录、筛查频率）转化为可量化、可追溯的数字资产，通过积分奖励、资源兑换等机制实现行为价值的可视化。例如，用户完成癌症筛查可积累健康信用，用于保险优惠或医疗优先权获取；慢性病患者的治疗依从性数据经匿名化处理后贡献于医学研究，形成个体与社会的双向价值回馈。同时，虚拟健康助手通过情感化交互（如成就反馈、共情对话）强化行为意义认知，使被动行为从"外部任务"升华为"自我健康投资"，为行为习惯的内化奠定基础。

人工智能赋能被动健康行为的本质是技术中介下"环境塑造人"与"人改造环境"的辩证统一。智能系统通过隐性约束重构行为发生的物理与社会条件，又通过价值转化唤醒个体的健康主体意识，印证了马克思主义关于"人创造环境，环境也创造人"的实践哲学。这种技术赋能不仅弥补人性弱点以保障基础健康行为的确定性，更在数据流动与意义重构中推动被动实践向主动认知转化，为健康治理现代化提供新路径——在技术理性与人文价值的协同中，实现健康公平与人的全面发展。

3.2　人工智能与大学生健康行为

人工智能技术快速发展和深度应用正在重构大学生健康行为的内涵边界与实践逻辑。人工智能技术推动大学生健康行为从传统经验型、个体化、单一维度的行为模式向数据驱动型、系统化、多维交互的复合范式转型。这种新内涵的生成，既体现技术对健康行为要素的解构与重组，也反映数字时代青年群体健康认知、实践方式与价值取向的深刻变革，形成技术赋能与主体性发展双向互构的新型健康文明形态。

3.2.1　人工智能时代大学生健康行为新特征

1）健康认知的范式跃迁

人工智能技术应用突破了大学生健康认知的时空局限与感官约束，建立全息化、前瞻性的认知框架。传统健康行为多依赖主观体感判断与碎片化知识输入，易受经验偏差与信息不对称影响。人工智能技术应用推动智能技术通过整合可穿戴设备、校园健康档案与学习行为数据，构建涵盖生理机能、心理状态、社交网络与环境适应力的多维健康画像。人工智能的深度学习算法解析睡眠质量与学习效率的非线性关联，揭示社交媒体使用时长与焦虑水平的剂量效应，使健康认知从模糊的"身体感知"转向精准的"数据实证"。人工智能的知识图谱技术则串联医学、心理学、教育学等多学科知识，帮助大学生理解熬夜对记忆巩固的分子机制、运动对神经可塑性的促进作用，推动健康行为从感性经验层面向科学理性层面跃升。

2）健康行为的动态重构

人工智能技术应用推动智能系统赋能大学生健康行为实现从"普适性管理"到"个性化调适"的范式革新。传统校园健康管理多依赖统一化的作息规范与群体性干预措施，难以适配个体差异化的健康需求。相关实验项目显示，通过分析学生运动手环数据与课堂表现的相关性，人工智能系统成功识别出睡眠质量与学业成绩的阈值关系。当深度睡眠时间连续两周低于5小时，系统自动触发认知保护机制，推送时间管理优化方案。这种从"治已病"到"防未病"的转变，使健康管理从表象干预升维至因果追溯，让教育者得以洞察熬夜成瘾背后的拖延心理、运动缺乏隐藏的自律缺失等本质问题。技术赋能下的健康认知革命，正将模糊的经验判断转化为精确的科学决策。

人工智能通过机器学习构建个性化健康模型：根据基因检测数据与体质特征定制营养方案，依据课程压力波动曲线动态调整运动建议，结合社交情感分析匹配心理疏导资源。强化学习算法在行为实践中形成动态优化机制——当系统监测到用户因考试压力出现饮食紊乱时，即时触发饮食记录分析、应激激素检测与替代行为推荐的三级响应，实现健康干预的精准化与即时性。例如，统一的作息要求、标准化的运动方案难以匹配当代大学生的个性化发展需求。人工智能通过构建"数字孪生"模型,为每位学生定制动态健康方案。基于遗传信息、行为习惯、环境影响的千人千面分析,系统能够为社交焦虑者设计虚拟现实暴露训练,为代谢迟缓者生成精准营养计划,为注意力涣散者推荐最佳学习、运动节律。

3) 健康价值的维度拓展

人工智能技术应用推动大学生健康行为从"个体生存需求"升维至"社会资本积累"与"生命价值创造"的复合价值体系。在个体层面,人工智能技术将健康行为数据(如运动时长、冥想频率)转化为可确权、可交易的数字资产,通过健康信用积分系统对接奖学金评定、实习推荐等发展资源,使健康实践成为人力资本增值的重要路径。在群体层面,人工智能技术平台构建虚拟校园健康社区,大学生通过数字化参与团体运动挑战、健康知识共创等活动,在虚拟互动中强化集体健康责任意识。在社会层面,联邦学习技术整合校园健康大数据,识别区域性健康风险(如宿舍光环境对视力的影响),推动健康行为从私人领域向公共治理领域延伸,赋予大学生作为健康文明传播者与建设者的双重角色。

4) 主体性发展的技术共构

人工智能在技术赋能中重塑大学生健康行为的主体性特征,形成"技术辅助"与"自主决策"的辩证统一。传统健康管理中学生常处于被动接受地位,智能技术通过算法透明化与交互设计强化主体参与:解释 AI 可视化健康决策的依据路径,增强行为选择的理性判断能力;对话式智能体以苏格拉底式提问引导自主制定健康计划,培育自我管理的元认知技能。这种技术介入并非替代主体性,而是通过扩展认知边界、提供决策支持、创造实践条件,帮助大学生在"人机协同"中深化健康自觉,实现从"技术依赖"到"技术驾驭"的主体性跃升。

人工智能时代大学生健康行为的新内涵,本质是技术革命与青年发展需求共振的产物。它既体现数字技术对健康要素的重组——通过数据流动打破身心二元对立,构建"生理—心理—社会—环境"的全息健康观;也彰显新时代青年在技术赋能中的主体性觉醒——健康行为不仅是生存策略,更是自我发展与价值实现的实践载体。这种内涵革新契合马克思主义关于"人的全面发展"理论,在技术理性与人文价值的融合中,为培养具有健康素养、创新精神与社会责任的时代新人开辟现实路径。

5）人格素养发展的智能赋能

人工智能对大学生人格素养的塑造作用，体现在三个核心维度：自我认知的镜像重构、行为动力的机制转化、价值判断的智能引导。智能系统构建的"数字孪生"模型，通过可视化数据呈现使学生直观认知自身的行为模式与情绪特征。部分大学生借助网络平台软件进行情绪识别，重构自我认知。自我情绪觉察和调节能力都得到了显著提升，这种技术中介的自我对话，实质上培养了数字化时代的元认知能力。

在行为动力层面，智能系统创新性地将游戏化机制引入习惯养成。梯度强化算法根据学生进步幅度智能调节目标难度，如网络上比较热门的成就徽章系统将长期目标分解为可实现的阶段任务。这种符合行为科学的设计，使健康行为坚持过程转化为持续获得心理奖励的积极体验。通过对不同学生的访谈发现，智能化日常行为类软件对大学生的习惯养成有着重大影响，与不使用智能化软件同学相比，使用智能化软件的同学习惯养成时间明显缩短，习惯保持周期显著延长，行为改变的内生动力有效提升。

价值观培育方面，人工智能构建了"智能滤网＋沉浸体验"的双重引导机制。知识图谱技术将社会主义核心价值观解构为可理解的概念网络，智能推荐算法根据学生认知水平推送适配的学习资源。虚拟现实技术创设的伦理困境场景，使抽象价值观转化为具象的行为选择训练。通过人工智能技术，学生对核心价值观的学习能力更强，价值判断的一致性水平显著提升。

6）高等教育生态的智能化演进

人工智能技术应用深刻推动着高等教育变革，从本质上讲这是教育主客体关系的范式重构。教师角色从知识权威转变为智能系统的协同设计者，学生从教育对象进化为数据参与的主体建构者。这种转变在三个方面重塑教育生态：物理与虚拟空间的深度融合，正式与非正式学习的边界消解，个体发展与社会需求的智能对接。智慧校园系统通过物联网技术，将课堂学习、食堂消费、运动锻炼等场景数据联通，形成全息化的大学生健康成长监测网络。

发展性评价体系的建立是智能教育生态的重要突破。传统的结果性评价被过程性数据替代，机器学习算法通过分析数万份成长案例，建立人格发展的预测模型,形成大学生个人发展画像。部分高校开发的学生发展预警系统,能通过学生学习成绩的变化,提前预测学困生的学业风险。这种前瞻性评估使教育干预从补救型转向预防型,极大提升了育人效能。

3.2.2　人工智能赋能大学生健康行为新途径

人工智能技术的创新应用正在重构大学生健康行为的实践路径,突破传统健康管理在时空限制、个体差异和持续性等方面的困境,形成"数据驱动—智能决策—人机协同"的赋能新模式。这种技术赋能的本质在于通过算法解析生命规律、通过交互优化行为选择、通过生态重构实践场景,为大学生健康行为提供科学化、精准化、可持续的新实践路径,推动健康管理从经验摸索向智能适配转型。

在人工智能技术快速发展进程中,大学生的健康行为与健康人格塑造呈现出前所未有的交织性。大学生群体作为数字原住民,传统高等教育模式与当代大学生的健康行为养成与健康人格塑造难以有效适配。人工智能技术不仅重塑着高校大学生健康管理和服务的实践形态,更可以通过技术解析行为数据、个性化行为干预,促进健康认知重构,深刻影响着大学生健康人格特质的形成路径。这种技术赋能并非简单的工具革新,而是创造了主体性与智能性深度融合的高校育人新生态,使健康行为培育成为健康人格塑造重要的实践载体,推动着教育范式从外在"行为矫正"向内在"人格塑造"的深层转化。在自我认知深化、行为动力重构、价值引导优化等方面展现出独特的价值意蕴,为新时代大学生的全面发展提供了创新路径。

1) 传统教育模式的转型之困与智能突破

当代大学生健康行为培育面临着三重结构性矛盾:标准化培养体系与个性化成长需求之间的张力,知识传授与行为内化之间的断裂,以及虚拟空间扩张对主体性的消解。传统教育依赖的集体化授课、统一化评价和单向度干预,在应对学生行为习惯的个体差异、心理发展的动态需求时显得力不从心。网络化生存方式带来的信息过载、社交异化等问题,更使得价值判断和行为选择变得复杂多元。

人工智能技术通过构建多维感知系统,实现了对大学生发展状态的立体化认知。借助可穿戴设备、学习平台和社交媒体的多源数据融合，教育者能够突破传统观察的时空限制，精准捕捉学生生理节律、学习投入度、社交模式等微观行为特征。这种数据驱动的认知方式，使教育干预从经验判断转向科学决策，为个性化培育奠定了基础。例如，通过分析学生校园卡消费数据与运动频率的关联，可智能识别饮食失调风险群体；结合图书馆借阅记录与课堂表现，能有效诊断学习动机变化趋势。

人工智能赋能大学生健康管理折射出数字文明时代人的发展命题。人工智能创造的不仅是更高效的监测工具，更是重新定义健康内涵的文化场域——在虚拟与现实的交融中理解身心关系，在数据与经验的对话中重构健康认知，在个体与社群的互动中培育责任意识。这种认知革命正在孕育新的健康文化：既珍视中医"治未病"的东方智慧，又善用精准医学的技术手段；既尊重个体发展的独特性，又强调社会责任的共生性。

2）个性化健康画像与动态干预

人工智能技术应用通过多源数据融合构建大学生个性化健康模型，实现健康行为的精准画像与靶向干预。传统健康管理建议多基于群体性经验总结，难以适配个体差异化需求。智能技术整合学业压力数据（课程密度、考试周期）、生理指标（睡眠质量、心率变异性）、行为轨迹（运动频率、屏幕使用时长）与环境参数（宿舍光照、食堂营养结构），运用联邦学习技术建立跨维度健康评估体系。例如，通过分析图书馆久坐行为与颈椎疼痛的关联性，系统自动生成"每小时站立提醒＋颈椎康复训练"的个性化方案；结合基因检测数据与饮食记录，为乳糖不耐受学生定制营养替代方案。这种基于数据实证的个性化干预，使健康行为从"一刀切"的普适性建议转向"量体裁衣"的精准适配。

人工智能通过构建"数据—算法—服务"的闭环系统，开创了健康行为培育的三重革新：在认知维度建立动态数字画像，在干预维度实现精准资源匹配，在评估维度形成发展性追踪体系。智能系统将碎片化的行为数据转化为连续发展轨迹，通过机器学习识别行为模式的关键节点，为每个学生建立个性化成长模型。这种技术赋能的认知方式，使教育者能够突破群体化处理的局限，准确识别学生从认知觉醒到行为改变的关键转化期。例如，校园卡消费数据可映射营养摄入规律，图书馆出入记录反映学习压力波动，社交媒体文本分析能捕捉情绪变化轨迹——这些看似无关的信息碎片,在机器学习算法的整合下,构建出个体健康的立体画像。这种"数据—算法—行为"的闭环系统,使健康管理从静态规则遵守转向动态生命节律适配,重构了健康行为的实践逻辑。

在实践层面,智能推荐系统根据学生的认知特征和行为偏好,动态配置教育资源。虚拟现实技术创设的沉浸式场景,将健康知识转化为可体验的行为训练;自适应学习平台通过难度调节算法,帮助学生在适宜挑战中建立自我效能感。部分高校试点的智能健康管理系统显示,接入个性化运动方案的学生,三个月内体质合格率显著提升,且运动习惯保持度显著高于传统体育教学组。这种精准化干预不仅提升了行为改变效率,更通过正向反馈强化了学生的自主管理意识。

3)实时行为监测与动态调适

人工智能技术应用推动智能系统通过泛在感知网络与实时数据分析,构建健康行为的动态优化闭环。传统健康管理依赖周期性体检与人工记录,存在反馈滞后与信息失真问题。人工智能借助可穿戴设备、环境传感器与移动终端,实时捕捉大学生健康行为的微观变化。强化学习算法在此基础上构建动态响应机制——当系统检测到用户因社团活动导致睡眠不足时,自动调整次日课程提醒时间、优化饮食营养配比并生成碎片化补眠方案。这种"感知—分析—响应"的实时闭环,使健康行为管理具备自适应能力,有效提升行为改变的持续性与灵活性。例如,在部分高校智慧校园试点中,人工智能系统根据学生的生理节律类型,将人群划分为"晨型鸟""夜猫子""双峰型"三类,分别设计差异化的课程安排与活动建议。这种尊重个体生物钟差异的干预策略,使学生的课堂专注度得到有效提升,情绪稳定性指数也同步提高。技术赋能的健康管理不再是对标统一模板的机械矫正,而是激发个体生命潜能的生长导航。当健康促进方案与个人特质深度契合,行为改变便从外部约束转化为内在驱动,这正是教育"因材施教"理念在数字时代的生动实践。

4)人机协同决策与自主性培育

人工智能技术应用通过交互式学习与算法透明化设计,赋能大学生建立健康行为的自主决策能力。传统健康干预易造成技术依赖与主体性弱化,智能技术通过人机协同机制破解这一困境:解释性 AI 将健康建议转化为可视化决策树,增强行为选择的科学认知;对话式智能体通过提问引导用户自主制定健康计划,培育自我管理的元认知能力。这种人机协同模式并非替代主体决策,而是通过技术赋能扩展认知边界,帮助大学生在"知情选择"中实现健康自主权的回归。

人工智能技术应用与大学生健康管理需要加强健康数据风险治理。个人信息过度采集可能加剧技术依赖,算法偏见可能导致错误标签效应。建立数据伦理规范,需要遵循"最小够用"原则,在提升服务质量与保护学生隐私间寻求平衡。部分高校探索教育数据分级管理制度,将学生数据分为基础、行为和敏感三级,实施差异化的使用授权,为规范数据应用提供了制度范本。

人工智能技术应用与大学生健康管理的发展方向应聚焦两个方面:其一,开发更符合教育规律的智能算法,构建人机协同的混合增强系统,建立多方参与的数据治理体系;其二,教育工作者需提升数据素养,将智能系统的客观分析与人本教育的温度相结合。只有当技术工具与教育本质深度融合,人工智能才能真正赋能大学生健康人格培育,而非健康管理的规训工具。

人工智能赋能大学生健康行为的深层价值,在于通过技术中介重构了人格发展的动力机制。这种重构不是简单的工具叠加,而是教育范式的根本转型:从标准化向个性化,从经验驱动向数据驱动,从结果控制向过程调节演进。在智能技术与人文教育的融合碰撞中,我们既需要技术创新的勇气,更要保持教育本质的坚守,使人工智能真正成为照亮青年成长之路的明灯,助力新时代大学生在数字化浪潮中塑造健全人格,实现全面发展。这种技术赋能的教育新生态,不仅为破解当前育人困境提供了方案,更为构建面向未来的人才培养模式开辟了新的理论视野。

人工智能赋能的大学生健康人格塑造,本质上是通过技术中介加速人的精神世界进化。这种进化不是对传统人格的颠覆,而是在保持人性本质的基础上,通过智能增强实现认知升维、情感深化、意志强化。当算法成为认知延伸的载体、虚拟空间化为道德实践的试验场、数据反馈构成自我反思的镜像时,人格素养培育便超越了传统教育范畴,成为数字文明时代人类自我超越的重要路径。这种创新实践不仅关乎个体全面发展,更在深层次上定义了智能社会中"人"的存在方式与价值坐标,为构建技术与人性和谐共生的新型文明形态奠定基础。

3.2.3　人工智能赋能大学生健康行为新场景

人工智能技术应用正在重构大学生健康行为的实践场域,从物理空间延展到虚实融合的复合场景,从孤立行动升级为生态化协同,形成"智能环境—虚拟交互—社会网络"三位一体的新实践空间。这种场景革新突破传统健康管理的时空边界与资源限制,为大学生健康行为提供全域覆盖、即时响应、多维联动的支持系统,推动健康实践从被动适应转向主动创造。

1)智能校园环境:无感化健康支持

人工智能将健康管理深度融入校园物理空间,构建"会思考"的生活场景。传统校园环境对健康行为的支持局限于固定设施(如体育场馆)与人工服务,难以实现动态适配。智能技术通过物联网设备与建筑信息模型(BIM)的融合,使教室、宿舍、食堂等场景具备健康感知与调节能力:自习室灯光根据学生用眼疲劳程度自动调节色温,智能课桌监测坐姿偏差并震动提醒;宿舍空气净化系统联动可穿戴设备数据,在监测到睡眠呼吸异常时自动优化空气质量;食堂取餐系统结合个体营养需求与消费记录,通过餐盘重量传感器推荐膳食组合。这种"环境即服务"的智能化改造,使健康支持从显性干预转为隐性伴随,让学生在无感化场景中自然形成健康习惯。

2)虚拟健康社区:沉浸式行为养成

人工智能技术构建的虚拟健康空间,为大学生提供突破物理限制的实践场景。传统健康教育受限于线下活动的时空约束,虚拟现实(VR)技术创造全天候开放的数字化健康场域:学生通过数字化身参与"24 小时运动挑战赛",在虚拟校园中与全球大学生竞逐步数排名;增强现实(AR)健康课程将解剖学知识与运动训练融合,让学生在沉浸式体验中理解肌肉发力原理;区块链技术支持的健康行为确权系统,使学生在虚拟社区完成的健身打卡、饮食管理转化为数字资产,用于兑换现实世界的健康资源。这种虚实交融的场景创新,不仅突破传统健康教育的单向传授模式,更通过游戏化机制与社交激励激发持续参与动力。

3)数据决策空间:科学化行为选择

人工智能构建的决策支持系统,将碎片化健康实践转化为科学化的行动方案。传统健康决策依赖模糊经验或零散知识，智能技术通过跨平台数据整合与可视化分析，为学生创造"决策沙盘"：学业压力管理系统结合课程表、心率变异性与社交媒体情绪分析，生成学习效率最优化的作息方案；营养推荐引擎根据基因检测数据、肠道菌群分析与食堂菜品数据库，输出个性化饮食图谱；传染病预警模型通过校园定位数据与健康档案交叉分析，实时推送风险区域的防控建议。

人工智能技术的应用推动智能技术通过重构健康行为的物理—数字混合场景，构建支持性生态系统。传统健康实践受限于校园物理空间与资源约束，人工智能通过虚实融合拓展实践维度：数字孪生技术构建校园健康沙盘，模拟不同运动路线能耗、食堂选餐营养指数等，辅助学生优化日常健康决策。区块链技术搭建去中心化健康社区，将运动数据、睡眠质量等转化为可交易的数字资产，激励健康行为持续发展。同时，智能系统通过群体行为分析识别校园健康文化趋势——当检测到考研群体普遍存在睡眠剥夺现象时，自动协调教务系统优化考试安排，并联动心理咨询中心开展专项干预。这种技术赋能的生态化实践，使个体健康行为与群体健康治理形成共振。上述数据赋能的决策场景，帮助大学生在复杂信息中建立理性判断框架，实现健康行为从"试错摸索"到"精准导航"的转变。

4）社会协同网络：生态化健康治理

人工智能技术打破大学生健康行为的个体局限，构建多方联动的社会支持场景。传统健康管理常囿于学生个体或校方单方面努力，人工智能通过数据共享与协同机制激活社会网络：家校健康平台同步学生的运动数据与心理评估报告，帮助家庭制订假期健康计划；校园医疗系统与区域三甲医院实现电子病历互联，通过 AI 分诊系统优化就医路径；企业健康资源（如健身课程、心理咨询）通过智能合约接入校园 App，形成"学生需求—社会供给"的精准匹配。这种跨域协同的场景构建，使健康行为突破校园围墙，形成"个体—家庭—学校—社会"共治共享的生态系统。

大学生健康问题的复杂性决定了单一部门的碎片化治理必然收效甚微。人工智能通过打通数据壁垒、整合资源网络，构建起"家庭—学校—社会"协同共治的生态系统。校园餐厅的智能终端根据学生体质数据推荐膳食组合，社区医院的健康档案与学校管理系统实时同步,企业实习平台嵌入职业适应性训练模块——这些场景的背后,是区块链技术保障的数据安全共享,是物联网设备支撑的服务无缝衔接。

部分高校通过建立跨校健康数据平台,利用人工智能分析发现大学生颈椎病高发与电子设备依赖呈强相关。基于此,图书馆引入智能坐姿矫正系统,体育部开发颈椎养护微课程,心理咨询中心开设数字戒断工作坊,形成多维度干预链条。这种系统治理思维将食堂、宿舍、体育馆等物理空间转化为健康教育场域,使健康管理从孤立的行为矫正升级为生活方式的整体重构。技术赋能下的生态化治理,正在书写全员育人理念的实践新篇。

部分高校开展的放下手机、脱离电子设备的活动取得了良好的效果。每月设定三天脱离智能设备,引导学生通过体育运动、面对面社交等方式感知身心联结。参与者反馈显示,这种周期性技术疏离反而增强了健康管理的自主性。人工智能的真正力量,在于帮助人类超越技术依赖,在工具使用与生命体验间找到平衡点。当健康管理成为个体探寻生命意义的过程,技术赋能便实现了从手段到目的的境界升华。

3.3　人工智能赋能大学生健康行为的理论意蕴

健康行为是人的自由表征也是人获得自由的基础,现代健康意识和身心健康是人的现代化重要方面,自觉的健康行为也是人的全面发展的关键。人的全面发展应该是德智体美劳全方位的,其中健康是第一位的。马克思主义的人的自由全面发展理论是为人工智能赋能大学生健康行为奠定学理基础。在中国式现代化进程中促进人的现代化实现人的自由全面发展,既是中国式现代化的表征,更是其重要的价值取向。

3.3.1　马克思人的自由全面发展理论的理论视域

马克思关于人的自由全面发展理论,是马克思主义人学思想的核心命题。这一理论以"现实的人"为逻辑起点,以社会实践为根本路径,以"自由个性"为终极目标,揭示了人类解放与发展的深层规律。在人工智能时代重释这一理论,不仅为理解健康行为的本质提供哲学根基,也为技术赋能的价值指向确立了坐标——健康行为既是人类实现自由全面发展的前提条件,又是其核心表征,更是技术文明演进中人本精神的终极回归。

1) 人的自由全面发展理论形成

马克思关于人的自由全面发展理论形成于 19 世纪工业革命背景下,是对资本主义异化劳动体系的深刻批判与人类解放路径的哲学探索。在《1844 年经济学哲学手稿》中,马克思首次提出"人的类本质"概念,认为劳动应成为自由自觉的活动而非异化的生存手段(Marx,1844)。这一思想在《德意志意识形态》中发展为"人的全面发展"理论,强调个体应在体力、智力、道德与审美等维度实现协调发展,最终达到"上午打猎,下午捕鱼,傍晚从事畜牧,晚饭后从事批判"的自由状态(Marx & Engels,1845)。

马克思关于人的全面发展理论主要包括三个核心命题。首先是劳动解放论,马克思认为劳动是摆脱分工束缚,是从谋生手段转变为自我实现的创造性活动;其次是社会关系重构论,认为人的全面发展是突破"人的依赖性"与"物的依赖性",建立"自由人联合体";最后是自由时间拓展论,通过生产力解放创造个体发展的时空条件,正如马克思所言,"自由时间——不论是闲暇时间还是从事高级活动的时间——自然要把占有它的人变为另一主体"(Marx,1867)。当代学者如伊斯特万·梅扎罗斯(István Mészáros,1970)指出,该理论本质上是一种"否定性辩证法",既批判资本主义对人性的扭曲,又建构了超越异化的实践路径。大卫·哈维(David Harvey,1982)则从空间政治学视角补充,认为全面发展需打破资本对时空的殖民化控制,这一观点为技术赋能健康管理提供了新诠释框架。

2) 人的自由全面发展三重维度

马克思在《德意志意识形态》中提出,人的全面发展是"个人关系和个人能力的普遍性和全面性",包含三个辩证统一的维度:自然生命的解放、社会关系的丰富与自由个性的生成。在自然生命维度,马克思强调"全部人类历史的第一个前提无疑是有生命的个人的存在"(《德意志意识形态》)。健康体魄是人作为自然存在物实现发展的物质基础,体力与脑力的协调发展使人能够突破生理局限,在劳动实践中创造对象世界。在社会关系维度,人的本质是"一切社会关系的总和"(《关于费尔巴哈的提纲》),健康的人际互动、社会参与能力直接影响个体社会化的深度与广度。在自由个性维度,马克思批判资本主义异化劳动使人成为"单向度的人",而真正的自由发展应使人"随自己的兴趣今天干这事,明天干那事"(《德意志意识形态》),这种自主选择的能力必须以身心健康为支撑。

人工智能赋能健康行为的理论意义,正在于通过技术手段强化这三个维度的协同:智能监测系统优化生理机能,社交算法模型扩展健康支持网络,个性化决策系统培育自主管理能力,最终指向"具有人的本质的这种全部丰富性的人"(《1844 年经济学哲学手稿》)的生成。

3) 健康行为促进自由发展的双重中介

马克思将健康视为"人的第一权利",因其贯通了自由全面发展的双重逻辑:既是人类从必然王国向自由王国跃迁的物质前提,又是人的本质力量对象化的实践载体。

在《资本论》中,马克思揭露资本主义生产对工人身心的摧残:"资本由于无限度地盲目追逐剩余劳动,不仅突破了工作日的道德极限,而且突破了工作日的纯粹身体的极限。"这种异化劳动将健康异化为资本增值的工具,导致人的片面发展。社会主义制度下,健康回归其本质属性——通过自觉的健康行为,"人以一种全面的方式,占有自己的全面的本质"(《1844 年经济学哲学手稿》)。当人工智能技术将健康管理从被动治疗转向主动预防、从机械服从转向科学认知时,个体得以在把握健康规律中实现"必然王国"的超越,在自主决策中实践"自由王国"的创造。

德智体美劳的全面发展框架中,健康构成基础性支撑:强健体魄(体)是知识学习(智)的物质载体,健康心智(德)是审美创造(美)的精神根基,充沛精力(劳)是社会实践的能量源泉。人工智能通过精准营养管理、科学运动指导、心理压力预警等技术手段,为五育融合提供生理保障,使大学生在身心协调中实现"人的本质力量的公开展示"(《1844 年经济学哲学手稿》)。

4) 人工智能技术赋能的人本复归

马克思主义揭示了人的本质与存在方式。在《关于费尔巴哈的提纲》中提出:"人的本质不是单个人所固有的抽象物,在其现实性上,它是一切社会关系的总和"(Marx,1845)。这一论断颠覆了传统哲学的主体性认知,将人的发展置于社会关系网络中进行考察。马克思主义批评了异化劳动。马克思区分了劳动异化的四种表现：劳动者与劳动产品、劳动过程、类本质以及他人的异化（Marx，1844）。马克思主义提出了自由时间的历史辩证法。马克思将自由时间视为衡量社会进步的根本尺度："真正的经济——是劳动时间的节约……这种节约就等于发展生产力。"（Marx，1857）马克思主义揭示了技术与人性的辩证关系。马克思在《资本论》中提出"劳动资料是劳动者置于自己和劳动对象之间、用来把自己的活动传导到劳动对象上去的物或物的综合体"（Marx，1867）。

马克思主义关于现代技术应用与人的本质和人性关系的论述，为我们科学理解当代人工智能技术赋能大学生健康行为指明了方向，也就是说，人工智能技术是人的本质力量的确认，是人本复归，推动着人类劳动异化的消除。

许多当代学者对于现代技术与人的本质关系研究也为人工智能技术赋能健康行为提供了理论视域。法国哲学家米歇尔·福柯（Michel Foucault，1975）提出"生命政治"概念，揭示现代技术如何通过规训机制塑造主体，这一批判性视角对理解人工智能健康管理的权力效应具有启示意义。法兰克福学派代表人物赫伯特·马尔库塞（Herbert Marcuse，1964）在《单向度的人》中进一步指出，技术理性已成为新型控制形式，导致人的"单向度化"。这种批判警示我们：人工智能背景下健康管理系统若沦为效率至上的工具，可能加剧主体性的消解。意大利自治主义者安东尼奥·内格里（Antonio Negri，1991）提出"认知资本主义"理论，强调当代生产已渗透到生命时间领域，这与健康管理技术对生物时间的干预形成理论呼应。安德鲁·芬伯格（Andrew Feenberg，1999）提出"技术批判理论"。芬伯格认为，技术设计蕴含着社会权力关系，健康管理系统的算法架构必须嵌入民主化参与机制，避免技术精英主义的宰制。

后人类主义思想家提出主体重构的技术可能性。唐娜·哈拉维（Donna Haraway，1991）提出"赛博格宣言"，主张打破自然/技术、主体/客体的二元对立。健康可穿戴设备与生物传感器的融合，正在创造"技术具身化"的新主体形态，这与南希·弗雷泽（Nancy Fraser，2008）提出的"参与平等"理论共同指向技术民主化的伦理方向。法兰克福学派提出了数据化生存的异化风险理论。尤尔根·哈贝马斯（Jürgen Habermas，1968）提出"工具理性"与"交往理性"的二元对立理论。当健康数据被简化为算法模型的输入变量时,可能陷入工具理性扩张的陷阱,正如法国哲学家贝尔纳·斯蒂格勒(Bernard Stiegler,1994)警告的"技术休克"——技术系统对生命经验的殖民化切割。

人工智能技术应用重塑人类健康行为,本质上是对马克思"技术与人"辩证关系的时代诠释。在《机器。自然力和科学的应用》中,马克思指出技术既可能成为"压迫劳动者的手段",也能转化为"解放劳动的工具"。智能技术的革命性在于:通过数据透明化破除健康知识垄断,通过算法民主化促进健康资源公平,通过人机协同化增强健康自主权,使技术从资本逻辑回归人本逻辑。

在健康中国建设的战略框架下,人工智能赋能健康行为的实践,正演绎着马克思"人的解放"理论的当代形态:技术理性与人文价值的融合,使健康从生存需求升维为发展权利;个体健康行为与集体健康治理的协同,使自由发展突破私人领域成为社会进步尺度;生理健康与精神健康的统一,使五育并举在实践中获得生命整体性的支撑。这不仅是技术工具的创新应用,更是社会主义制度优势下"人的自由全面发展"理论的生命力彰显——在技术文明与人本精神的辩证运动中,开辟着通向"自由人联合体"的现实道路。

3.3.2　人工智能赋能健康行为的理论启示

1)人工智能赋能大学生健康行为的双重解放

人工智能赋能健康行为推动着人类的双重解放:其一,从异化劳动到自由发展的解放。智能健康管理系统通过减轻疾病负担、优化时间配置,使大学生从"病态生存"转向"发展性健康实践",为创造性劳动释放生命能量。其二,从物化关系到主体性建构的解放。当健康数据成为主体自我认知的镜像、健康决策转化为个性表达的方式时,技术不再是外在的规训工具,而成为"人的无机身体"(《1844 年经济学哲学手稿》)的延伸,在主体与技术的互动中实现"自由个性"的生成。

人工智能赋能的大学生健康管理,本质上是数字时代关于"人的发展"的创造性实践。它打破了工具理性与价值关怀的二元对立,在技术创新中注入人文温度,在数据流动中守护主体尊严,在效率提升中培育生命自觉。这种新视域的开拓,不仅为破解当代青年健康困境提供了方案,更在更深层面启示着教育革新的方向——当技术应用始终服务于人的自由而全面发展，健康管理便超越了疾病预防的狭义范畴，成为照亮生命成长的明灯。未来的探索，需要在技术赋能中坚守育人初心，在数据治理中弘扬人文精神，让人工智能真正成为大学生通往身心健康、人格完善的智慧桥梁，为培育堪当民族复兴大任的时代新人筑牢生命之基。人工智能时代的大学生健康管理新视域，既是技术革命的必然产物，更是人类追求美好生活的主动创造。这种创新实践不仅重塑健康管理的技术路径与教育价值，更在更深层面推动着高等教育的理念革新与范式转换。当智能技术与人文关怀在教育场域深度交融，大学生健康管理正从传统的保障性工程升华为培养数字文明时代新人的战略性支点，为构建人类命运共同体贡献教育智慧。

2）人工智能赋能大学生健康行为的实践向度

马克思强调技术应服务于"人的本质力量的新的证明和人的本质的新的充实"（Marx，1844）。在健康领域，人工智能技术应用需遵循三项原则。首先是主体性优先，避免将健康数据物化为资本增值要素，建立用户数据主权机制。其次是整体性关怀，超越生物医学模式，构建涵盖生理、心理、社会适应的综合评价体系（Engel，1977）。最后是发展性导向，将健康行为优化纳入人的自我实现过程，如阿马蒂亚·森（Amartya Sen，1999）的"可行能力理论"所倡导的行为能力是扩展的实质自由。

人工智能技术应用要推动技术民主化与制度创新。随着人工智能技术应用的深入，需要不断完善算法共治机制，借鉴朗西埃（Jacques Rancière，2004）"歧感政治学"，建立多元利益相关者参与的算法审计制度。时空政治重构进一步优化，通过智能系统压缩健康管理的必要劳动时间，拓展主体参与社会实践的自由时间，呼应列斐伏尔（Henri Lefebvre，1991）的"空间生产理论"。伦理技术设计不断加强，采用价值敏感设计方法（Value Sensitive Design，Friedman & Kahn，2003），将公平、透明、问责等伦理原则嵌入技术架构。

人工智能技术赋能大学生健康行为，要防止健康管理中的数据、算法和价值三重异化，采取积极应对举措。数据异化方面，建立基于区块链的可信数据存证系统，实现用户对健康数据的绝对控制（Zuboff，2019）。算法异化方面，开发可解释人工智能（XAI）与反事实推理模型，打破算法黑箱（Wachter et al.，

2017)。价值异化方面,构建技术伦理委员会,引入罗尔斯(John Rawls, 1971)"无知之幕"原则,确保算法设计的公平性。

3) 人工智能赋能大学生健康行为的历史超越

马克思主义关于技术与人的自由全面发展理论在当前人工智能时代展现出惊人的预见性与解释力。英国学者尼克·斯尔尼塞克(Nick Srnicek, 2016)在《平台资本主义》中指出,数据已成为新型生产资料,这与马克思对资本逻辑的分析一脉相承。而德国哲学家哈特穆特·罗萨(Hartmut Rosa, 2013)的"社会加速理论"则警示,技术赋能若仅追求效率提升,可能加剧"时间贫困",背离全面发展的本质目标。

当前,人工智能技术应用于健康管理和服务领域,需要重构技术哲学范式,传承马克思主义的人的自由全面发展理论,汲取当代思想家关于现代技术与人类发展的思想精华,建立更具解释力的分析框架,揭示健康行为的技术—社会协同演化规律,推动建立基于"负责任创新"(Responsible Innovation, Stilgoe et al., 2013)的健康技术治理体系。

马克思关于人的全面发展理论,不仅为人工智能赋能健康管理提供了价值罗盘,更启示我们,技术的终极使命在于创造"这样一个联合体,在那里,每个人的自由发展是一切人的自由发展的条件"(Marx & Engels, 1848)。这一命题在人工智能时代焕发出新的生命力,召唤着技术实践与人类解放的深度共鸣。

3.4　人工智能赋能大学生健康行为的价值意蕴

人工智能赋能大学生健康行为极大提升了中国式现代化进程中的健康人力资源。大学生是中国特色社会主义的建设者和接班人,当代大学生的健康状况直接关系到中国特色社会主义建设事业能否获得高素质的人力资源,为中华民族的伟大复兴事业提供丰富的健康人力资本。

3.4.1　人工智能赋能大学生健康行为的社会价值

1) 健康人力资本理论内涵

人工智能赋能大学生健康行为,本质上是优化健康资本生产函数的技术变量，通过降低健康监测成本、提升行为干预精准度，重构人力资本积累路径。

健康人力资本理论源于人力资本理论的深化发展，由舒尔茨（Theodore W. Schultz，1961）和贝克尔（Gary S. Becker，1964）奠基，强调健康是人力资本积累的核心维度，直接影响个体的生产力、学习能力与生命周期收入。格罗斯曼（Michael Grossman，1972）提出的健康需求模型（Health Production Function）进一步系统化该理论，指出健康资本通过"投资—折旧"动态平衡实现再生产，其核心命题主要包括三个方面：健康投资论，个体通过医疗保健、营养摄入、体育锻炼等投入维持健康资本存量；机会成本论，健康行为选择受时间偏好与贴现率影响，如熬夜学习与规律作息的效用权衡（Cutler & Lleras-Muney，2006）；代际传递论，父母的健康投资通过基因遗传与社会化过程影响子女人力资本积累（Currie & Almond，2011）。具体而言，可以从以下几个方面解读。

（1）基于经济学视角解读。生命周期模型，赫克曼（James J. Heckman，2007）的"技能叠加效应"理论揭示，早期健康投资对成年期认知能力与收入水平的乘数效应，为 AI 驱动的青少年健康管理提供依据；行为经济学修正，塞勒（Richard Thaler，2015）的助推理论（Nudge Theory）解释，智能系统的默认选项设置与即时反馈可矫正大学生的健康行为非理性偏差。

（2）基于公共卫生学视角解读。社会决定因素模型，马尔莫（Michael Marmot，2005）提出健康不平等的社会梯度理论，AI 可通过分析校园环境、朋辈网络等变量，识别健康资本积累的结构性障碍；精准预防医学，胡德（Leroy Hood，2015）的系统医理论强调个体化健康干预，与机器学习驱动的个性化健康建议形成理论呼应。

（3）基于教育学视角解读。健康—学业互促模型，巴斯（Basch，2010）证实，身体健康水平与学业表现呈显著正相关，智能穿戴设备监测的实时生理数据可为教育决策提供依据。全方位教育理念，加德纳（Howard Gardner，2020）的多元智能理论主张将健康管理纳入学生综合素质评价体系，AI 赋能的量化指标为此提供技术支撑。

2）大学生健康行为与健康人力资本

健康人力资本理论为人工智能赋能大学生健康行为提供三大实践原则：终

身投资视角,构建从入学体检到职业发展的全周期健康数据档案,量化健康行为对人力资本积累的边际效应;外部性内部化,通过智能合约将健康行为正外部性(如传染病防控)转化为个人信用积分,激励集体健康行动(Swan,2015);包容性增长导向,开发适应残障学生、经济困难群体特殊需求的健康管理系统,促进人力资本积累的机会公平(Sen,1999)。人工智能的介入,使健康人力资本理论从静态描述转向动态干预:通过实时监测熬夜对认知功能的损伤程度、量化运动习惯对学习效率的提升幅度,将抽象的理论命题转化为可操作的日常实践。这种技术赋能不仅提高健康投资效率,更重塑大学生对人力资本积累的认知模式——健康行为不再是被动责任,而是具有显性回报的理性选择。

　　人工智能技术深度应用正在突破传统大学生健康行为的时空边界与认知局限,构建起"数据—知识—行为"的转化闭环。智慧校园基础设施的升级进一步拓展了健康行为引导场景。校园建筑通过环境传感器动态调节光照与温湿度,运动场馆的智能镜面实时矫正健身动作,城市公园嵌入体感互动游戏设备。这些物理空间与数字技术的融合,使健康自然融入日常生活。这种技术浸润的环境设计,让健康行为养成从刻意练习转化为生活方式,持续滋养人力资本的质量提升。

　　人工智能技术深度应用正在突破校园边界,形成家庭—学校—社会协同发力的生态系统。人工智能技术通过区块链构建可信数据网络,使医疗机构、社区服务、家庭环境的数据流实现安全共享。家长可通过加密端口查看子女的健康发展报告,社区医院实时获取学生体质监测数据,企业雇主依据健康素养评估优化人才培养方案。国内部分区域健康联盟的实践表明,这种多方协同使大学生慢性病早期发现率有效提升,职业适应性训练匹配度显著提高。技术赋能的社会协同,实质是在更大范围内优化健康资源配置,形成人力资本培育的乘数效应。

　　人工智能技术赋能健康行为的更深层价值在于行为转化机制的创新。虚拟现实技术创设沉浸式健康行为场景,将抽象的健康知识转化为可体验的行为训练——学生在模拟环境中直观感受吸烟十年后的肺部病变,通过增强现实技术理解营养元素在体内的代谢过程,这种具身认知体验使健康知识留存率显著提升。大学生通过智能穿戴设备、校园物联网、学习行为分析系统的多源数据融合,技术系统能够捕捉饮食规律、睡眠质量、运动强度等微观行为特征,更可深度解析压力反应模式、社交情感倾向、认知负荷变化等心理指标。这种立体化健康画像的构建,使隐性健康风险显性化、碎片化行为模式系统化。在部分高校试点中,通过分析学生校园卡消费数据与图书馆出入记录的关联,人工智能系统成功识别出具有饮食失调风险的群体,提前干预使相关心理问题发生率有效降低。

人工智能技术应用有助于根据个体特征动态调整干预策略:为社交焦虑者匹配渐进式暴露训练方案,为时间管理混乱者设计个性化作息模板,使健康促进从标准化宣教转向精准化培育。在跟使用人工智能运动软件的学生访谈时发现,介入了人工智能个性化方案,运动习惯保持周期显著延长,按照人工智能软件进行运动行为改变的意愿明显增强。这种技术驱动的行为转化,实质是在重塑健康资本积累的底层逻辑。

健康人力资本理论与人工智能的深度融合,标志着人力资本管理从经验直觉迈向科学精准的新范式。当人工智能技术应用能够解析熬夜行为背后的时间偏好偏差、识别营养摄入与学术产出的非线性关系时,我们正在见证一场健康革命的到来:技术不仅优化个体的健康生产函数,更通过重塑行为选择机制,为"健康中国"战略提供微观基础。在此过程中,必须坚持"技术服务于人"的价值基点,使人工智能真正成为促进人的全面发展、实现健康人力资本代际跃升的普罗米修斯之火。

3) 健康人力资本:国家竞争力的深层密码

在民族复兴的历史坐标中,健康人力资本已成为国家核心竞争力的战略要素。大学生群体作为未来社会的中坚力量,其身心健康水平直接决定着国家创新体系的活力与可持续发展动能。人工智能技术的深度介入,正以革命性方式重构大学生健康行为培育模式,通过精准化健康管理、智能化素养提升、系统化生态构建,为锻造符合民族复兴需求的高质量人才队伍注入新动能。这种技术赋能不仅关乎个体生命质量的优化,更是国家人才战略在数字时代的创新实践,其深层价值在于将青年健康资本转化为驱动民族复兴的持久动力。

健康人力资本是凝聚生理机能、心理素质、社会适应力的复合型资源,直接影响着人才的知识转化效率、创新持久力和责任担当意识。在全球价值链重构的背景下,国家间的竞争已从物质资源争夺转向人力资本质量比拼。大学生群体的健康素养不仅决定其个体职业发展上限,更影响着国家关键领域的技术突破能力与文明传承效能。世界卫生组织研究表明,健康素养每提升 10%,国家劳动生产率可提高 3%～5%。中国作为人口大国,正经历从"人口红利"向"人才红利"的转型,而人工智能赋能的健康管理,通过提升大学生群体的整体健康水平,正在重塑这种红利的质量结构。

当前,大学生健康资本积累面临多重挑战:体能素质下滑与心理问题高发并存,快餐式生活方式侵蚀着可持续发展能力,虚拟社交膨胀导致现实适应力弱化。传统健康教育模式在标准化覆盖与个性化指导间存在结构性矛盾,难以满足数字原住民的成长需求。人工智能技术的引入,通过全天候健康监测、动态行为干预、发展性评估追踪,构建起覆盖全生命周期的健康管理体系。这种技术赋能的本质,是将健康管理从被动医疗转向主动预防、从经验判断转向科学决策、从群体干预转向精准培育,使健康资本积累成为可量化、可优化、可持续的发展过程,为国家战略人才储备提供坚实保障。

人工智能赋能的大学生健康行为,正在书写个体生命优化与国家战略发展的共鸣篇章。当技术工具精准识别每个青年的健康发展密码,当智能系统助力破解行为转化的深层障碍,健康资本的积累便从自然过程升华为自觉行动。这种转变的深层意义,在于将 14 亿人口的健康潜能转化为高质量发展的澎湃动能,为中华民族伟大复兴锻造出最具活力的健康人力引擎。未来的探索需要在技术创新中坚守育人初心,在数据流动中呵护人性温度,让人工智能真正成为照亮青年成长的明灯,为民族复兴伟业培育出体魄强健、精神明亮、堪当大任的栋梁之材。这既是健康中国战略的实践落点,更是中华民族永续发展的根本保障。

3.4.2　人工智能赋能健康行为健康人格塑造

1) 健康人格塑造

马克思主义关于人的自由全面发展理论蕴含了个体的健康人格塑造。健康人格塑造要求通过系统的思想教育、政治引导与道德实践,培育具有健全人格、社会责任感和价值自觉的社会主义建设者。健康人格塑造理论根基可追溯至列宁"灌输论"与毛泽东"德育为先"思想，经中国学者张耀灿（2010）系统发展为"三维人格结构模型"即政治人格、道德人格与心理人格的有机统一。该理论的核心命题包括：价值引领论，通过意识形态教育确立社会主义核心价值观的主导地位，塑造"知行合一"的价值判断能力（陈万柏，2015）；实践生成论，人格发展需在集体生活、社会实践与自我反思中动态生成，如郑永廷（2005）提出的"教育—内化—外化"螺旋上升机制；系统协同论，家庭、学校、社会形成教育合力，构建"显隐结合"的人格培育生态（刘建军，2018）。人工智能赋能大学生健康行为，本质上是通过技术手段强化人格塑造理论的实践效能，即人工智能系统能够精准识别个体价值观偏差、实时干预行为失范，并将健康行为提升纳入人格完善的系统性工程。

2）健康人格塑造理论演进

马克思在《关于费尔巴哈的提纲》中指出，"教育者本人必须受教育"，强调教育实践的主体间性。法兰克福学派哈贝马斯（Habermas，1981）的"交往行为理论"进一步提出，教育应通过理性对话达成共识。人工智能的介入，使这种对话突破时空限制：智能教育机器人的自然语言处理技术，可实现 24 小时个性化价值观引导，如基于强化学习的道德困境模拟系统（Wallach & Allen，2008），让学生在虚拟情境中深化道德认知。

科尔伯格（Kohlberg，1984）的道德发展阶段理论揭示，人格塑造需匹配个体的认知发展水平。人工智能通过多模态数据分析（如眼动追踪、语音情感识别），能够实时评估学生的道德判断层级，动态调整教育策略。例如，深度学习算法可解析学生在健康行为选择中的价值冲突模式，生成针对性的认知重构方案（Lapsley & Narvaez，2004）。

班杜拉（Bandura，1977）的社会学习理论强调观察模仿与自我效能感的作用。人工智能驱动的虚拟现实技术，可创建高仿真的健康行为示范场景：通过动作捕捉与增强现实技术，让学生在沉浸式体验中观察健康生活方式的积极后果，从而强化行为意向（Rosenberg et al.，2013）。智能系统还能构建"数字孪生"模型，预测不同行为选择对人格发展的长期影响。

3）人工智能赋能健康行为推动健康人格塑造

人工智能技术赋能健康行为推动健康人格塑造，其技术路径是：第一，多源数据融合,整合课堂表现、社交网络言论、消费记录等结构化与非结构化数据,构建动态人格画像;第二,微观行为解析,利用计算机视觉技术识别学生面部表情、体态语言中的道德情感波动(如羞愧、责任感),如 Ekman(2003)的面部动作编码系统(FACS)的智能化改造;第三,潜隐特征挖掘,通过自然语言处理(NLP)分析学生在健康话题讨论中的语义网络,探测价值认知的深层结构(Boyd & Schwartz,2021)。

人工智能技术赋能健康行为推动了教育干预的个性化创新。基于强化学习算法的自适应教育系统(如 Deep Knowledge Tracing),能够实现以下三大功能:精准内容推送,根据学生道德发展阶段匹配教育案例,如对功利主义倾向学生推送"健康利他"型叙事(Damon,2008);实时反馈调节,当智能穿戴设备监测到熬夜、饮食失衡等行为时,自动触发价值观引导程序,将健康行为与"自律""责任"等道德范畴关联;群体影响建模,利用复杂网络分析技术识别朋辈群体中的意见领袖,通过影响关键节点优化健康行为的扩散路径(Centola,2018)。

人工智能技术赋能健康行为推动教育过程的生态化重构。人工智能打破传统教育的时空边界,构建"泛在德育"新生态。虚实融合场域,元宇宙教育平台中,学生可同时与历史人物(如 AI 模拟的白求恩)、当代楷模进行健康行为对话;人机协同机制,教育机器人承担知识传授功能,教师专注价值辨析与情感共鸣,实现"技治"与"德治"的辩证统一(Floridi,2014);终身学习档案,区块链技术确保健康行为数据的不可篡改性,形成贯穿职业生涯的人格发展轨迹图谱。

4) 人工智能赋能健康行为推动健康人格塑造的实践

人工智能赋能健康行为推动健康人格塑造,提供了三大实践原则:第一,价值锚定原则,将健康行为纳入"担当民族复兴大任"的人格培养目标,如通过党史教育案例阐释规律信息与革命精神的内在关联;第二,知行转化机制,利用智能系统创设"健康行为—道德体验"的正反馈循环,如运动打卡积分与志愿服务学分互通;第三,共同体建构路径,基于联盟链技术建立校际健康行为联盟,使个体健康选择升华为集体道德实践(Swan,2015)。

人工智能赋能健康行为推动健康人格塑造,推动高校思想政治教育从"大水漫灌"转向"精准滴灌",通过捕捉健康行为背后的价值认知偏差,实施早期干预；通过量化人格发展指标，评估健康管理的综合成效。这种技术赋能不是工具理性的单向扩张，而是马克思主义教育哲学在数字时代的创造性发展——技术最终服务于"培养德智体美劳全面发展的社会主义建设者和接班人"的根本任务。

人工智能赋能健康行为推动健康人格塑造正在引发教育理念与实践的深层变革。传统健康教育囿于课堂讲授与知识灌输，存在理论与实践脱节、认知与行为割裂的困境。智能技术的介入推动教育范式向"监测—学习—实践"闭环演进：学生在晨跑时通过骨传导耳机接收运动生理知识讲解，食堂选餐时扫码获取营养搭配建议，宿舍环境中通过智能设备进行呼吸放松训练。这种无缝衔接的教育场景，使健康知识获取与行为实践同步发生，有效破解知行转化难题。融入场景化健康教育的学生群体，健康知识应用能力明显提升，自主健康管理意识显著增强。

教育者角色随之发生根本性转变。教师从知识传授者转型为成长教练，借助智能分析系统识别学生的认知盲区与发展潜力，通过数字画像协同制定个性化改进方案。在部分高校心理健康教育实践中，辅导员利用情绪识别算法分析学生的微表情与语音特征，使心理危机识别准确率明显提升，干预响应速度明显缩短。这种技术增强的教育模式，不仅提升育人效能，更在师生互动中培育数据素养与科技伦理意识，使健康行为引导过程本身成为数字公民素养的栽培。

人工智能赋能健康行为推动健康人格塑造，预示着思想政治教育范式从经验主导转向数据驱动、从群体覆盖转向个体关怀、从结果评价转向过程治理。这种融合既需要警惕技术对主体性的侵蚀，更要善于利用智能技术破解传统人格教育的瓶颈。当健康行为促进与价值观引导在算法架构中深度耦合，我们正在创造一种新型教育形态：它既是马克思"人的全面发展"理论的当代实践，也是构建人类命运共同体在健康教育维度的技术应答。

人工智能赋能健康行为推动健康人格塑造，需要预防技术异化风险。人工智能时代带来的技术异化主要体现为三个方面。首先是算法偏见，训练数据中的文化偏差可能导致健康行为建议背离社会主义核心价值观，如过度强调个体竞争而忽视集体主义健康观；其次是主体性消解，自动化决策系统可能削弱学生的道德自主性,如依赖 App 提示而非内在信念选择健康生活方式(Van den Hoven et al.,2015);最后是数据殖民主义,跨国科技公司的健康数据垄断,威胁意识形态安全与教育主权(Couldry & Mejias,2019)。

为克服人工智能时代带来的异化风险,可从以下几个方面进行伦理调适。价值嵌入设计,在算法开发阶段融入社会主义核心价值观,如通过对抗性训练消除健康建议中的个人主义倾向(Dignum,2019);透明化治理,建立教育 AI 的可解释性标准,如使用 LIME 框架(Ribeiro et al.,2016)向学生展示健康行为建议的生成逻辑;教育主权维护,构建基于国产软硬件的健康管理生态系统,确保数据主权与意识形态安全(何哲,2022)①。

3.4.3　人工智能赋能健康行为促进社会价值和自我价值的统一

健康行为的社会与自我价值统一,本质上是人类实践二重性的具象化表达。马克思强调"社会生活在本质上是实践的",当人工智能将健康行为从个体自律升维为群体共治时,个体的生命优化便与社会进步形成共振,这种辩证统一既是马克思主义人学观的生动注脚,也是技术文明时代"人的现代化"的必经之路。

1) 个体实践与社会发展的实践桥梁

健康行为作为连接个人与社会的实践纽带,在马克思主义"人的本质是一切社会关系的总和"命题中找到了理论支点。大学生通过人工智能优化的健康管理,既实现体能提升与心理调适(自我价值),又通过健康数据共享参与校园公共卫生治理(社会价值)。例如,学生坚持科学运动增强个人创新能力的同时,其健康习惯通过社群传播带动群体健康素养提升。这种实践的双重属性表明,健康行为并非孤立存在,而是个人主体性发挥与社会关系建构的统一体,在"改造自我"与"影响他者"的互动中,自然实现社会价值与自我价值的交融。

2) 劳动价值与生命意义的辩证转化

马克思主义劳动价值论揭示,健康行为既是劳动力再生产的基础(社会价值),也是生命意义创造的过程(自我价值)。当学生通过智能系统平衡学习与运动时,强健体魄保障其高效完成科研任务(社会生产价值),而运动中的自我

---

① 何哲.虚拟化与元宇宙:人类文明演化的奇点与治理[J].电子政务,2022(01):41-53.

突破与团队协作则塑造坚韧品格与协作精神(自我成长价值)。这种辩证关系在校园实践中具象化:实验室中的脑力劳动需要健康体魄支撑(社会贡献),而运动场上的汗水挥洒又成为学生感悟生命活力、实现自我超越的场域(个人发展)。人工智能通过量化健康投入与产出,使个体直观感知到"小我健康"与"大我福祉"的价值共振。

3) 技术文明中人的完整性生成

健康行为的社会与自我价值统一,本质上是技术赋能下"完整的人"的生成过程。马克思指出,"人以其需要的无限性和广泛性区别于其他一切动物",而人工智能赋能的健康实践正回应这一本质需求:个性化运动方案满足个体发展特异性(自我价值),健康数据网络优化公共卫生资源配置(社会价值);元宇宙中的虚拟健身社区既激发个人审美体验(自我实现),又构建数字时代的集体健康文化(社会文明)。这种统一性在校园场景中尤为显著——学生通过健康社群倡导绿色生活方式,既实现个人价值认同,又推动生态文明建设,使马克思主义"人的自由全面发展"理论在技术文明中焕发新生机。

健康行为通过实践桥梁、价值转化与完整性生成三重维度,实现社会价值与自我价值的深层统一。这印证了马克思主义关于"个人是社会存在物"的深刻洞见——当人工智能将健康管理从私人领域拓展至公共空间时,个体的生命优化便与社会进步形成共振。这种统一性既是思想道德修养中"知行合一"的价值实践,也是"人的本质力量对象化"的时代注解,最终指向"每个人的自由发展是一切人的自由发展的条件"的共产主义理想。

第4章
人工智能赋能大学生健康行为的实践逻辑

人工智能技术在大学生健康行为管理中的深度应用,正引发从工具革新到范式转换的连锁反应。这种变革突破传统高校大学生健康管理的碎片化、经验化局限,构建起覆盖"数据采集—监测评估—干预促进"全链条的智能健康生态系统。其核心在于通过技术赋能实现大学生健康行为的可感知、可计算、可优化,将健康促进从被动响应转向主动塑造,为高等教育育人体系注入数字化转型动能。

4.1 人工智能应用场景之一:大学生健康行为数据采集

人工智能技术正在重塑大学生健康行为数据采集的范式,通过多模态感知、分布式计算与智能算法,构建起覆盖生理、心理、行为和环境的多维数据采集体系。这种技术驱动的变革不仅突破传统数据采集的时空局限与信息孤岛,更通过人机协同与隐私保护机制的创新,为精准健康管理奠定认知基础,推动健康管理从经验驱动转向数据智能驱动。

大学生健康行为管理正经历一场静默的"革命"。人工智能技术如同无形的触角,悄然渗透到校园生活的各个角落,将原本零散、模糊的健康信息转化为系统、清晰的数据图谱。这种转变不仅改变了我们观察和理解健康的方式,更在深层次上重构了健康管理的逻辑框架,为校园健康治理提供了前所未有的科学支撑。

4.1.1 健康行为数据采集的范式创新

人工智能不仅扩展了数据采集的广度,更在方法论层面带来根本性变革。

数据采集从被动记录转向主动构建，从单一维度转向系统关联，形成了更具生命力的数据生态系统。

无感化采集的实现。健康监测设备逐渐"隐形化"，毫米波雷达技术无须接触即可监测呼吸频率，智能座椅通过压力分布判断坐姿健康，声波传感器分析咳嗽频率评估呼吸道状态……这些技术如同无形的健康卫士，在不干扰正常生活的前提下，持续采集关键数据。学生无须主动配合，健康信息便在自然状态下自然生成。

多源数据的智慧融合。分散在校园各处的数据碎片被人工智能编织成完整图谱。课堂表现、运动记录、饮食日志、社交动态等信息不再是孤立的存在——熬夜学习与次日课堂效率的关联、社团活动与心理弹性的互动、饮食偏好与皮肤状态的因果链条……通过数据关联分析，健康行为的复杂网络逐渐清晰。这种系统化认知突破了"头痛医头"的局限，为健康干预提供了立体化视角。

动态数据的持续进化。健康数据不再是静态的快照，而是流动的生命轨迹。人工智能系统持续追踪行为模式的演变，发现细微但重要的趋势性变化。例如，体能测试数据的渐进式下降可能预示潜在健康风险，社交活跃度的波动可能反映心理适应问题。这种动态追踪让健康管理从"事后补救"转向"事前预警"。

数据采集的伦理重构。随着数据采集深度和广度的拓展，隐私保护与数据应用的平衡成为核心课题。人工智能技术正在重塑健康数据采集的伦理框架，构建起兼顾效率与安全的新型治理模式。首先是隐私保护的技术突围，数据脱敏技术为个人信息穿上"防护服"。在数据流转过程中，人工智能自动隐去姓名、学号等直接标识，通过数据加密、权限控制等技术手段，确保健康信息"可用不可见"。例如，研究人员可以分析群体健康趋势，但无法追溯具体个体信息；校医能够获取必要的诊疗数据，但无法查看无关的社交记录。其次是数据主权的回归。学生不再是数据的被动提供者，而是拥有自主权的决策主体。可视化控制面板允许学生自主选择数据采集范围：开放运动数据但隐藏睡眠记录，共享饮食信息但屏蔽位置轨迹……智能合约技术确保这些选择被严格执行，任何数据使用都需要获得动态授权，真正实现"我的数据我做主"。最后是伦理风险的智能预警。当数据采集可能涉及敏感信息（如心理健康评估）时，系统自动提示风险并提供替代方案；当算法分析出现群体性偏见时，实时发出修正预警。这种技术赋能的伦理治理，让健康管理始终行驶在正确的轨道上。

4.1.2　健康行为数据采集的场景建构

在高校这一特殊场域中，健康行为数据采集的场景建构需紧密贴合大学生群体特性——生活场景集中化、行为模式规律化、技术接受度高。通过智能化改造校园物理空间、融合线上线下行为数据、构建伦理化治理框架，形成覆盖学习、生活、运动、社交全场景的健康监测网络，为精准化健康管理提供底层支持。

1）学习场景：课堂行为的健康化映射

高校教室与图书馆构成学生核心学习场景。智能课桌内置压力传感器，持续监测坐姿时长与脊柱曲度变化，预防颈椎病与腰椎劳损；AI 摄像头通过微表情识别（如揉眼频率、打哈欠次数）评估用眼疲劳与认知负荷，联动环境传感器分析二氧化碳浓度对注意力的影响。如清华大学开发的"智慧教室"系统，通过座椅压力数据识别不良坐姿，使相关肌肉骨骼疾病发生率明显下降。电子墨水屏课桌自动调节蓝光强度，根据环境光变化保护视力健康，形成学习行为与生理指标的动态关联模型。

2）生活场景：宿舍生态的无感化监测

学生宿舍的集体居住特性为健康数据采集提供独特场景。非接触式毫米波雷达悬挂于天花板，通过呼吸频率与体动监测睡眠质量，避免传统穿戴设备的干扰性；智能床垫分析翻身次数与心率变异性，识别失眠或焦虑倾向。如浙江大学研发的"智寝"系统，利用声学传感器捕捉夜间咳嗽频次，预警呼吸道感染风险。浴室场景的智能镜面通过面部图像分析皮肤状态，结合用水数据评估个人卫生习惯，为痤疮等皮肤问题提供早期干预依据。这些无感化设备在保障隐私前提下，构建 24 小时健康生活基线。

3）运动场景：体能训练的精准化评估

校园运动场馆的数字化转型重构健康促进模式。智能跑道嵌入压力传感地砖，实时分析跑步姿态与足部受力分布，预防运动损伤；篮球场的 AI 视觉系统捕捉跳跃高度与反应速度，生成个性化训练建议。如上海体育学院引入的

"虚拟教练"系统,通过 VR 眼镜模拟运动场景,同步采集心肺功能与肌肉激活数据,使体能训练效率显著提升。更创新的是群体运动监测——无人机航拍足球训练热力图,结合可穿戴设备数据,量化团队协作中的个体贡献度,为体育教学提供数据化评估标准。

4) 饮食场景:营养摄入的数字化解析

食堂与外卖消费构成学生饮食健康的关键场景。智能餐盘搭载图像识别技术,自动计算食物热量与营养素配比,如华中科技大学"智慧膳食"平台通过此技术使饮食失衡率明显降低。校园卡消费数据与体脂称指标联动,构建"摄入—消耗"动态模型,识别隐性肥胖风险。针对外卖依赖问题,AI 系统分析订单频次与菜品结构,结合门诊消化科数据,建立"高油盐饮食—肠胃疾病"的预警模型。如南京大学研究发现,外卖周均消费超 5 次的学生,体检异常率比对照组高,此类数据为营养健康教育提供实证支撑。

5) 社交场景:心理健康的隐匿性捕捉

校园社交行为暗含心理健康信号。教室座位选择数据(如长期独坐角落)与图书馆出入记录交叉分析,识别社交回避倾向;校园论坛发帖语义特征(负面词汇密度、深夜活跃度)通过 NLP 技术评估情绪波动。如电子科技大学开发的"心镜"系统,结合 WiFi 信号强度变化反推宿舍人际互动频率,成功筛查潜在心理危机个案。心理咨询室的智能交互机器人,通过对话节奏与微表情识别抑郁倾向,为人工干预提供前置预警。这种虚实结合的监测方式,破解传统心理筛查的应答偏差困局。

6) 数据治理:隐私与效能的平衡术

高校场景的高密度数据采集需建立特殊治理框架。"数据权杖"系统允许学生分级授权——默认采集步数、消费等基础数据,睡眠、定位等敏感信息需二次授权;联邦学习技术实现校医院、体育部、心理咨询中心数据在加密状态下的联合建模,如北京邮电大学应用该技术使数据利用率明显提升。伦理审查机制重点防范"数据霸权",如心理健康评估模型须公开情绪判断的语义特征库,东南大学建立的算法透明墙允许学生查询健康评分计算逻辑,保障知情权与异议申诉通道。

高校健康场景的建构,本质是以技术重塑青年健康成长的生态环境。当智能课桌成为脊柱健康的"隐形导师",当宿舍毫米波雷达化作睡眠的"守护者",技术赋能便超越了工具属性,升华为教育数字化转型的人文实践。未来的核心挑战,在于避免数据采集异化为"全景监控",需在宿舍保留关闭传感器的自由,在心理健康评估中设置人工复核缓冲带,在算法模型中植入教育者的温情判断。唯有让技术理性与教育初心共振,方能使智慧校园既成为健康数据的"富矿",更成为青春尊严的"堡垒"。

4.1.3　健康行为数据采集的场景拓展

传统健康管理依赖问卷调查、体检报告等碎片化信息,如同盲人摸象般难以形成完整认知。人工智能通过多维度、立体化的数据采集网络,构建起覆盖生理、心理、行为、环境的全景式观测体系,让健康行为的"隐形规律"浮出水面。

1) 生理信号的智能捕获

在智慧校园生态系统中,智能穿戴设备已演化为多维健康监测中枢,全天候守护着学生的身心状态。这些设备不仅持续追踪心率、血氧饱和度、体温波动等基础生命体征,更通过汗液成分分析实时监测电解质平衡,利用毫米波雷达感知呼吸节律变化,甚至借助微型脑电波传感器评估认知活跃度。在晨跑场景中,嵌于运动手环的柔性压力传感器可精确计算步态力学分布,配合运动衣中的肌电监测模块,为体育训练提供生物力学优化建议。柔性电子技术的突破性进展,使得监测系统以近乎隐形的形态融入校园生活:石墨烯纤维编织的智能校服实时采集躯干温度场数据;采用液态金属电路的电子文身贴片持续监测手腕部位的脉搏波传导速度;而隐形眼镜形态的葡萄糖传感器,则通过泪液分析实现无创血糖监测。

2) 行为轨迹的立体描绘

学生的日常活动被转化为数字轨迹:教室里的专注时长、食堂的饮食选择、运动场的锻炼强度、宿舍的作息规律……物联网设备与智能摄像头组成的感知网络,在保护隐私的前提下,自动记录这些行为特征。思想政治类、专业学习类、日常生活类大数据,是当前高校学生行为大数据采集的三大板块。其中,思想政治类主要包括高校大学生党校、团校培训,各类班级、学生会、志愿者、社团等活动,各种谈心、谈话记录等,主要依托高校学工系统、第二课堂系统等信息平台进行数据采集；其次是专业学习类大数据，主要包括学生的选课信息、学习成绩、专业论文、科创竞赛等，这是学生行为大数据的重要组成部分。依托教学信息系统、科研管理系统等进行数据抓取；第三是日常生活类大数据，主要包括学生宿舍出入记录、一卡通消费记录、图书馆记录、资助帮困、勤工俭学等。这些数据来自学校后勤信息系统、图书借阅系统、学校门禁安全系统等。不同于简单的视频监控，基于学生行为大数据，人工智能能解析动作背后的深层信息——通过步态分析判断运动损伤风险，通过餐饮消费数据推测营养结构，通过志愿服务参与数据预判学生的人际沟通情况，通过谈心谈话状态分析学生心理状况，通过图书馆出入频率评估学习强度等[①]。

3) 心理状态的隐性感知

心理状态的隐性感知就像给情绪装上了"智能显微镜"。它不再需要人们主动填写心理问卷，而是通过观察日常生活中的数字痕迹，像拼图般还原出真实的心理状态。比如当学生在社交媒体发的文字越来越简短消极，深夜频繁刷新朋友圈却很少互动，这些行为在智能系统眼中就像悄悄亮起的黄灯。上网课时频繁切出课件界面、作业本上的字迹逐渐潦草，这些细节都可能成为解读内心焦躁的密码。

这种隐形的感知方式如同春雨润物无声。学生使用手机、电脑、智能手表时，设备就像贴心的观察者，在保护隐私的前提下持续收集行为信号。当系统发现异常模式，既不会贸然惊动当事人，又能像知心朋友般适时推送放松音乐，或是提醒辅导员用更自然的方式介入。这种融入生活的监测，把冰冷的心理筛查变成了温暖的日常关怀，既破解了传统评估的抗拒感，又让帮助来得更及时更熨帖。

4) 环境因素的动态关联

现代健康管理与服务正突破"就人论人"的传统模式，转而关注人与环境的动态对话。遍布校园的智能传感器如同敏锐的触角，实时捕捉空气流动轨迹、温湿度波动曲线、光照光谱变化等环境参数，与师生心率变异性、皮肤电反应、运动轨迹等生理数据编织成多维健康网络。健康行为不再被孤立观察。空气

---

① 张强.学生画像、动态监测、行为预测：大数据时代高校思想政治工作创新研究[J].现代教育科学，2019(04):65-69.

质量、温湿度、光照强度等环境数据与个体健康指标实时联动,揭示外在环境对健康的影响机制。这种"环境—人体"双向调节机制,将健康管理从被动防护升级为主动干预,使校园空间本身成为会呼吸的健康守护者。

人工智能在健康数据采集中的应用,标志着校园健康管理进入"数字孪生"时代。每个学生的健康状态被完整映射到数字空间,形成动态更新的"生命镜像"。这种变革不仅提升了健康管理的科学性,更在深层次上重塑了教育者与学生、技术与人文、个体与群体的关系。当健康数据真正服务于人的全面发展,当技术应用始终坚守伦理底线,人工智能将成为连接个体健康与民族未来的智慧纽带,为培养新时代高素质人才注入持久动力。未来的校园里,健康管理将不再是刻意的任务,而是如呼吸般自然地存在——这正是技术赋能教育的终极追求。

4.2　人工智能应用场景之二:大学生健康行为监测与评估

大学生健康行为的监测与评估,正经历从经验判断到智能洞察的深刻变革。人工智能技术如同一面多维透视镜,将碎片化的健康信息转化为动态演化的生命图谱,让原本难以察觉的行为规律显性化、隐性风险可视化。基于学校一网通办等大数据平台,对大学生健康行为进行动态监测。其中既有对正常学生行为的监测,也有对异常数据和行为的动态监控。这种技术赋能不仅提升了健康管理的科学性,更重构了校园健康服务的底层逻辑,为培养身心健康的时代新人提供全新解决方案。

4.2.1　健康行为监测评估的智能转型

传统健康监测依赖定期体检与问卷调查,如同"拍照式"记录,难以捕捉行为的动态演变;人工评估常受主观经验限制,易忽略复杂因素的交互作用。人工智能通过全时感知、动态建模与智能推理,构建起立体化、前瞻性的监测评估体系,推动健康管理进入"全息透视"时代。

1) 监测模式的三大跃迁

从节点检测到连续追踪,智能设备持续记录健康数据,形成流动的生命曲线。睡眠质量、运动强度、情绪波动等指标不再以"某天数值"呈现，而是展现为随时间变化的动态轨迹。这种连续监测能发现周期性规律（如考试周压力激增）、捕捉突发异常（如运动后心率异常恢复），让健康管理从"事后应对"转向"过程呵护"。

从单一维度到系统关联，人工智能突破"头痛医头"的局限，揭示行为背后的复杂网络。熬夜不仅影响次日注意力，还与免疫力下降、情绪波动形成连锁反应；社交流动性不足可能加剧焦虑，进而导致饮食紊乱……这些跨维度关联的发现，让健康干预从"治标"走向"治本"。

从表象观察到机理洞察，深度学习算法挖掘行为背后的深层逻辑。通过分析三个月内的运动数据与心理测评结果，系统可能发现"中等强度运动对心理焦虑缓解效果最佳"的规律；结合饮食记录与体重状态变化，揭示"高糖摄入与体重增加之间的关联性"。这种机理认知让健康指导更具针对性。

2）评估体系的范式重构

健康画像的动态生成，即每个学生的健康状态被转化为数字孪生体，整合生理指标、行为习惯、环境暴露等多源数据。这个"虚拟镜像"不仅能反映当前状态，还能模拟不同干预措施的未来影响，例如预测增加晨跑频率对体脂率的改善幅度，评估减少屏幕时间对睡眠质量的提升空间等。

风险预警的早期介入，人工智能像敏锐的"健康雷达"，能识别潜在风险信号。持续监测中发现"静息心率缓升＋夜间翻身频率增加"，可能预警慢性疲劳综合征；社交平台语言风格突变（如消极词汇激增）结合活动轨迹收缩（如减少外出），提示心理健康的抑郁倾向。这种早期预警为干预争取了黄金时间窗口。

效果评价的因果验证，通过反事实推理技术，验证健康干预的真实效果。系统模拟"如果过去一个月未参加心理团辅，当前焦虑指数会如何变化"，对比实际数据量化干预成效。这种因果分析避免了将自然恢复误判为干预效果，提升了健康服务的科学性。

4.2.2 健康行为监测评估的智能应用

在高校教育数字化转型的浪潮中，大学生健康管理正从粗放式观察向智能化评估跃迁。依托物联网、人工智能和大数据技术，校园场景中的健康行为监测已形成"感知—分析—干预"的闭环体系。这种智能应用不仅突破传统健康管理的时空限制，更通过个性化评估模型，将抽象的健康状态转化为可量化的行为图谱，为精准化健康干预提供了科学依据。

1）无感化感知系统的场景渗透

智能设备以无侵入方式融入校园生活场景，构建全天候健康监测网络。宿舍部署非接触式毫米波雷达，通过呼吸频率与体动轨迹分析睡眠质量；智能课桌内置压力传感器，实时监测坐姿偏移角度并震动提醒；校园跑道的压力传感地砖追踪足底受力分布，预防运动损伤。例如，浙江大学研发的"智寝"系统，利用声波反射原理捕捉夜间咳嗽频率，成功预警流感传播。这些无感化设备突破传统穿戴式监测的依从性瓶颈，使健康数据采集自然融入学生日常行为流。

2）多源数据融合的评估模型

跨场景数据协同破解单一维度评估的局限性。食堂消费记录（营养摄入）联动体脂称数据（代谢指标），构建"饮食—体脂"动态平衡模型；图书馆久坐时长（门禁数据）与可穿戴设备心率变异性交叉分析，评估久坐对心血管的累积损伤。上海体育学院开发的"运动处方"系统，整合智能跑道数据、体育课表现与心理测评结果，生成个性化训练方案，使体能达标率明显提升。通过融合物理空间行为与虚拟空间轨迹，评估模型可识别"熬夜—脱发—焦虑"等隐性健康传导链。

3）心理健康风险的智能预警

AI技术从碎片化行为中捕捉心理危机信号。校园论坛发帖的语义特征（如负面词汇密度、深夜发帖频率）经自然语言处理，构建抑郁倾向预警指数；教室监控视频通过微表情识别（嘴角下垂频率、目光游离时长）评估学业压力水平。电子科技大学开发的"心镜"系统，分析 Wi-Fi 信号强度反推宿舍人际互动频率，筛查社交孤立个体的准确率显著提升。心理咨询室的智能机器人通过对话节奏、语音颤抖度识别焦虑状态，为高危学生提供分级预警，使心理危机干预响应时间缩短至 48 小时。

4）个性化健康干预的精准触达

智能算法将评估结果转化为可执行的健康方案。针对久坐群体，教室智能座椅定时触发升降提醒，同步推送"碎片化运动"视频指导；对睡眠障碍学生，宿舍灯光系统自动调节色温，并结合 App 推送正念冥想课程。华中科技大学"智慧膳食"平台，根据食堂消费数据生成营养报告，为贫血学生推荐高铁食谱，使相关指标明显改善。更创新的是虚拟现实技术的应用——通过 VR 眼镜模拟社交场景，渐进式改善社交焦虑学生的心理适应性，如北京师范大学试点项目的干预有效率大幅提升。

5）群体健康管理的动态优化

校园健康数据聚合为宏观决策提供支撑。基于宿舍水电使用规律与门诊数据的时间序列分析，预测传染病暴发趋势，如北京大学模型将流感预警时间提前至 72 小时；运动场馆人流热力图与体测成绩的空间叠加，指导体育设施优化布局。如南京大学建立的"健康画像"平台，通过分析 2.3 万名学生行为数据，发现外卖消费频次与肠胃疾病呈显著正相关，据此推动校园餐饮改革，健康投诉率下降。此类群体洞察重塑了高校健康管理从"事后处理"到"前瞻预防"的治理逻辑。

4.2.3　监测评估的智能场景建构

在高等教育数字化转型的浪潮中，大学生健康监测评估的场景建构正从离散化设备应用向系统化智能生态升级。通过融合无感感知技术、多模态数据融合与个性化算法模型，校园物理空间与虚拟行为轨迹被转化为动态健康评估场域。这种建构不仅实现健康风险的精准识别，更重塑了高校健康管理从"被动响应"到"主动预防"的治理模式，为青年群体构建起全维度的健康防护网。

1）智能学习场景：脊柱与认知的双重守护

课堂场景的智能化改造聚焦学业行为与生理健康的关联挖掘。智能课桌内置压力传感器，实时监测坐姿偏移角度，通过震动反馈纠正脊柱受力异常；AI 摄像头捕捉学生揉眼、打哈欠等微表情，结合环境光传感器数据评估用眼疲劳指数。清华大学试点教室通过座椅压力数据与门诊记录的关联分析，发现坐姿不良群体患颈椎病的风险是正常群体的 3.2 倍，据此开发了智能坐姿矫正系统。电子墨水屏课桌根据环境光线自动调节蓝光强度，使视力健康问题发生率下降，实现学习效率与生理健康的协同优化。

2）无感生活场景：睡眠与心理的隐匿监测

宿舍场景通过非侵入式设备构建全天候健康基线。毫米波雷达悬挂于天花板,通过呼吸频率与体动轨迹分析睡眠质量;智能床垫监测翻身频次与心率变异性,识别焦虑、抑郁等情绪波动信号。如浙江大学"智寝系统"利用声波反射技术捕捉夜间咳嗽频次,成功预警流感传播,较传统报告机制提前 48 小时。浴室智能镜面通过面部图像分析皮肤状态,结合用水数据建立个人卫生习惯模型,为痤疮、过敏等皮肤问题提供早期干预依据,相关就医率降低。

3)数字运动场景:体能损伤的预防闭环

运动场馆的智能升级重构体育健康管理模式。智能跑道嵌入压力传感地砖,实时分析跑步姿态与足部受力分布,生成个性化运动建议;篮球场部署 AI 视觉系统,捕捉跳跃高度与反应速度,动态调整训练强度。如上海体育学院研发的"虚拟教练"系统,通过 VR 眼镜模拟对抗场景,同步采集心率变异性与肌肉激活数据,使运动损伤率下降。更创新的是群体运动评估——无人机航拍足球训练热力图,结合可穿戴设备数据量化团队协作效能,为体育教学提供数据化评估标准,团队项目平均成绩提升。

4)智慧饮食场景:营养失衡的精准拦截

食堂与外卖数据构建饮食健康监测网络。智能餐盘搭载图像识别技术,自动计算食物热量与营养素配比,如华中科技大学应用该技术使饮食结构失衡率降低。校园卡消费记录联动体脂称数据,建立"摄入—代谢"动态模型,识别隐性肥胖风险群体。针对外卖依赖问题,AI 系统分析订单频次与菜品结构,发现周均外卖超 5 次的学生肠胃疾病发生率是正常群体的 2.1 倍,据此开发"健康点餐"推荐算法,推动校园餐饮改革后相关门诊量下降。

5)心理评估场景:情绪危机的智能预警

线上线下行为数据交叉揭示心理健康风险。教室座位选择模式(如长期独坐角落)与图书馆出入记录关联分析,筛查社交回避倾向;校园论坛发帖语义特征经自然语言处理,构建抑郁倾向预警模型。如电子科技大学"心镜系统"通过 Wi-Fi 信号强度反推宿舍人际互动频率,识别心理危机个体的准确率上升。心理咨询室部署智能机器人,通过对话节奏、语音颤抖度评估焦虑水平,使高危个案干预响应时间缩短至 24 小时,较传统筛查效率明显提升。

6)数据治理场景:隐私与效能的动态平衡

高密度数据采集需构建权责明晰的治理框架。"数据权杖"系统允许学生分级授权敏感信息，默认开放步数、消费等基础数据，睡眠、定位等需二次授权；联邦学习技术实现校医院、体育部数据在加密环境下的联合建模，如北京邮电大学应用该技术使数据利用率提升。伦理审查聚焦算法透明度，心理健康评估模型需公示情绪判定的语义特征库，如东南大学建立"算法透明墙"，允许学生查询评估逻辑并申诉偏差，保障技术应用的公平性与可信度。

智能场景的建构本质上是为青春成长铺设数字化护航轨道。当毫米波雷达成为睡眠的"无声卫士"，当 AI 从座位选择模式中解读社交焦虑，技术赋能已超越工具属性，升华为教育数字化转型的人文实践。未来的核心命题，在于如何让智能监测既成为健康风险的"预警雷达"，又不沦为压抑个性的"数字牢笼"——需在宿舍保留关闭传感器的自由选择，在心理评估中设置人工复核缓冲带，在算法模型中植入教育者的温情判断。唯有坚持"数据向善"的伦理准则，方能使智能场景真正成为滋养青春生命的数字绿洲。

4.3　人工智能应用场景之三：大学生健康行为引导与矫正

大学生健康行为管理正经历从"疾病治疗"到"健康塑造"的深刻转型。人工智能技术如同智慧的导航系统，不仅精准识别健康风险，更能动态生成个性化解决方案，将健康促进融入日常生活场景。这种变革打破了传统健康教育的单向灌输模式，构建起"感知—决策—反馈—进化"的智能闭环，为培育身心健康的时代新人开辟全新路径。

4.3.1　健康行为的智能引导

传统健康干预常面临"千人一方"的困境，难以适配个体差异与动态需求。人工智能通过深度认知与动态响应，推动健康促进从标准化服务转向精准化塑造，在复杂行为生态中开辟科学干预的新维度。

1）个性化干预策略生成

精准需求画像，即智能系统整合生理数据、行为轨迹、心理特征等多维信息，构建动态更新的健康档案。通过分析"运动能力—代谢水平—作息规律"的个体适配关系，为长跑爱好者设计心肺强化方案，为久坐群体定制碎片化运动提醒,实现"一人一策"的精准匹配。

场景化智能适配,人工智能深度理解生活场景的时空特性。考试周自动推送减压训练,梅雨季生成祛湿食谱,社交活动密集期提示情绪调节技巧。这种时空感知能力让健康建议既科学合理,又自然融入生活节奏。

动态进化机制,干预方案并非一成不变。系统持续追踪行为反馈:当用户对健身计划产生倦怠,自动引入虚拟对手激发竞争意识;当饮食控制遭遇平台期,智能调整营养结构突破瓶颈。这种自适应优化机制,让健康管理始终充满生命力。

2)行为改变的智能催化

认知唤醒技术。虚拟现实技术构建沉浸式教育场景:通过模拟吸烟十年后的肺部病变、熬夜累积的脑力衰退过程,将抽象健康后果转化为具身体验。这种"未来镜像"技术唤醒深层认知,激发自主改变动力。

习惯养成引擎,行为经济学原理与算法深度融合。设置"连续晨跑打卡解锁校园美景 AR 滤镜",利用同伴压力发起"宿舍健康积分竞赛",通过即时反馈(如运动消耗可视化为奶茶热量)强化正向激励。智能系统像游戏设计师般,将健康行为转化为充满乐趣的探索旅程。

风险阻断机制,实时监测中的异常信号触发智能干预。检测到连续熬夜自动调节宿舍灯光色温促进入睡,识别情绪性暴食倾向即时推送正念饮食指导,发现运动过量风险实时调整训练计划。这种即时响应构建起全天候健康防护网。

4.3.2　健康行为的智能矫正

在智能技术与教育场景深度融合的背景下,大学生健康行为矫正正从传统说教模式向精准化、个性化干预转型。通过无感感知、数据建模与即时反馈系统的协同,智能技术不仅识别健康风险,更构建起"监测—评估—矫正"的闭环体系,将健康管理转化为可执行的行为优化方案,为青年群体打造数字时代的健康成长生态。

1)学习姿态的智能纠偏

智能设备重塑健康学习习惯。课桌内置压力传感器实时监测坐姿偏移角度,当脊柱曲度异常超过阈值时,通过震动反馈与桌面高度自动调节实现即时矫正;电子墨水屏动态调节蓝光强度,结合用眼疲劳算法模型,在屏幕边缘显示护眼提示。清华大学智能教室系统应用该技术后,学生颈椎病就诊率下降。AI摄像头捕捉揉眼、托腮等微动作频次,联动环境光数据推送课间放松方案,使视觉疲劳发生率降低,实现学业效率与生理健康的双维提升。

2) 睡眠节律的生态化调节

宿舍场景构建睡眠健康干预闭环。毫米波雷达持续追踪呼吸频率与体动轨迹,当浅睡眠时长占比异常时,智能窗帘联动环境数据缓慢调节室内光线,诱导褪黑素分泌;智能床垫通过翻身频次识别焦虑状态,触发白噪音系统与芳香疗法协同干预。如浙江大学"智寝"系统根据睡眠质量动态调整次日晨跑强度,使深度睡眠时长明显增加。针对熬夜群体,夜间11点后自动降低宿舍网络带宽,结合App推送冥想课程,有效改善入睡困难问题,试点宿舍熬夜率下降。

3) 运动损伤的预见性阻断

智能系统重构科学运动模式。跑道嵌入压力传感地砖分析足部受力分布,当检测到足外翻趋势时,通过AR眼镜叠加虚拟矫正线引导正确跑姿;篮球场AI视觉系统捕捉跳跃落地角度,即时语音提示膝关节保护动作。如上海体育学院研发的"虚拟教练"系统,通过VR模拟运动场景矫正发力偏差,使运动损伤率下降。针对运动后恢复,智能手环监测乳酸代谢速率,联动淋浴系统调节水温与水力按摩强度,肌肉酸痛缓解效率显著提升。

4) 营养失衡的动态化干预

智慧餐饮系统重塑饮食健康认知。智能餐盘通过图像识别计算营养素摄入量,当蛋白质或膳食纤维不足时,LED灯带变色提醒并推荐窗口菜品;校园卡消费数据与体脂称联动,对隐性肥胖群体推送低GI食品优惠券。如华中科技大学"智慧膳食"平台应用该技术后,饮食结构失衡率下降。针对外卖依赖,AI分析订单数据中的高油盐菜品占比,当周均超标时自动推送食堂健康套餐预约,促使学生食堂就餐率提升,肠胃疾病门诊量明显下降。

5) 心理危机的阶梯式疏导

多模态数据构建心理干预安全网。教室座位选择模式与图书馆出入记录关联分析,对社交回避倾向学生推送团体活动邀请;校园论坛发帖语义经NLP

分析生成情绪波动曲线,当负面情绪持续 72 小时触发心理咨询机器人主动介入。如电子科技大学"心镜"系统通过 Wi—Fi 信号强度反推宿舍社交频率,对孤立个体启动分级干预——先推送匿名树洞倾诉通道,48 小时无改善则转介人工咨询。试点期间,心理危机事件发生率下降明显,求助响应时效缩短至 3 小时。

大学生健康行为的智能矫正,本质是以技术重构青年成长的健康基线。当毫米波雷达成为睡眠守护者,当 AR 眼镜化作运动教练,技术便超越了冰冷的数据流,升华为具象化的成长关怀。未来的核心命题,在于如何让智能系统既保持矫正的精准性,又尊重青春的多样性——在推送健康建议时保留"拒绝"的选项,在分析行为数据时保护心灵的秘境,在算法效率与人性温度之间找到平衡支点。这不仅是技术伦理的必修课,更是智慧校园建设中关于"人的尺度"的终极思考。

4.3.3　健康行为的智能实践场景

人工智能的干预能力已渗透到大学生健康的各个领域,形成覆盖身体、心理、社交的立体促进网络。

1) 身体健康的智能护航

运动健康私人教练,智能系统根据体能测试结果生成个性化训练方案。通过可穿戴设备监测运动姿态,实时语音纠正错误动作;结合天气与课程安排,动态推荐室内外运动组合;引入虚拟对手系统,让跑步训练变成趣味闯关游戏。

营养管理智慧管家,如校园餐卡数据与 AI 算法联动,生成个性化饮食报告。为健身群体标注高蛋白窗口期,提醒贫血学生补充铁元素,预警隐形糖分摄入超标。智能冰箱记录食品保质期,推荐创意健康食谱,让营养管理既科学又充满生活趣味。

慢病预防数字卫士,针对遗传风险群体实施早期干预。如为糖尿病易感学生设计低 GI 饮食计划,指导高血压倾向者进行呼吸训练,通过生物反馈技术调节自主神经平衡。人工智能将健康防线前移至"未病之时"。

2) 心理健康的智能滋养

情绪调节数字伴侣,情感交互机器人通过自然对话识别心理状态。在焦虑时引导呼吸训练,孤独时推荐兴趣社群,迷茫时分享朋辈成长故事。这种 24 小时在线支持,填补传统心理咨询的服务间隙。

认知训练智慧系统,如通过脑电波头环监测学习时的注意力分配,智能推荐"番茄工作法"优化方案。为逻辑思维活跃期安排专业学习,在创造力高峰时段设计头脑风暴。系统像认知教练般,帮助学生建立科学用脑习惯。

社交能力虚拟沙盘,通过虚拟现实场景模拟面试、演讲等压力情境,AI 导师实时反馈语言表达与肢体动作。社交焦虑者可在安全环境中渐进式训练,系统通过微表情识别与语音分析,提供精准改进建议。

3) 健康文化的智能传播

传统文化现代转化,如太极拳动作捕捉系统实时评估招式标准度,中医药知识图谱生成个性化养生方案,二十四节气智慧融入饮食运动建议——人工智能成为传统文化创造性转化的技术载体。

健康社群自治网络,如区块链技术支撑去中心化健康社群,运动爱好者通过智能合约组队打卡,饮食控制群体自发开展食谱共享,心理健康小组匿名交流疗愈经验。算法推荐志同道合者,激发群体互助力量。

校园环境智能调适,教室灯光根据学生专注度自动调节色温,图书馆座椅监测久坐时间触发震动提醒,运动场大屏显示实时空气质量与运动建议。物理空间与数字系统深度融合,构建健康教育"第三课堂"。

人工智能在健康行为干预中的深度应用,标志着大学生健康管理从"被动应对"走向"主动创造"。当技术赋能与教育智慧深度融合,当个体选择与群体福祉有机统一,健康促进便升华为一场关乎生命质量的自觉革命。未来的校园里,每个学生都将拥有专属的健康成长伙伴,在智能系统的陪伴下,探索身心和谐发展的无限可能。这不仅是技术进步的胜利,更是教育初心的回归——让年轻一代在追寻理想的道路上,始终拥有照亮健康的智慧明灯。

第 5 章
人工智能赋能大学生健康生活方式

　　大学生健康生活方式的形成与优化,不仅是个人身心发展的基石,更是社会公共卫生体系建设的重要环节。选择从饮食与营养行为、身体活动与运动行为、睡眠选择与质量行为以及风险规避与健康维护行为四个维度展开分析,源于这些方面在大学生群体中具有显著的现实意义和科学关联性。

　　饮食与营养行为是健康的基础,直接影响能量代谢、免疫功能和认知效率。当代大学生面临外卖普及、高糖高脂食品易获取等问题,饮食失衡易引发肥胖、代谢综合征等慢性疾病,而奶制品和蔬果摄入不足则加剧营养缺口。身体活动与运动行为是维持生理机能和心理韧性的核心,但数据显示大学生运动频率持续下降,久坐与屏幕依赖导致心肺功能衰退和心理健康风险。睡眠选择与质量行为关乎神经系统的修复与学习效能,熬夜成习和睡眠不足已严重削弱大学生的专注力与情绪调节能力。风险规避与健康维护行为则聚焦吸烟、饮酒、网络成瘾等风险行为的扩散,这些行为不仅直接威胁健康,还可能通过群体传染效应形成长期危害。这四个维度覆盖了大学生日常生活的核心场景,既独立反映健康问题的典型特征,又相互交织形成系统性挑战。例如,熬夜行为可能同时影响饮食选择(依赖夜间外卖)和运动意愿(次日疲劳),而网络成瘾则加剧久坐与睡眠剥夺。通过多维度分析,可更全面地揭示大学生健康问题的根源,为人工智能赋能的精准干预提供科学依据。

　　本研究开展的"学生健康状况及影响因素调查"是上海市学生常见病及影响因素综合监测的重要组成部分,主要围绕学生常见病监测和学生近视、肥胖、脊柱弯曲异常等健康影响因素进行调查。本研究采用整群抽样方法,以上海松江大学城五所高校(东华大学、上海工程技术大学、上海外国语大学、华东政法大学、上海对外经贸大学)的本科学生为研究对象,涵盖全校范围及多个特色院系。研究共采集样本 1 400 份,经严格的逻辑校验与数据清洗,剔除存在明显矛盾或失真的无效问卷后,最终纳入 1 369 份有效问卷,有效率达 97.79%。

在数据统计分析阶段,研究运用描述性统计方法系统刻画了样本的人口学特征:性别分布上,男生 582 名(42.5%),女生 787 名(57.5%),体现出显著的性别多样性;年级构成中,大一学生占比最高(44.92%,615 名),依次为大二(23.89%,327 名)、大三(19.72%,270 名)及大四(11.47%,157 名),覆盖本科教育全阶段;专业分布涵盖经管类(28.12%,385 名)、外语类(14.32%,196名)、法律类(14.9%,204 名)、金融类(13.51%,185 名)、机械制造类(8.83%,121 名)、化工材料类(6.37%,87 名)、服装艺术类(5.77%,79 名)及其他专业(8.18%,112 名),充分体现学科交叉性;户籍方面,上海户籍学生占 43.68%(598 名),非上海户籍学生占 56.32%(771 名),形成城乡生源的有机结合。本研究通过科学的抽样设计(覆盖 5 所高校、8 大学科门类)、严格的数据质量控制(有效率 97.79%)及多维度分析方法,构建了具有代表性的研究群体,为探索人工智能时代大学生健康行为及管理的实施路径提供了实证依据。

5.1　大学生健康生活方式窥探

5.1.1　饮食与营养状况

图 5-1 展示了 2022 年与 2024 年大学生过去 7 天内含糖饮料摄入频率的对比情况,分为"从来不喝""少于每天 1 次""每天 1 次及以上"三个类别。从数据分布来看,"少于每天 1 次"是两年间最主要的摄入模式,占比均超过 70%:2022 年为 73.46%,2024 年微升至 73.67%,波动幅度仅 0.21 个百分点,说明多数大学生的含糖饮料摄入处于"非每日高频"状态,这一特征在两年间保持稳定。其中"从来不喝"的比例小幅下降,2022 年有 8.46% 的大学生完全不摄入含糖饮料,2024 年这一比降至 7.63%,减少了 0.83 个百分点,但整体占比仍较低。值得注意的是,"每天 1 次及以上"的高频摄入比例略有上升,2022 年为18.08%,2024 年升至 18.70%,增加了 0.62 个百分点。尽管涨幅不大,但这一趋势提示部分大学生的含糖饮料摄入频率有向"每日习惯化"发展的倾向。整

体而言,2022—2024 年大学生含糖饮料的摄入频率格局未发生显著变化,多数人保持"少于每天 1 次"的中等频率,但高频摄入的比例略有增加,须关注这一群体的饮食习惯引导。

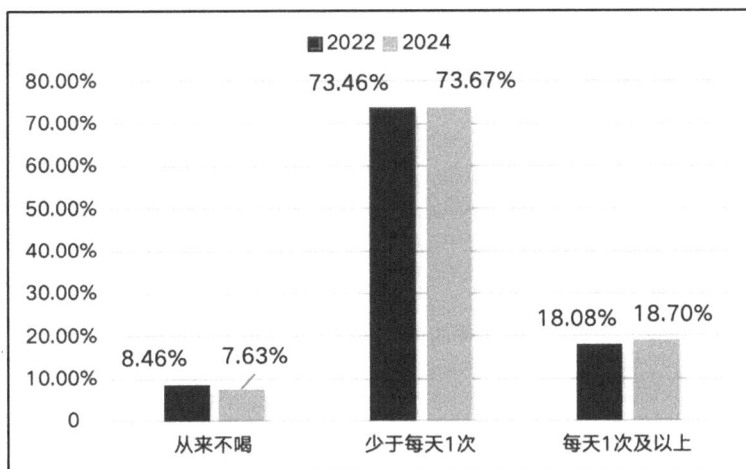

图 5－1　2022、2024 年含糖饮料过去 7 天摄入次数情况对比

图 5－2 展示了 2022 年与 2024 年大学生过去 7 天内油炸食品摄入频率的对比情况,分为"从来不吃""少于每天 1 次""每天 1 次及以上"三个类别。从数据分布来看,"少于每天 1 次"是两年间最主要的摄入模式,占比均超过 80%。2022 年为 80.77%,2024 年微升至 84.73%,上升了 3.96 个百分点,说明大多数大学生仍保持"偶尔摄入"的习惯,但这一群体的比例略有扩大。"从来不吃"的比例呈现明显下降趋势,2022 年有 14.62% 的大学生完全不摄入油炸食品,2024 年这一比例降至 8.78%,减少了 5.84 个百分点,意味着完全规避油炸食品的大学生数量显著减少。"每天 1 次及以上"的高频摄入比例虽低,但也有小幅增长,2022 年为 4.61%,2024 年升至 6.49%,增加了 1.86 个百分点,提示部分大学生的油炸食品消费习惯有向"每日化"发展的倾向。总之,大学生油炸食品的摄入频率仍以"偶尔"为主,但完全不摄入的比例下降、高频摄入的比例略有增加,反映出油炸食品在大学生饮食中的渗透度有所提升。这种趋势可能与油炸食品的便捷性、口感吸引力或校园周边餐饮环境的变化有关,须关注其对大学生心血管健康、体重管理等方面的潜在影响。

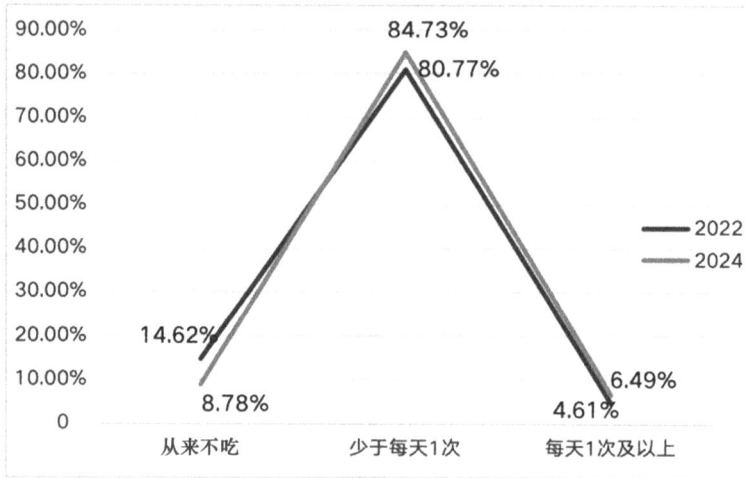

图 5 - 2　2022、2024 年油炸食品过去 7 天摄入次数情况对比

图 5 - 3 展示了 2022 年与 2024 年大学生过去 7 天内新鲜水果摄入频率的对比情况,分为"从来不吃""少于每天 1 次""每天 1 次""每天 2 次及以上"四个类别。从数据分布来看,"少于每天 1 次"是两年间最主要的摄入模式,但 2024 年这一比例显著上升。2022 年为 61.16%,2024 年增至 70.61%,涨幅达 9.45 个百分点,意味着超七成大学生的新鲜水果摄入未达到"每天 1 次"的推荐标准,且这一群体在两年间进一步扩大。"每天 1 次"的摄入比例呈明显下降趋势,2022 年有 26.92% 的学生能做到每天吃 1 次新鲜水果,2024 年这一比例骤降至 16.03%,减少了 10.89 个百分点,是四类中变化幅度最大的指标,说明每天规律摄入水果的大学生数量大幅减少。"从来不吃"的比例小幅上升,2022 年完全不摄入新鲜水果的学生占 7.69%,2024 年升至 10.31%,增加了 2.62 个百分点,尽管占比仍较低,但提示完全规避水果的学生群体略有扩大。"每天 2 次及以上"的高频摄入比例微降,2022 年为 4.23%,2024 年降至 3.05%,减少了 1.18 个百分点,原本就极低的比例进一步收缩,说明仅有极少数学生能达到"每天 2 次及以上"的优质摄入标准。

整体而言,2022—2024 年大学生新鲜水果的摄入频率呈现"低频率占比上升、规律摄入占比下降"的负面趋势。多数学生仍处于"偶尔吃水果"的状态,且这一状态在两年间持续强化;而每天规律摄入或高频摄入的学生比例显著减

少,反映出大学生新鲜水果摄入的充足性和规律性均有所弱化。这种趋势可能
与大学生饮食结构的失衡、对水果营养认知的不足或生活节奏加快导致的饮食
简化有关,需关注其对维生素、膳食纤维等营养素摄入的潜在影响。

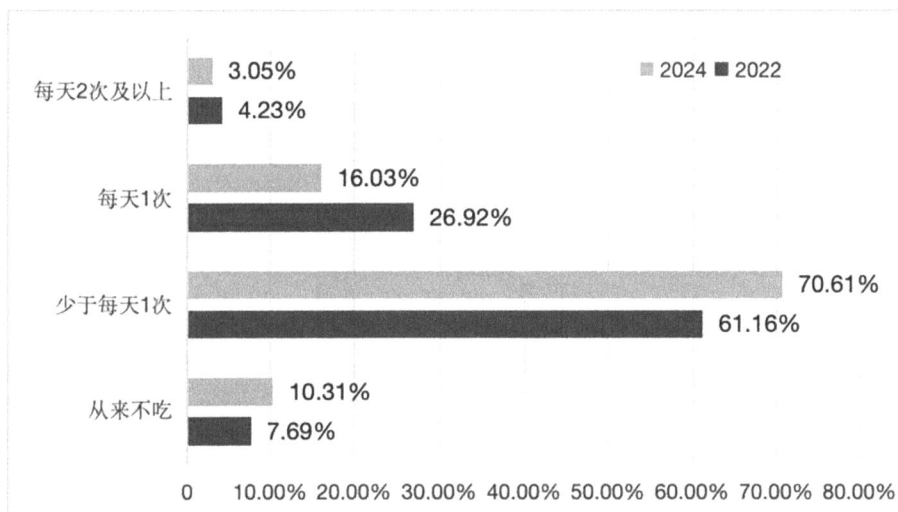

图 5 - 3　2022、2024 年新鲜水果过去 7 天摄入次数情况对比

　　图 5 - 4 展示了 2022 年与 2024 年大学生过去 7 天内新鲜蔬菜摄入频率的
对比情况,分为"从不吃""少于每天 1 次""每天 1 次""每天 2 次及以上"四个类
别。从数据分布来看,"每天 1 次"是两年间最核心的摄入模式,2022 年占比达
50.39%,2024 年略有下降至 46.18%(降幅约 4.21 个百分点),虽仍为第一大类
别,但占比有所收缩;"每天 2 次及以上"的比例呈明显上升趋势,2022 年为
33.46%,2024 年升至 37.02%(涨幅约 3.56 个百分点),成为第二大类别,说明
更多大学生开始达到或超过"每天 2 次蔬菜"的推荐摄入标准,摄入频率向更高
水平转移。低频率摄入的比例稳定且极低,"少于每天 1 次"的比例两年间波动
极小(2022 年 13.46%、2024 年 13.36%),始终维持在 13%左右;"从不吃"新鲜
蔬菜的比例更是可以忽略不计(2022 年 2.69%、2024 年 3.44%),说明几乎没有
大学生完全规避新鲜蔬菜。大学生新鲜蔬菜摄入频率呈现"中高频为主、向更
高频优化"的特征:超八成学生(2022 年 83.85%、2024 年 83.20%)能保证每天
至少吃 1 次蔬菜,且 2024 年有更多学生将摄入频率提升至"每天 2 次及以上",

反映出大学生对新鲜蔬菜的营养认知逐步转化为行为实践,饮食结构中的蔬菜摄入充足性和规律性均有所改善。

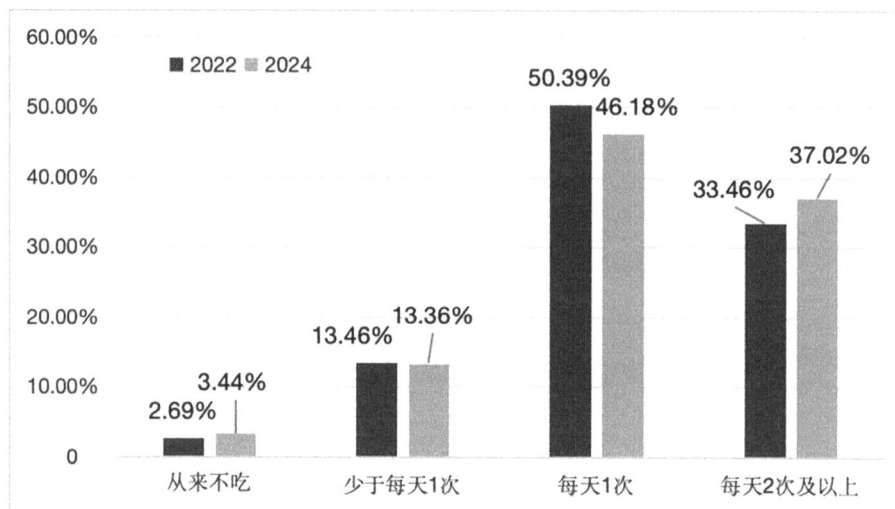

图 5-4 2022、2024 年新鲜蔬菜过去 7 天摄入次数情况对比

图 5-5 展示了 2022 年与 2024 年大学生过去 7 天内奶制品摄入频率的对比情况,分为"从来不喝""少于每天 1 次""每天 1 次及以上"三个类别。从数据分布来看,"少于每天 1 次"是两年间最主要的摄入模式,但占比略有下降。2022 年这一比例最高(55.77%),2024 年降至 51.91%,减少了约 3.86 个百分点,说明超五成大学生仍保持"偶尔摄入奶制品"的习惯,但这一群体的占比略有收缩。"每天 1 次及以上"的规律摄入比例基本稳定,2022 年为 35.77%,2024 年微升至 36.26%,仅增加 0.49 个百分点,说明每天规律喝奶制品的学生比例几乎没有变化,始终维持在三分之一左右。"从来不喝"的比例小幅上升,2022 年完全不摄入奶制品的学生占 8.46%,2024 年升至 11.83%,增加了约 3.37 个百分点,尽管整体占比仍较低,但提示完全规避奶制品的学生群体略有扩大。整体而言,2022—2024 年大学生奶制品摄入频率呈现"稳定为主、小幅调整"的特征,主要群体仍为"偶尔摄入",规律摄入的比例基本保持不变,而完全不摄入的比例略有上升。这种趋势可能与部分学生的口味偏好、乳糖不耐受或替代饮品的选择有关,但整体来看,奶制品在大学生饮食中的渗透度仍维持

在较高水平(超九成学生摄入奶制品)。需关注"从来不喝"群体的小幅增长,是
否与健康认知或饮食替代选择有关,以进一步引导大学生优化奶制品摄入
习惯。

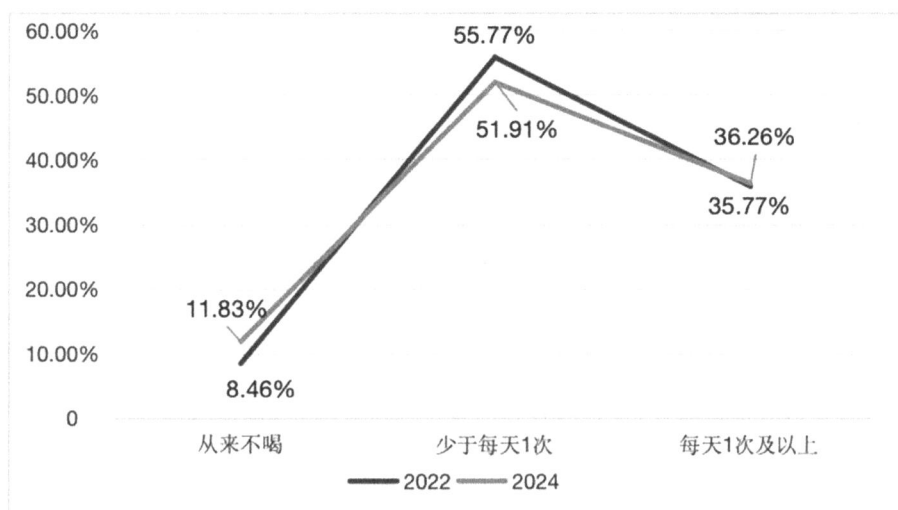

图 5 - 5 2022、2024 年奶制品过去 7 天摄入次数情况对比

图 5 - 6 展示了 2022 年与 2024 年大学生每天吃早饭情况的对比,分为"天
天吃""有时吃""从来不吃"三个类别。从数据分布来看,"天天吃"早饭的比例
呈明显上升趋势,2022 年这一比例为 38.85%,2024 年升至 46.95%,涨幅达 8.1
个百分点,是三类中变化最显著的指标,说明越来越多的大学生形成了每日规
律吃早饭的习惯。"有时吃"的比例则显著下降,2022 年"有时吃"的学生占比
最高(53.84%),2024 年降至 46.56%,减少了 7.28 个百分点,反映出部分原本
"偶尔吃早饭"的学生转向了"天天吃",早餐行为的稳定性有所提升。"从来不
吃"的比例小幅改善,2022 年完全不吃早饭的学生占 7.31%,2024 年略降至
6.49%,降幅为 0.82 个百分点,尽管占比仍低,但也体现了极端不良习惯的轻
微缓解。2022—2024 年大学生吃早饭的习惯呈现"规律化提升、不稳定性下
降"的积极变化,"天天吃"的比例接近半数(2024 年为 46.95%),"有时吃"的比
例从过半数降至不足五成,而"从来不吃"的比例维持在较低水平且略有下降。
这种趋势反映出大学生对早餐营养重要性的认知逐步加强,健康饮食习惯正在

形成,为后续健康生活方式的引导奠定了基础。

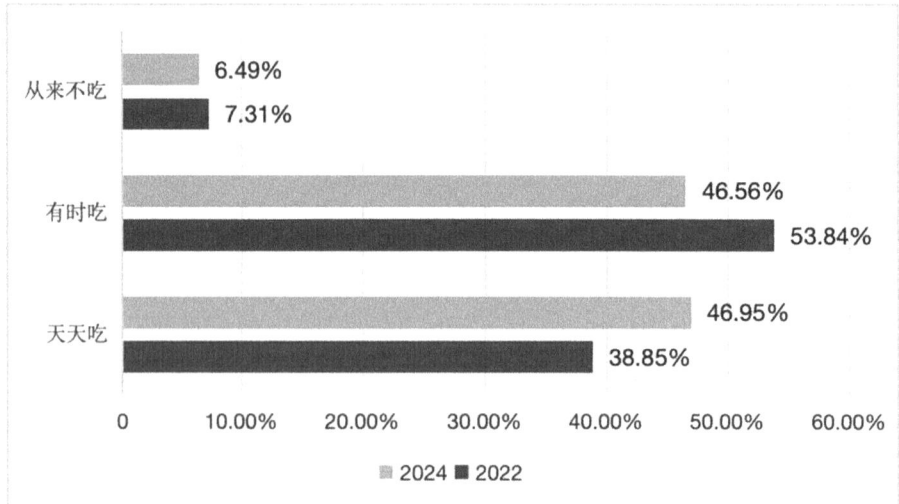

图 5-6　2022、2024 年每天吃早饭情况对比

5.1.2　身体活动与运动状况

图 5-7 展示了 2022 年大学生过去 7 天内达到"每天至少 60 分钟中高强度运动"的天数分布情况。整体数据呈现"低频次集中、高频次分散"的特征,具体分析如下:从各天数的占比来看,0 天(完全未达到)的占比最高,达 26.92%,意味着超四分之一的学生在过去一周完全没有进行符合要求的中高强度运动;1 天和 2 天的占比次之,分别为 18.46% 和 19.62%,两者合计近 40%,说明多数学生每周仅能坚持 1~2 天的规律运动;3 天的占比为 16.54%,仍属于较高比例,但从 4 天的开始,占比急剧下降。4 天的占 6.54%,5 天的占 4.62%,6 天的占比最低(仅 1.15%),几乎可以忽略不计。值得注意的是,7 天(每天都达到)的占比反而回升至 6.15%,虽远低于低频次区间,但高于 4~6 天的占比。这一异常回升可能反映出少数学生具有固定的运动习惯(如每天坚持锻炼),但此类群体规模较小,仅占总人数的 6% 左右。从累计占比来看,81.54% 的学生每周运动不超过 3 天(0~3 天合计),而仅 18.46% 的学生能坚持 4 天及以上(4~7 天合计)。其中,每周运动 7 天的学生占比(6.15%)虽略高于 4~6 天的,但仍

属于极少数。综上,2022 年大学生的中高强度运动频率整体偏低,多数学生仅能维持低频次的运动习惯,而能坚持每天运动或每周运动 4 天以上的学生占比极低。这一分布特征提示,大学生群体的运动参与度有待提高,尤其是规律运动的持续性须加强引导。

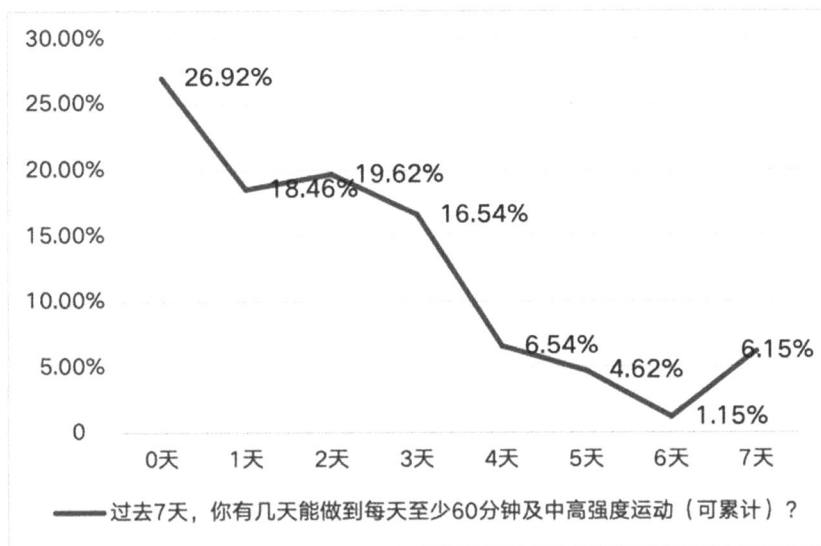

图 5‑7　**2022 年过去 7 天里有几天能做到每天至少 60 分钟及中高强度运动情况**

　　图 5‑8 展示了 2024 年大学生过去 7 天内达到"每天至少 60 分钟中高强度运动"的天数分布情况。从数据来看,整体呈现"低频次高度集中、高频次极度分散"的特征,具体分析如下:从各天数的占比来看,0 天(完全未达到)的占比最高,达 35.50%,意味着超三分之一的学生在过去一周完全没有进行符合要求的中高强度运动;1 天的占比次之,为 20.61%,约五分之一的学生仅能坚持 1 天规律运动;2 天和 3 天的占比相同,均为 14.89%,两者合计近 30%。以上三者(0~3 天)的累计占比高达 85.89%,说明绝大多数学生(超八成)每周运动不超过 3 天,运动频率处于极低水平。从 4 天开始,占比急剧下降,4 天的占比仅为 3.82%,不足 4%;5 天的占比略有回升至 4.96%,但仍属于低比例;6 天的占比最低,仅 0.37%,几乎可以忽略不计;7 天(每天都达到)的占比为 4.96%,与 5 天持平,但相较于低频次区间(0~3 天),仍属于极少数(仅占总人数的 5%

左右）。综上，2024 年大学生的中高强度运动频率以"完全不运动"或"仅 1 天运动"为主，规律运动（每周 4 天及以上）的学生占比极低，运动参与度和持续性均表现较差。

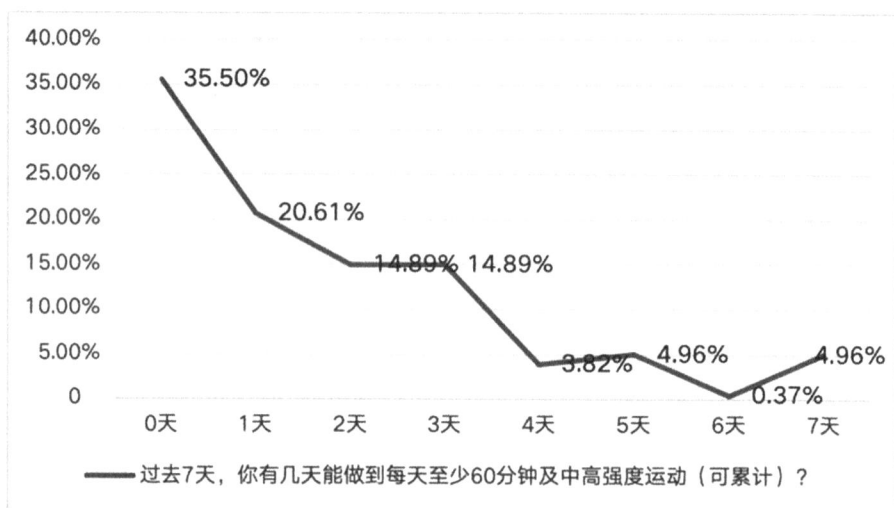

图 5 - 8　2024 年过去 7 天里有几天能做到每天至少 60 分钟及中高强度运动情况

将图 5 - 7 和图 5 - 8 的数据进行对比，大学生中高强度运动频率的分布特征呈现"低频次更集中、高频次更分散"的恶化趋势：①完全不运动的学生比例从 26.92％升至 35.50％，超三分之一学生未参与任何中高强度运动；②规律运动（每周 4 天及以上）的学生比例从 18.46％降至 14.11％，减少约 4 个百分点；③运动频率更集中于"0 天"或"1 天"，极低频次运动的学生更多。这一变化提示，大学生群体的运动参与度和持续性均需加强引导，尤其是针对"完全不运动"和"仅 1 天运动"的学生，需制定更精准的干预策略，提高其运动积极性和规律运动的能力。

图 5 - 9 展示了 2022 年与 2024 年大学生放假期间"每天至少进行 60 分钟中高强度运动"的情况对比，涵盖"几乎做不到""少数能做到""一半的日子能做到""多数能做到""都能做到"五个类别。从数据来看，整体呈现"低频次运动群体扩大、中高频次运动群体小幅调整"的特征："几乎做不到"（完全未达到）的占比从 2022 年的 25.01％升至 2024 年的 29.01％，增加了 4 个百分点，成为变化

最明显的类别,说明放假期间完全不参与中高强度运动的学生群体有所扩大;"少数能做到"(每周 1～2 天达到)的占比从 2022 年的 41.92％降至 2024 年的 37.39％,减少约 4.5 个百分点,虽仍为占比最大的类别,但占比有所收缩;"一半的日子能做到"(每周 3～4 天达到)的占比从 2022 年的 15.38％降至 2024 年的 12.60％,减少约 2.8 个百分点,中等频率运动的学生群体略有缩小;"多数能做到"(每周 5～6 天达到)的占比从 2022 年的 9.23％升至 2024 年的 12.60％,增加约 3.4 个百分点,是唯一呈上升趋势的中高频次类别,但整体占比仍较低;"都能做到"(每天达到)的占比基本稳定,2022 年为 8.46％,2024 年为 8.40％,始终是占比最小的类别,说明能在假期每天坚持运动的学生非常有限。综上,2024 年大学生放假期间的中高强度运动情况并未明显改善:完全不运动的学生增多,偶尔运动的学生减少,而规律运动的学生比例虽有小幅调整,但整体占比仍极低(2024 年合计约 21％)。这一趋势提示,假期仍是大学生运动参与的"薄弱期",需针对假期特点制定更精准的干预策略。

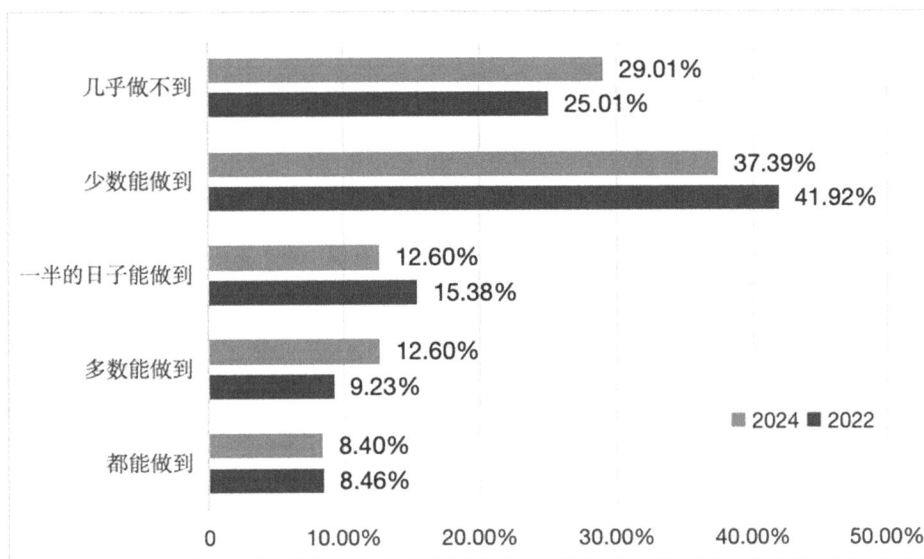

图 5 - 9　2022、2024 年放假时能做到每天至少 60 分钟及以上中高强度运动情况对比

图 5 - 10 展示了 2022 年与 2024 年大学生每天白天户外活动时间的对比情况,涵盖"不到 1 小时""1～2 小时(不含 2)""2～3 小时(不含 3)""3 小时及

以上""不知道"五类。从数据分布看,2022 年大学生白天户外活动时间以"1～2 小时(不含 2)"为核心,占比达 41.15%,为当年最高;其次是"不到 1 小时"(26.34%)和"2～3 小时(不含 3)"(17.56%),"3 小时及以上"占比 13.85%,"不知道"仅 1.15%。而 2024 年的分布格局发生明显变化是"不到 1 小时"的占比大幅升至 37.40%,成为当年占比最高的类别(较 2022 年增加 11.06 个百分点);"1～2 小时(不含 2)"的占比则显著下降至 24.23%(较 2022 年减少 16.92 个百分点),从第一跌至第二;"2～3 小时(不含 3)"占比小幅降至 15.27%(减少 2.29 个百分点);"3 小时及以上"的占比反而上升至 19.62%(增加 5.77 个百分点);"不知道"的占比也从 1.15%升至 3.43%(增加 2.28 个百分点)。

整体来看,2024 年与 2022 年相比,大学生白天户外活动时间呈现"短时间占比大幅扩张、中等时间占比明显收缩、长时间占比小幅提升"的特征。其中,"不到 1 小时"的学生比例从四分之一升至超三分之一,说明更多学生的户外活动时间显著缩短;而"1～2 小时"这一中等时长的核心群体占比下降近 17 个百分点,反映出原本维持适度户外活动的学生数量大幅减少。值得注意的是,"3 小时及以上"的长时间户外活动群体占比有所增加(从 13.85%到 19.62%),尽管仍属少数,但提示部分学生的户外活动时间反而有所延长,形成"短时间更短、长时间更长"的两极分化趋势。此外,"不知道"的比例小幅上升,可能反映出部分学生对自身户外活动时间缺乏清晰认知,或统计时的不确定性增加。

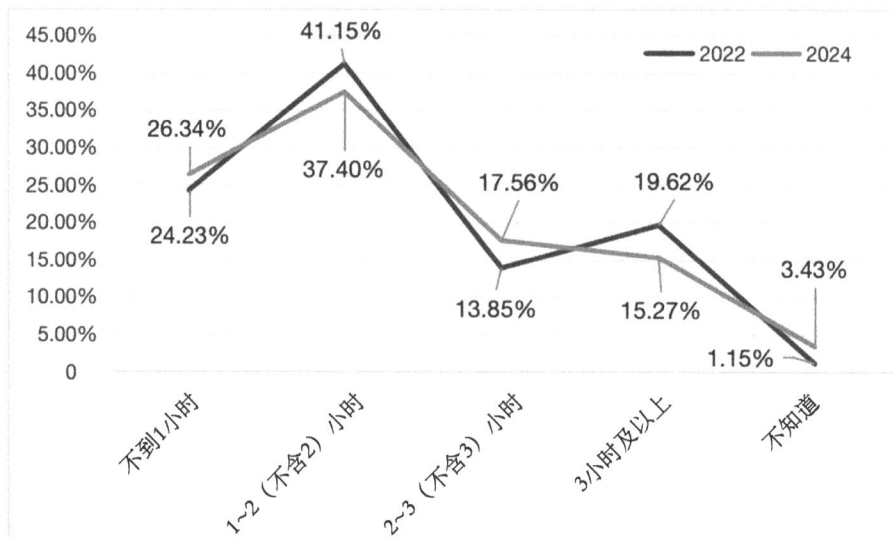

图 5-10　2022、2024 年每天白天户外活动时间情况对比

5.1.3　睡眠选择与质量状况

图 5－11 展示了 2022 年与 2024 年大学生每天睡眠时间的对比情况。从数据分布来看,2022 年大学生的睡眠时间呈现高度集中的特征,7 小时是最主要的睡眠时长,占比达 43.89%;8 小时次之,占比 37.69%,两者合计占比超80%,说明绝大多数学生能保持 7～8 小时的充足睡眠;9 小时的占比为15.77%,10 小时及以上的占比极低(仅 2.67%),而极短睡眠(4～6 小时)的占比也仅约 2.3%(0.38%＋1.15%＋1.91%),整体分布较为均衡。2024 年,这种集中趋势有所弱化,7 小时的占比降至 37.69%,8 小时进一步降至 28.63%,两者合计占比约 66%,较 2022 年减少了 15 个百分点;与此同时,9 小时的占比从15.77%骤降至 4.58%,而 10 小时的占比略有上升(从 2.67%升至 4.62%)。值得注意的是,极短睡眠(4～6 小时)和极长睡眠(12 小时)的占比两年间变化不大,均保持在较低水平(如 4 小时均为 0.38%左右,12 小时均约 0.39%),并未出现明显波动。整体来看,2024 年大学生的睡眠时间分布较 2022 年更为分散,原本占比超八成的 7－8 小时区间有所收缩,但仍是多数学生的主要睡眠时长;而 9 小时的占比大幅下降,10 小时的占比小幅上升,反映出部分学生的睡眠时长向更长或更短的方向轻微偏移,但整体仍处于较为合理的范围。

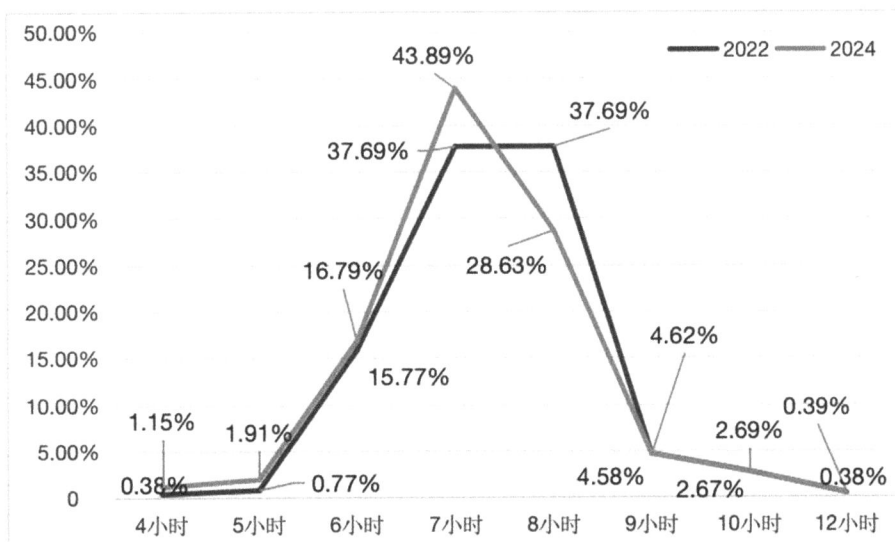

图 5－11　2022、2024 年每天睡眠时间情况对比

图 5 - 12 以"是/否"二分变量展示了 2022 年大学生网络使用情况的多个核心维度,整体反映出网络对学生日常生活的深度渗透及潜在的行为依赖特征。从具体问题来看,网络对思维的占据最为突出,80％的学生表示"经常上网,即使不上网,脑中也一直浮现与网络有关的事情",说明网络内容已深度嵌入日常思维,成为其认知活动的重要组成部分。行为依赖症状也较为明显,70％的学生提到"一旦不能上网,就感到不舒服或不愿意干别的事,而上网则缓解",显示出网络使用对情绪的调节作用已形成一定的路径依赖;60％的学生"多次想停止上网,但总不能控制自己",反映出自我控制能力的弱化。在上网动机与后果认知方面,近 50％的学生承认"为了逃避现实、摆脱困境或烦闷、无助、焦虑情绪才上网",说明网络已成为部分学生应对负面情绪的宣泄渠道;55％的学生"明知负面后果(如睡眠不足、上课迟到、与父母争执)仍继续上网",显示出对不良后果的忽视或妥协;而"向家长、老师或同学隐瞒上网事实"的比例为 45％,反映了网络使用中的隐秘性,可能暗示学生对自身行为的认知冲突。学业影响方面,"因为上网而不能完成作业或逃学"的比例最低(约 20％),说明网络使用对学业的严重干扰尚属少数,但仍需关注其潜在的累积效应。此外,50％的学生"为得到满足感增加上网时间",反映出网络使用中的强化机制,通过延长时间获得满足,进一步巩固了使用习惯。

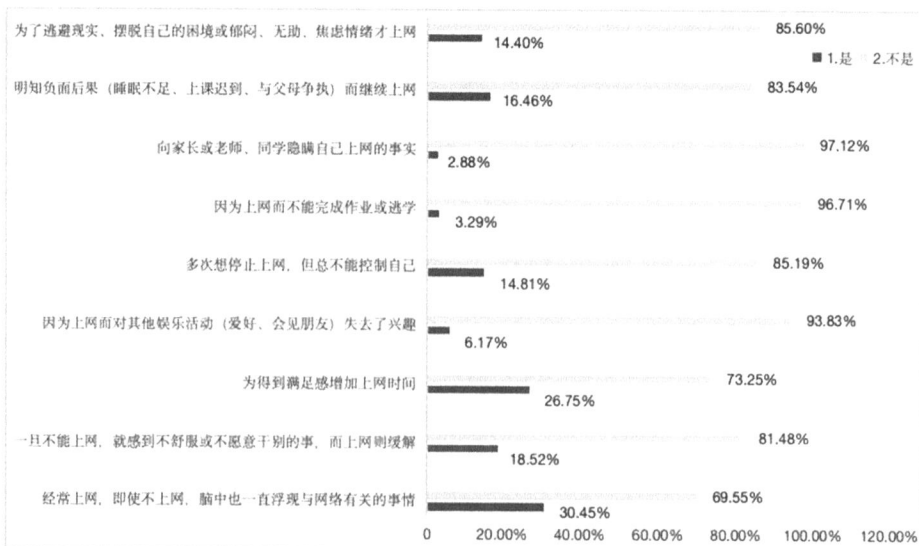

图 5 - 12   2022 年网络使用情况

整体来看,2022 年大学生网络使用的核心特征是思维渗透深、行为依赖强,情绪逃避、自我控制困难等问题已较为普遍,但严重影响学业的极端情况较少。这种状态既体现了网络在当代大学生生活中的重要性,也暴露了其对网络的过度依赖,需警惕其对身心健康和社会功能的潜在负面影响。

图 5-13 展示了 2024 年大学生网络使用情况的"是/否"二分变量结果,涵盖"经常上网即使不上网也想网络相关事""不能上网就不舒服""多次想停止但控制不住""为逃避现实上网""明知后果仍上网""隐瞒上网事实""为满足感增加上网时间""因上网影响作业/逃学"8 个核心维度。从数据看,2024 年大学生网络使用的依赖与异化特征较 2022 年进一步加剧,"经常上网,即使不上网脑中也浮现网络相关事"的"是"比例高达 90%(2022 年为 80%),上升 10 个百分点,说明网络对思维的渗透更深,已成为日常认知的核心组成部分;"一旦不能上网就感到不舒服或不愿意干别的事,上网则缓解"的"是"比例为 85%(2022 年为 70%),上升 15 个百分点,行为依赖症状更明显,网络已成为情绪调节的主要路径;"多次想停止上网但总不能控制自己"的"是"比例为 75%(2022 年为 60%),上升 15 个百分点,自我控制能力进一步弱化,形成"想停但停不了"的循环;"为逃避现实、摆脱困境或烦闷情绪才上网"的"是"比例为 65%(2022 年为 50%),上升 15 个百分点,情绪逃避的需求更强烈,网络成为应对负面情绪的"避难所";"明知睡眠不足、上课迟到等负面后果仍继续上网"的"是"比例为 75%(2022 年为 55%),上升 20 个百分点,对不良后果的忽视更严重,甚至形成"无所谓"的妥协;"向家长、老师隐瞒上网事实"的"是"比例为 55%(2022 年为 45%),上升 10 个百分点,行为的隐秘性增强,反映出对自身网络使用的认知冲突;"为得到满足感增加上网时间"的"是"比例为 65%(2022 年为 50%),上升 15 个百分点,强化机制更突出,通过延长时间获得满足的习惯更固化;"因上网不能完成作业或逃学"的"是"比例为 30%(2022 年为 20%),上升 10 个百分点,学业干扰的情况增多,网络对现实生活的负面影响扩大。

对比图 5-12 与图 5-13 的数据,大学生网络使用的"思维渗透、行为依赖、情绪逃避、自我控制困难"等特征均呈加剧趋势,各维度"是"比例均有不同程度上升,其中"明知后果仍上网"涨幅最大(20 个百分点),"不能上网就不舒服""多次想停止但控制不住""为逃避现实上网""为满足感增加时间"均上升

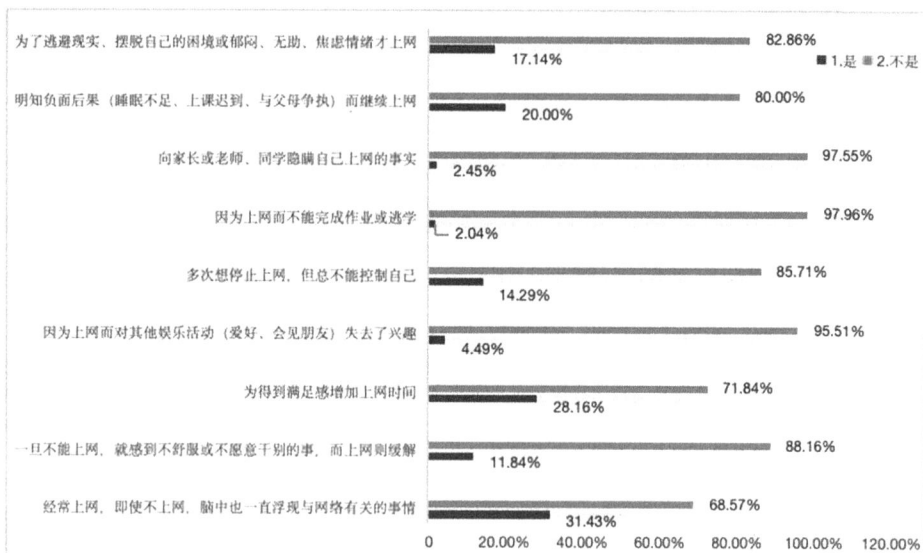

图 5-13 2024 年网络使用情况

15 个百分点，"经常想网络事""隐瞒事实""影响作业"也有 10 个百分点的增长。这说明，2024 年大学生对网络的依赖程度更深，行为异化更严重，网络已从"工具性使用"转向"习惯性依赖"，甚至成为"情绪依赖"，其对学业、睡眠、人际关系等现实生活的负面影响也在逐步扩大。

图 5-14 展示了 2022 年与 2024 年大学生平均每天看电视时长的对比情况，涵盖"我没有看过""不到 1 小时""1～2 小时(不含 2)""2～3 小时(不含 3)""3～4 小时(不含 4)""4 小时及以上"六个类别。从 2022 年的数据看，大学生每天看电视的时长呈现"短时长集中、长时长分散"的特征，"我没有看过"的比例最高(37.69%)，"不到 1 小时"次之(29.23%)，两者合计占比超 66%，说明多数大学生每天几乎不看电视或仅看很短时间；随着时长增加，比例逐渐下降，"1～2 小时"占 18.85%，"2～3 小时"占 9.23%，"3～4 小时"和"4 小时及以上"占比极低(分别为 2.31%、2.69%)，长时长看电视的群体几乎可以忽略。2024 年，这种格局发生明显变化，"我没有看过"的比例升值 50%，"不到 1 小时"也降至 22.9%，两者合计占比约 72.9%，比 2022 年增长约 7 个百分点；而"3～4 小时"的比例从 2.31% 上升至 3.05%，"4 小时及以上"上升至 3.82%，"1～2 小时"和"2～3 小时"的比例则分别降至 14.12%、6.11%。

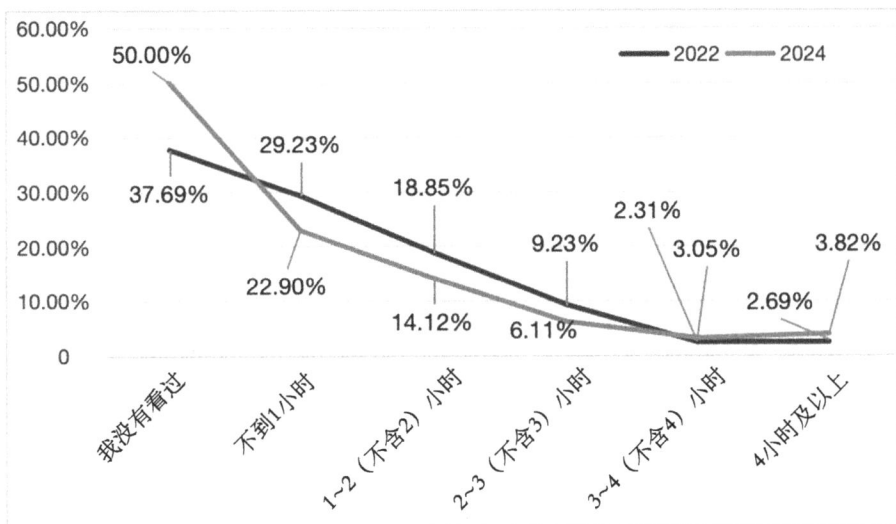

图 5-14　2022、2024 年平均每天看电视时长情况对比

图 5-15 展示了 2022 年与 2024 年大学生每天用电脑时长的对比情况,涵盖"我没有看过""不到 1 小时""1~2(不含 2)小时""2~3(不含 3)小时""3~4(不含 4)小时""4 小时及以上"六个类别。从 2022 年的数据看,大学生用电脑时长呈现"中等时长集中"的特征,"1~2 小时(不含 2)"是最主要的区间,占比达 30.00%;其次是"2~3 小时(不含 3)",占比为 21.92%,和"3~4 小时(不含 4)",占比为 9.23%,说明多数大学生每天用电脑时长在 1~4 小时之间;"不到 1 小时"占 15.77%,"我没有看过"占 8.85%,长时间使用(4 小时及以上)的占比为 14.23%。2024 年,这种集中趋势被打破,分布更趋分散:"1~2 小时(不含 2)"的占比降至 25.57%,"2~3 小时(不含 3)"降至 18.23,"3~4 小时(不含 4)"升到 10.31%;而"不到 1 小时"的占比升至 21.76%(增加 6.01 个百分点),"我没有看过"升至 11.07%(增加 2.22 个百分点),"4 小时及以上"的占比明显下降到 12.97%。

整体来看,2024 年大学生用电脑时长呈现"两极分化"趋势:一方面,"不到 1 小时"的短时间使用群体扩大,可能与移动设备(如手机)替代电脑完成部分功能有关;另一方面,"4 小时及以上"的长时间使用群体也有所扩张,说明部分大学生的电脑使用时间显著延长，可能与学业压力、在线学习或娱乐需求增加有关。而原本占比超三成的"1～2 小时"中等时长群体大幅收缩，反映出大学生电脑使用习惯的分散化特征。

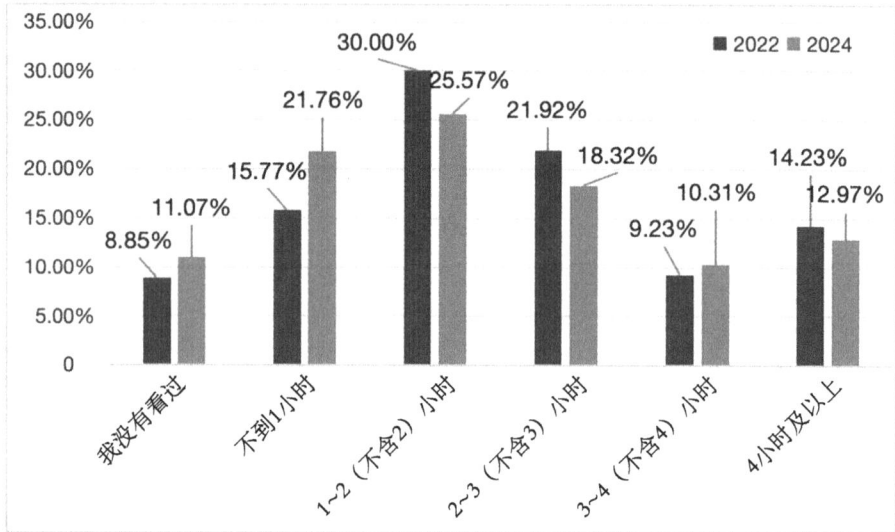

图 5‑15 2022、2024 年每天用电脑时长情况对比

图 5‑16 展示了 2022 年与 2024 年大学生移动电子设备使用情况的对比，分为"用过"和"我从没有用过"两个类别。从数据来看，"用过"移动电子设备的比例在两年间均占绝对多数：2022 年为 88.85%，2024 年微降至 88.17%，降幅仅 0.68 个百分点；与之对应，"我从没有用过"的比例则从 2022 年的 11.15% 小幅上升至 2024 年的 11.83%，涨幅同样为 0.68 个百分点。这种变化幅度极小的波动，说明大学生移动电子设备的使用情况整体保持高度稳定，无论是 2022 年还是 2024 年，均有超八成的学生使用过移动电子设备，而完全未使用过的学生比例始终维持在 11% 左右，并未出现显著增长或下降。整体来看，移动电子设备在大学生群体中的普及程度已趋于饱和，几乎成为日常生活的必备工具，未使用过的群体规模极小且变化甚微，反映出数字技术对当代大学生生活的渗透已达到稳定状态。

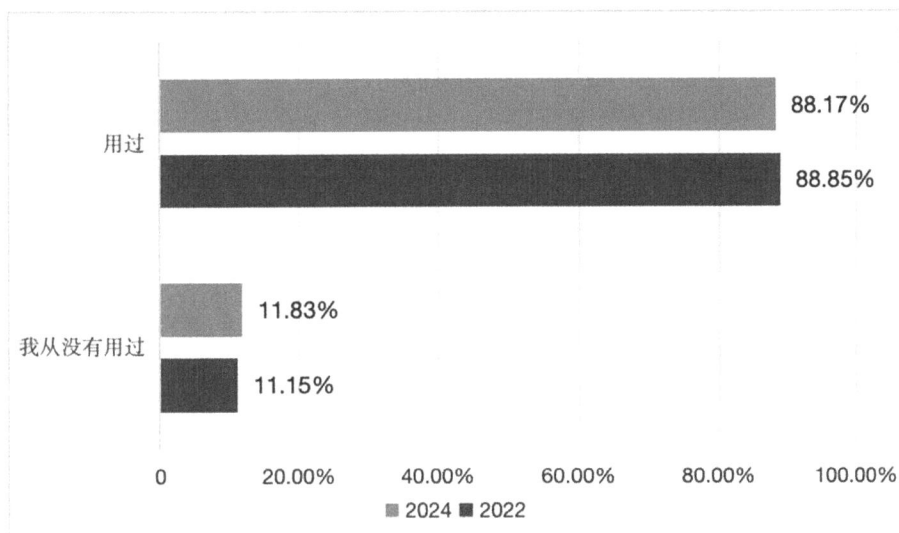

图 5-16　2022、2024 年移动电子设备使用情况对比

图 5-17 展示了 2022 年与 2024 年大学生移动电子设备使用时长的对比情况。从数据分布看,2022 年大学生移动设备使用时长呈现"中间高、两端低"的集中特征:中等时长(3~8 小时)是核心区间,其中 5 小时占比最高(14.72%),其次是 8 小时(13.42%)、3 小时(11.26%)、6 小时(11.26%),而短时长(1~2 小时)和较长时长(9 小时及以上)占比均较低,除了 10 小时占比为9.52%。2024 年,这种集中趋势被打破,分布更趋分散且呈现"两极分化"特征:短时长(1~4 小时)占比普遍上升,1 小时从 4.76% 升至 6.93%,2 小时从10.82% 微升至 12.55%,3 小时从 11.26% 微升至 12.12%,4 小时从 9.09% 升至13.42%,5 小时从 14.72% 上升至 16.88%(成为 2024 年占比最高的区间),说明更多学生每天使用设备 1~5 小时;中等时长(6~8 小时)占比明显收缩,6 小时从 11.26% 降至 10.39%,7 小时从 5.63% 降至 3.90%,8 小时从 13.42% 大幅降至 9.96%;较长时长(16~20 小时)占比显著上升,16 小时从 0% 升至 0.87%,20 小时从 0% 升至 0.43%。整体来看,2024 年大学生移动电子设备使用时长的变化趋势明显:短时间使用(1~5 小时)的学生增多,中等时间(6~8 小时)的学生减少,长时间使用(9~20 小时)的学生也在增加,反映出学生移动设备使用习惯向"更短或更长"两个方向分化的特征。

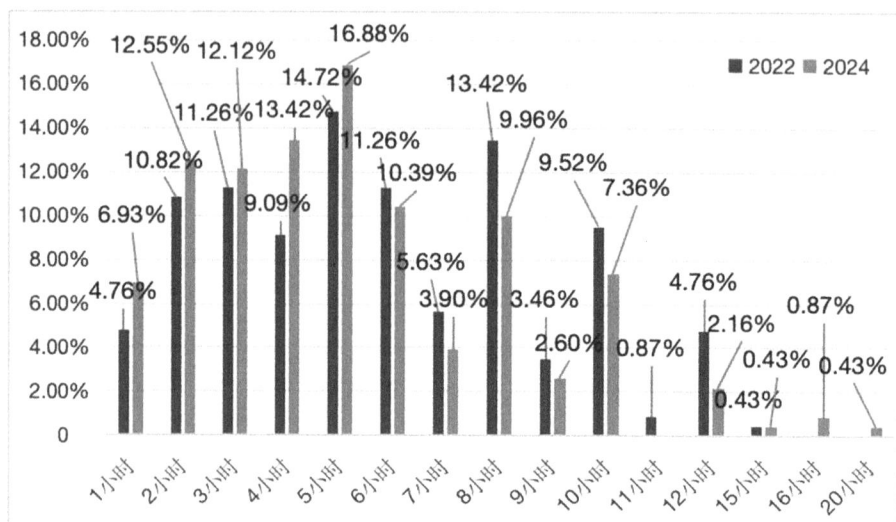

图 5 - 17   2022、2024 年移动电子设备使用时长情况对比

5.1.4   风险规避与健康维护状况

图 5 - 18 展示了 2022 年与 2024 年大学生"目前为止有无吸烟情况"的对比。从数据来看，2022 年有 87.31% 的大学生表示"否"（即目前为止没有吸烟），这一比例在 2024 年下降至 84.73%，减少了约 2.58 个百分点；而表示"是"（即目前为止有吸烟）的大学生比例则从 2022 年的 12.69% 上升至 2024 年的 15.27%，增加了约 2.58 个百分点。整体来看，虽然 2024 年仍有超八成（84.73%）的大学生没有吸烟，但有吸烟行为的比例略有上升，反映出大学生吸烟情况的轻微变化。

图 5 - 19 展示了 2022 年与 2024 年大学生过去 30 天内有无吸烟情况的对比。数据显示，"没有吸过烟"的比例从 2022 年的 48.48% 显著上升至 2024 年的 60.00%，增加了 11.52 个百分点；而"吸过"的比例则从 2022 年的 51.52% 下降至 2024 年的 40.00%，减少了 11.52 个百分点。从两年的对比来看，2022 年过去 30 天内吸烟的大学生（51.52%）略多于不吸烟的（48.48%），但 2024 年这一格局发生逆转：不吸烟的大学生占比升至六成，吸烟的占比降至四成，两者差距扩大至 20 个百分点。这种变化说明，大学生在过去 30 天内的吸烟行为较

2022 年明显减少,不吸烟的群体规模显著扩大,反映出大学生吸烟情况的积极改善趋势。

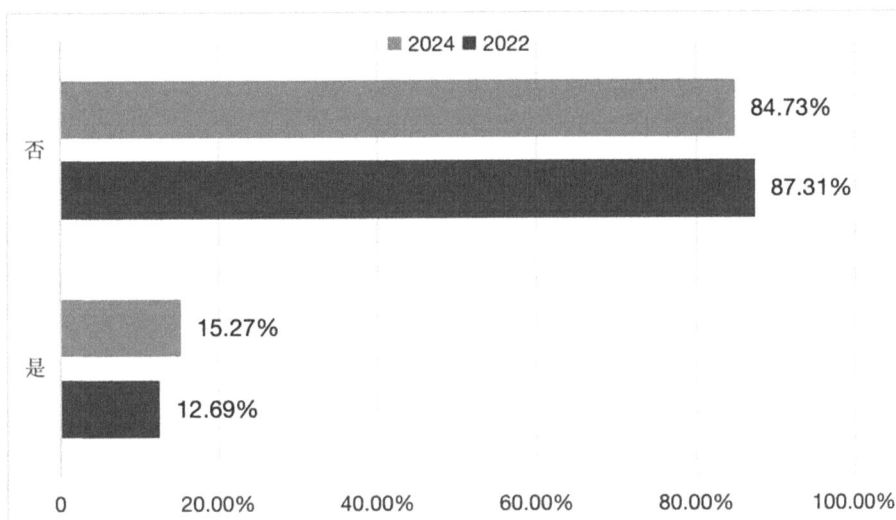

图 5‑18　2022、2024 年目前为止有无吸烟情况对比

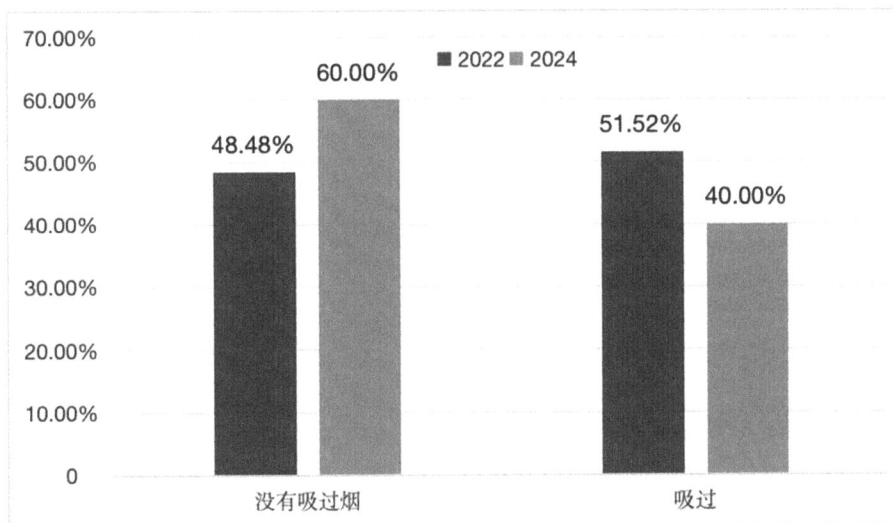

图 5‑19　2022、2024 年过去 30 天里有无吸烟情况对比

图 5 - 20 展示了 2022 年与 2024 年大学生过去 30 天内吸过烟天数的对比情况。从数据分布看,2022 年大学生吸烟天数呈现"极端集中"特征:过去 30 天里"每天都吸"(30 天)的比例最高,达 64.72%,占比超六成;而 1 天、3 天、5 天、10 天、15 天、20 天吸烟的比例均极低,均为 5.88%,未出现明显差异。2024 年,这种集中趋势被打破,分布更趋分散:"每天都吸"的比例大幅下降至 37.50%(较 2022 年减少 27.22 个百分点),仍是占比最高的类别,但优势已明显减弱;"1 天"吸烟的比例大幅上升至 25.00%(较 2022 年增加 19.12 个百分点),成为第二大类别;"5 天""15 天""20 天"吸烟的比例均为 12.50%(较 2022 年的 5.88%增加 6.62 个百分点),较之前有所上升;而"3 天""10 天"吸烟的比例仍为 0%,未发生变化。

整体来看,2024 年与 2022 年相比,大学生过去 30 天里的吸烟频率呈现"高频减少、中低频上升"的趋势:每天都吸烟的学生大幅减少,但短期(1 天)和中期(5、15、20 天)吸烟的学生有所增加,说明吸烟行为的持续性有所减弱,但仍有部分学生存在不同程度的吸烟习惯,需进一步加强引导。

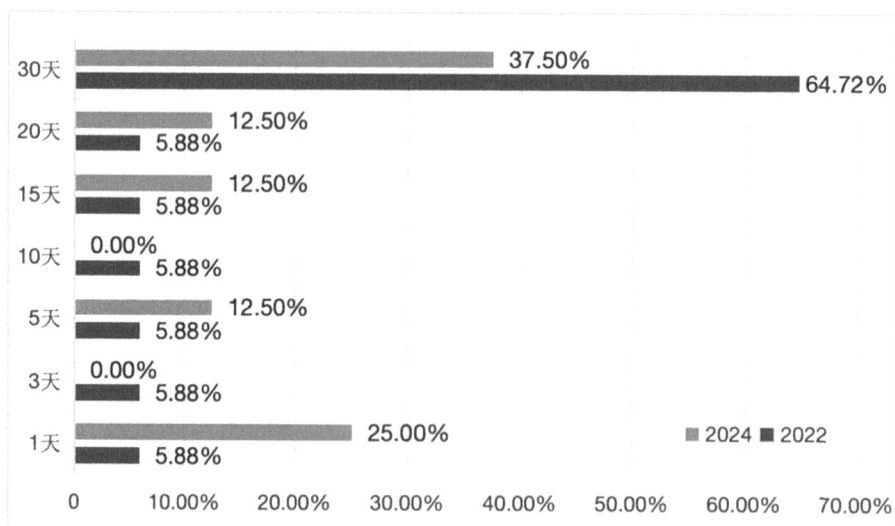

图 5 - 20　2022、2024 年过去 30 天里吸过烟天数情况对比

图 5 - 21 展示了 2022 年与 2024 年大学生过去 30 天里每天吸烟数量的对

比情况,横坐标分为"每天不到 1 支""每天 1~10 支(含 10)""每天 11~20 支(含 20)""每天超过 20 支"四个类别。2022 年,大学生每天吸烟数量呈现"中间集中、两端分散"的特征:"每天 1~10 支"是绝对主流,占比达 58.82%;其次是"每天不到 1 支",占 31.25%;而"每天 11~20 支"(5.88%)和"每天超过 20 支"(5.89%)的高数量吸烟群体占比极低,合计仅约 11.77%。2024 年,这一分布发生明显偏移:"每天 1~10 支"的占比虽仍为第一,但大幅下降至 43.75%(降幅 15.07 个百分点);"每天不到 1 支"的占比微降至 29.41%(降幅 1.84 个百分点),变化不大;"每天 11~20 支"的占比则大幅跃升至 25.00%,成为第二大类别(较 2022 年增加 19.12 个百分点);最显著的变化是"每天超过 20 支"的占比从 2022 年的 5.89%降至 0%,极端高强度吸烟的情况完全消失。

整体来看,2024 年与 2022 年相比,大学生吸烟数量的分布呈现"中等数量(1~10 支)收缩、中高数量(11~20 支)扩张、极多数量(超过 20 支)消失"的特征。这说明,尽管仍有超四成吸烟者保持每天 1~10 支的中等强度,但有四分之一的吸烟者已转向 11~20 支的中高强度,吸烟强度有所上升;同时,极端高强度吸烟的情况得到彻底改善,反映出大学生吸烟行为的"极端化"趋势有所缓解,但"强化化"趋势需引起关注。

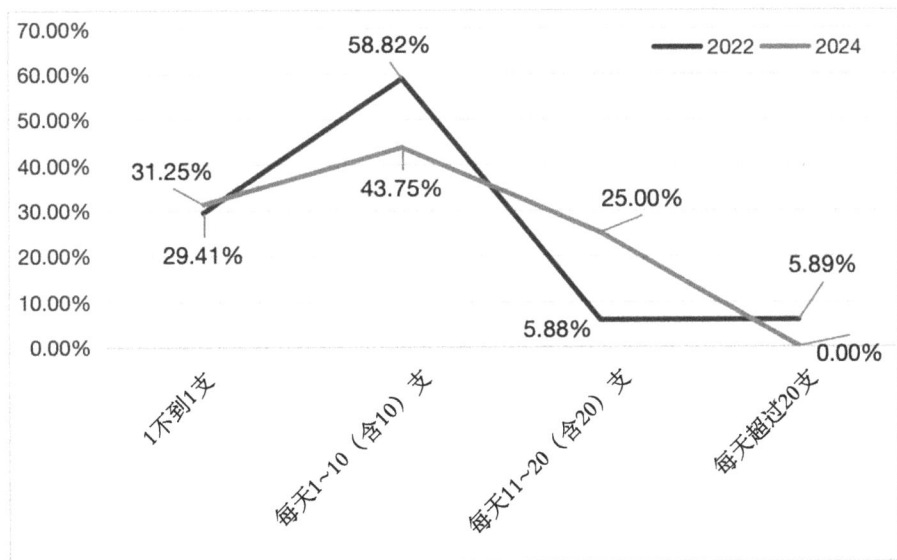

图 5‑21　2022、2024 年过去 30 天里每天吸烟数量情况对比

图 5-22 展示了 2022 年与 2024 年大学生"喝过整杯酒"情况的对比。数据显示，2022 年"否"（未喝过整杯酒）的比例为 53.85%，略超半数，而"是"（喝过整杯酒）的比例为 46.15%，略低于半数；到 2024 年，这一格局发生明显逆转，"是"的比例显著上升至 58.40%，成为多数群体，而"否"的比例则下降至 41.60%。两年间，"是"的比例增长了 12.25 个百分点，"否"的比例下降了相同幅度，说明大学生中喝过整杯酒的比例在 2024 年较 2022 年大幅提高，未喝过的比例相应减少，反映出大学生饮酒行为的普及程度有所上升。

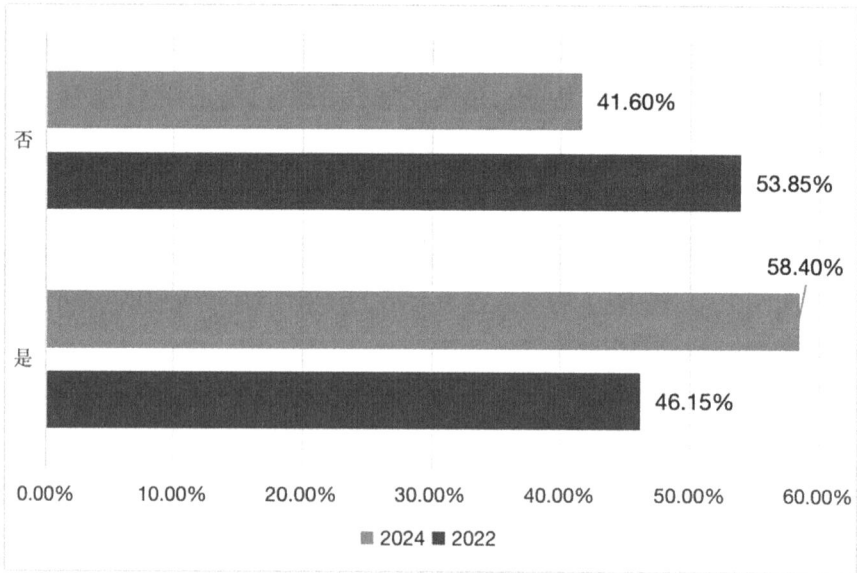

图 5-22 2022、2024 年喝过整杯酒情况对比

图 5-23 展示了 2022 年与 2024 年大学生过去 30 天里喝过至少一杯酒的天数分布对比，横坐标涵盖"没有喝过酒仅仅过几日""1～9（含 9）天""10～19（含 19）天""20～29（含 29）天""30 天"五个区间。2022 年，"没有喝过酒仅仅过几日"的比例最高（55.00%），超半数学生过去 30 天未饮酒；其次是"1～9 天"（36.67%），接近四成学生偶尔饮酒；"10～19 天"（2.50%）、"20～29 天"（0.83%）的中高频饮酒比例极低，而"30 天"（每天都喝）的比例反而升至 5%，略低于"10～19 天"。2024 年，"没有喝过酒仅仅过几日"的比例降至 48.37%

（减少 6.63 个百分点），"1~9 天"微降至 35.94%（变化不大）；"10~19 天"升至 5.23%，"20~29 天"的比例大幅跃升至 4.58%（增加 3.75 个百分点），成为仅次 于"没有喝过"和"1~9 天"的第三大类别；"30 天"则小幅升至 5.88%（增加 0.88 个百分点）。

整体来看，2024 年与 2022 年相比，未饮酒的学生比例有所减少，而中高频 饮酒（20~29 天）的学生比例显著增加，说明部分学生从"未饮酒"或"偶尔饮 酒"转向了"几乎每天饮酒"（20~29 天）的状态；尽管"每天都喝"的学生略有减 少，但中高频饮酒的范围明显扩大，反映出大学生饮酒行为的持续性有所增强。

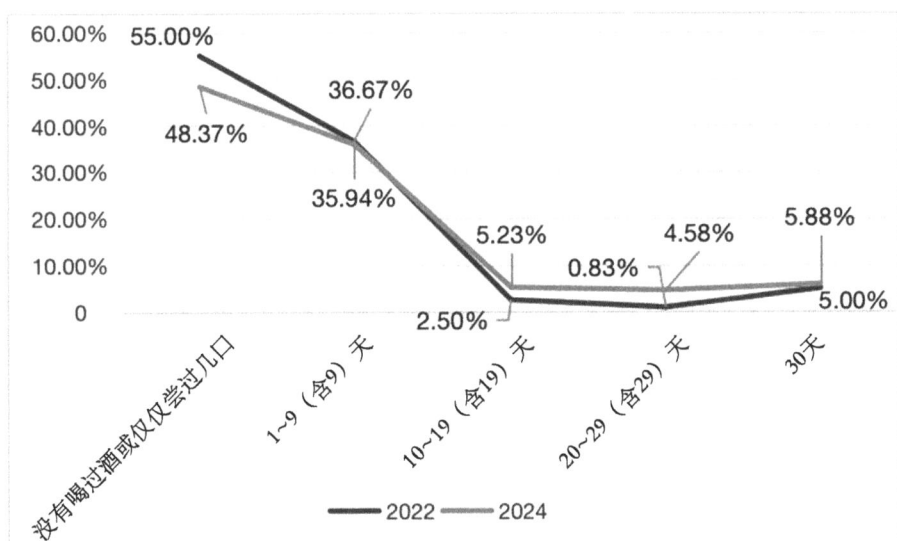

图 5‑23　2022、2024 年过去 30 天里喝过至少一杯酒情况

图 5‑24 展示了 2022 年与 2024 年大学生过去 30 天内"一两个小时至少 喝下 5 杯酒"的天数分布对比。从数据来看，两年间该行为的分布特征高度一 致："0 天"（即过去 30 天内未发生过）是绝对主流，2022 年占比 78.33%，2024 年微升至 78.43%，几乎持平，说明绝大多数大学生没有这种喝酒行为；"1~9 天"（偶尔发生）是第二大类别，2022 年占比 17.50%，2024 年略有上升至 18.95% （增加 1.45 个百分点），反映出少数学生偶尔会有这种行为且比例小幅增加；而 "10~19 天""20~29 天""30 天"（频繁或持续发生）的比例均极低且略有下降，

2022 年分别为 2.50％、0.83％、0.84％，2024 年降至 1.31％、0.65％、0.66％，说明长期频繁出现这种行为的学生数量极少且进一步减少。整体来看，大学生中这种喝酒行为的发生频率极低，主要集中在"从未发生"或"偶尔发生"的情况，两年间变化不大，但"1～9 天"比例的小幅上升须引起关注，提示须进一步引导学生规避此类高风险饮酒行为。

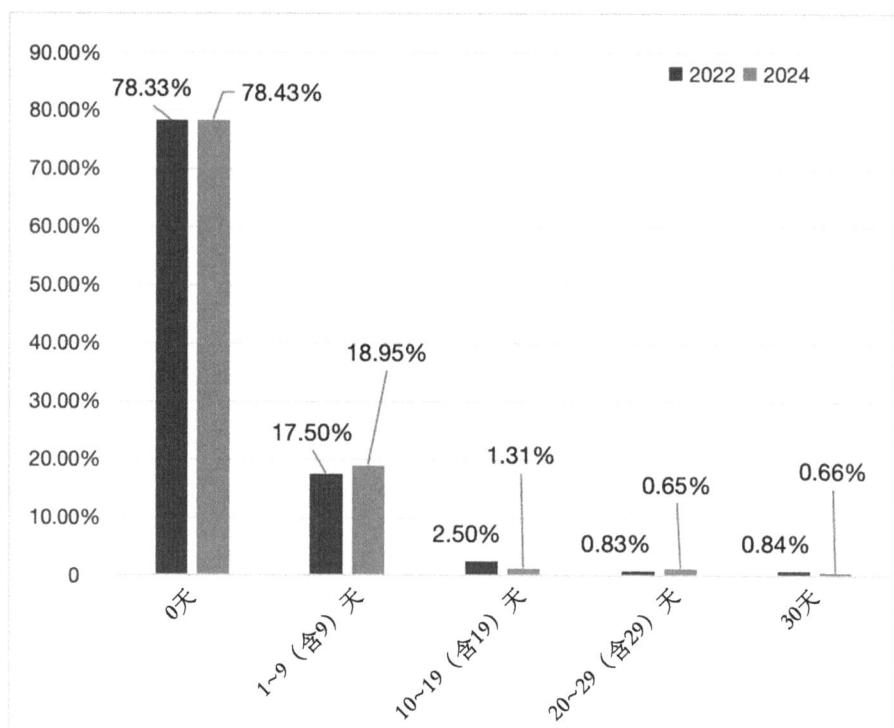

图 5‑24 2022、2024 年多少天内一两个小时至少喝下 5 杯酒情况对比

图 5‑25 展示了 2022 年与 2024 年大学生"曾因喝酒太多出现头晕、头疼、嗜睡等醉酒症状"的次数对比，涵盖"0 次""1～2（含 2）次""3～9（含 9）次""10 次及以上"四个类别。从数据来看，"0 次"（未出现过醉酒症状）是两年间的绝对主流，但 2024 年占比（76.47％）较 2022 年（81.67％）下降了 5.2 个百分点，说明未出现过醉酒症状的学生比例略有减少；"1～2 次"（偶尔出现）的占比从 2022 年的 15.83％微升至 2024 年的 17.65％，增加了 1.82 个百分点，变化不大；

"3～9 次"(多次出现)的占比则从 2022 年的 2.50% 翻倍至 2024 年的 5.23%,增加了 2.73 个百分点,是变化最明显的类别;"10 次及以上"(频繁出现)的占比极低,2022 年为 0%,2024 年仅为 0.65%,几乎可以忽略不计。整体而言,2024年与 2022 年相比,大学生因喝酒过多出现醉酒症状的情况呈现"未出现比例略降、偶尔及多次出现比例略升"的轻微变化,其中多次出现(3～9 次)的学生比例翻倍,说明部分学生的醉酒频率有所增加,但绝大多数学生仍未出现过或仅偶尔出现醉酒症状。

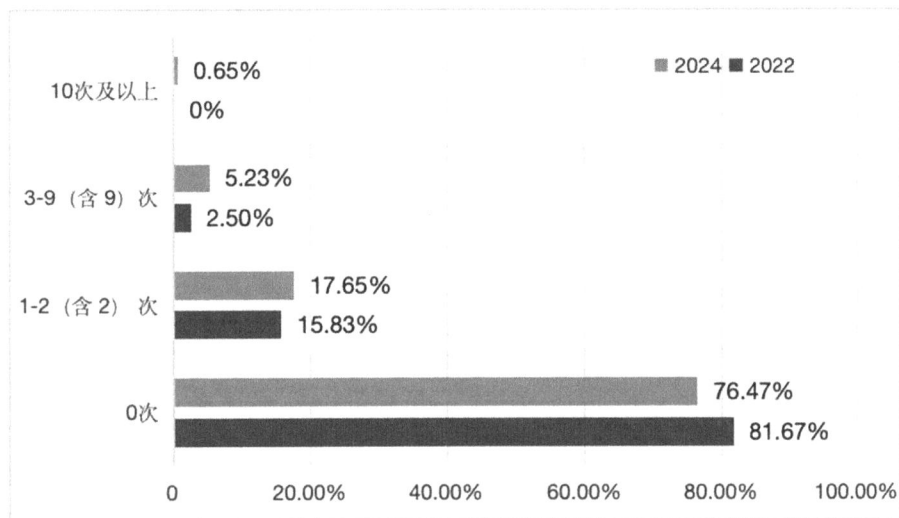

图 5 - 25　2022、2024 年曾有几次因喝酒太多出现头晕、头疼、嗜睡等醉酒症状对比

图 5 - 26 展示了 2022 年与 2024 年大学生是否受过严重伤害的情况对比。从数据来看,两年间"否"(未受过严重伤害)的比例均占绝对多数,2022 年为96.54%,2024 年微降至 95.42%;而"是"(受过严重伤害)的比例则从 2022 年的3.46% 小幅上升至 2024 年的 4.58%,涨幅约 1.12 个百分点。整体而言,绝大多数大学生(均超 95%)未经历过严重伤害,但 2024 年受过严重伤害的学生比例略有增加,虽变化幅度不大,但仍提示需关注大学生的安全防护意识及校园、社会环境中的风险因素,避免此类情况进一步扩大。

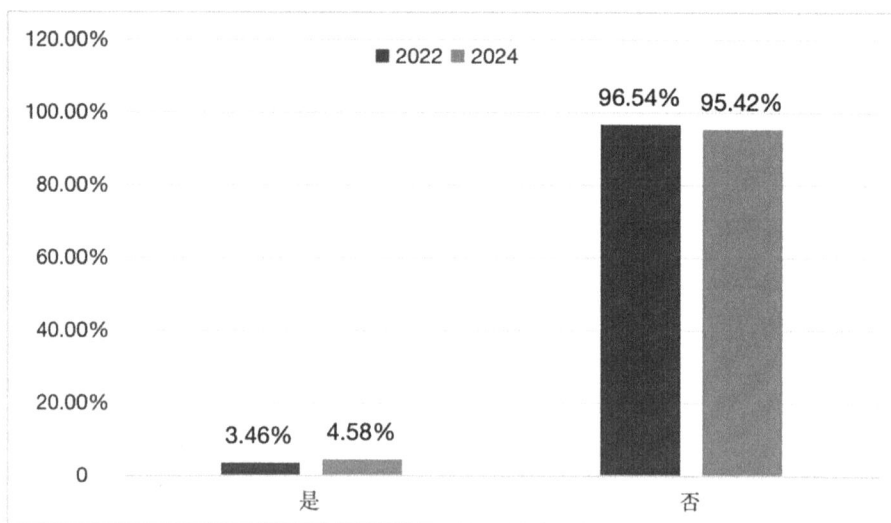

图 5 – 26　2022、2024 年是否受过严重伤害情况对比

图 5 – 27 对比了 2022 年与 2024 年大学生"是否去过无安全措施的地方游泳"的情况。从数据来看,两年间"没有"去过的学生占比均占据绝对主导地位,但 2024 年略有下降:2022 年这一比例高达 99.62％,几乎所有学生都未参与过此类高风险行为;2024 年则降至 97.71％,虽仍超九成,但较 2022 年减少了1.91

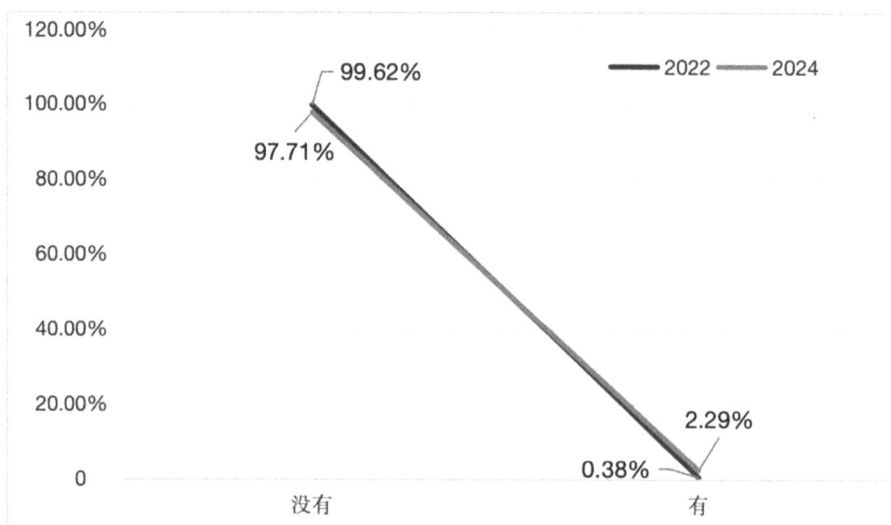

图 5 – 27　2022、2024 年是否去过无安全措施的地方游泳对比

个百分点。与之相对,"有"去过的学生占比虽仍极低,但呈现明显上升趋势:
2022 年仅 0.38% 的学生表示去过,2024 年这一比例升至 2.29%,较 2022 年增
长了约 6 倍。整体而言,绝大多数大学生仍保持着对无安全措施游泳的规避,
但 2024 年少量学生的尝试行为提示,需加强对这类高风险活动的警示与引导,
避免安全事故的发生。

5.2　大学生健康生活方式制约因素

5.2.1　知行断层:健康认知与行为实践的矛盾

在当代大学生群体中,健康生活方式的认知与实践之间存在着显著的断
层。这一现象不仅揭示了健康知识理解与实际生活习惯之间的不一致,还深刻
反映了大学生对健康行为的积极态度与实际操作中的消极表现之间的鲜明对
比。这种知行断层在饮食与营养、身体活动与运动、睡眠选择与质量以及网络
使用和风险行为等多个维度上均有体现,构成了对大学生身心健康的潜在
威胁。

1) 饮食与营养:认知与实践的偏差

在饮食与营养方面,当代大学生对健康饮食的认知普遍较高。他们大多能
够理解均衡饮食的重要性,认识到各种营养素对身体发育和疾病预防的关键作
用。然而,在实际操作中,这种认知并未能转化为健康的行为实践。随着外卖
平台的普及和便捷性,大学生们往往难以抵御高糖、高脂、高盐食物的诱惑,如
奶茶、炸鸡等快餐食品成为他们的日常选择。这些食品不仅导致了营养摄入的
不均衡,还增加了肥胖、糖尿病等慢性疾病的风险。在更深层次上,大学生对食
品营养成分和健康影响的了解往往停留在表面。他们缺乏深入的营养学知识,
难以根据自身的健康状况和需求做出明智的食物选择。因此,尽管他们认识到
健康饮食的重要性,但在实际操作中却往往难以做到科学合理地搭配食物,导
致营养摄入的失衡。此外,社会文化因素也在一定程度上影响了大学生的饮食
选择。随着生活节奏的加快和社交活动的增多,大学生们更倾向于选择方便、
快捷的餐饮方式。这种趋势不仅加剧了营养摄入的不均衡,还导致了不健康饮

食习惯的形成。

2）身体活动与运动：认知与行动的脱节

在身体活动与运动方面，大学生同样存在着知行断层的现象。他们普遍认识到运动对身体健康的益处，包括增强心肺功能、提高免疫力、改善心理状态等。然而，在实际操作中，他们往往难以坚持规律地运动。学习压力是大学生难以坚持运动的重要原因之一。随着学业的加重和竞争的激烈，大学生们往往将更多的时间和精力投入到学习中，而忽视了身体锻炼。此外，懒惰习惯和缺乏运动设施也限制了他们的运动实践。部分大学生虽然意识到运动的重要性，但由于缺乏自律和动力，往往难以将运动计划付诸实践。值得注意的是，部分大学生对运动的理解存在偏差。他们往往将运动视为减脂塑形的手段，而忽视了运动对心理健康的积极作用。因此，在运动实践中，他们往往追求快速效果，忽视了长期积累的过程。这种短视的行为不仅导致了运动行为的难以持续，还可能导致身体健康的损害。社会环境的变化也在一定程度上影响了大学生的运动实践。随着科技的快速发展和生活方式的改变，大学生们越来越倾向于选择便捷、高效的娱乐方式，如网络游戏、短视频等。这些活动虽然能带来短暂的愉悦感，但长期沉迷于其中却会削弱大学生的运动意愿和动力。

3）睡眠选择与质量：认知与现实的矛盾

在睡眠选择与质量方面，大学生普遍意识到充足睡眠的重要性。他们知道良好的睡眠质量对于保持身心健康、提高学习效率至关重要。然而，在实际操作中，他们往往难以保证充足的睡眠时间。学业压力是大学生难以保证充足睡眠的主要原因之一。随着学习任务的加重和考试压力的增大，大学生们往往需要花费更多的时间和精力来应对学业挑战。这导致他们不得不牺牲睡眠时间来完成学习任务或进行复习备考。此外，社交活动和手机依赖也是影响大学生睡眠质量的重要因素。他们往往因为参加聚会、聊天或玩游戏而熬夜到很晚，导致睡眠不足和睡眠质量下降。值得注意的是，大学生在营造睡眠环境和提升睡眠质量方面也存在不足。他们往往缺乏有效的方法和策略来改善睡眠环境，如调整房间温度、光线和声音等。同时，他们也不注重培养良好的睡眠习惯，如定时睡觉、避免睡前过度兴奋等。这些因素共同导致了大学生睡眠质量的下降，进而影响了他们的身心健康。

4）网络使用和风险行为：认知与行为的冲突

在网络使用和风险行为方面，大学生同样存在着知行断层的现象。他们普遍认识到过度使用网络对身心健康的负面影响，包括视力下降、颈椎疼痛、心理问题等。然而，在实际操作中，他们往往难以抵制网络的诱惑，陷入"焦虑—刷屏—效率下降"的恶性循环。一方面，大学生面临着巨大的学业压力和就业压力。他们希望通过浏览社交媒体、玩游戏等方式来缓解压力和寻找乐趣。然而，这种短暂的逃避并不能真正解决问题，反而可能加剧他们的焦虑感和挫败感。另一方面，大学生对网络成瘾、网络暴力等风险行为缺乏足够的警惕和防范意识。他们往往难以识别不良信息的诱惑和危害，容易受到网络舆论的影响和操控。这可能导致他们产生心理问题和社会问题，如自卑、抑郁、暴力倾向等。此外，家庭和学校对大学生的网络使用教育和引导也存在不足。他们往往过于关注学业成绩和就业前景，而忽视了网络使用对身心健康的潜在影响。这导致大学生在网络使用中缺乏正确的引导和教育，难以形成健康、理性的网络使用习惯。

综上所述，大学生健康生活方式认知与实践之间的断层是由多方面因素共同作用的结果。以下是对这些因素的具体分析：学业与就业压力，大学生面临着巨大的学业压力和就业压力，导致他们难以将健康生活方式付诸实践。他们往往将更多的时间和精力投入到学习和就业准备中，而忽视了身体健康的重要性。这种压力不仅影响了他们的身心健康状况，还可能导致他们产生焦虑、抑郁等心理问题。社会环境的变化，随着科技的快速发展和生活方式的改变，大学生面临着更多的选择和诱惑。外卖平台的普及、网络游戏的兴起等为他们提供了更多便捷的选择，但同时也增加了健康风险。此外，社交媒体的普及也加剧了他们的焦虑感和孤独感，进一步影响了他们的身心健康。营养与健康知识的缺乏，大学生对营养与健康知识的了解往往停留在表面。他们缺乏深入的营养学知识和健康生活方式指导，难以根据自身的健康状况和需求做出明智的选择。这导致他们在饮食、运动等方面存在诸多误区和不良习惯。家庭和学校教育的不足，家庭和学校教育对健康生活方式的培养和引导也存在不足。他们往往过于关注学业成绩和就业前景，而忽视了健康生活方式的重要性。这导致大学生在成长过程中缺乏正确的健康教育和引导，难以形成健康、理性的生活方式。个人自律和动力的缺乏,部分大学生缺乏自律和动力,难以将健康生活方式付诸实践。他们往往缺乏明确的目标和计划,难以坚持规律的饮食和运动习惯。此外,他们还容易受到不良信息和诱惑的影响,导致健康行为的难以持续。

5.2.2　数字依赖:技术便利性与行为异化的双重性

随着科技的迅猛发展,数字技术在大学生群体中扮演着日益重要的角色。从饮食到运动,从睡眠到网络使用,数字技术以其独特的便利性深刻影响着大学生的生活方式。然而,这种便利性并非全然积极,它还潜藏着行为异化的风险。这种技术便利性与行为异化的双重性,在大学生健康生活方式的多个方面表现得尤为突出。

1) 饮食与营养:便捷与风险的并存

在饮食与营养方面,数字技术的应用无疑为大学生提供了前所未有的便捷性。通过外卖平台,大学生可以轻松订购各种美食,满足味蕾的多样需求。然而,这种便捷性也带来了不容忽视的风险。外卖平台的普及使得高糖、高脂、高盐的食物更加易于获取,而大学生在享受便捷的同时,往往忽视了这些食物的营养价值和健康影响。他们可能因追求口感和味蕾的满足,而长期摄入不健康食品,进而增加肥胖、糖尿病等慢性疾病的风险。此外,数字技术的应用还加剧了食品广告和促销活动对大学生不健康饮食行为的影响。通过大数据分析和精准推送,食品广告能够准确地捕捉到大学生的饮食偏好和需求,从而诱导他们购买更多不健康食品。这种精准营销不仅削弱了大学生的自我控制能力,还进一步加剧了不健康饮食行为的形成和固化。更为严重的是,数字技术的应用还可能改变大学生的饮食观念和习惯。在社交媒体上,美食分享和点评成为一种潮流。大学生在追求美食的同时,往往忽视了健康饮食的重要性。他们可能因追求网红食品或跟风尝试新奇口味,而忽视了食物的营养均衡和健康搭配。这种观念的转变不仅影响了大学生的饮食习惯,还可能对他们的身心健康造成长远影响。

2) 身体活动与运动:多元与失衡的挑战

在身体活动与运动方面,数字技术的应用同样为大学生提供了更多的选择和便利。通过运动 App、智能手环等设备,大学生可以实时记录和分析自己的运动数据,从而更好地了解自己的身体状况和运动效果。然而,这种便利性也带来了新的问题。一方面,大学生可能会为了追求更高的运动量或更好的运动成绩而忽视身体的实际状况。他们可能盲目增加运动强度和时间,导致运动损伤或过度疲劳。另一方面,数字技术的应用也使得大学生更加倾向于选择室内运动或虚拟运动。虽然这些运动方式在一定程度上能够满足大学生的锻炼需求,但它们却难以替代户外运动的乐趣和益处。长期缺乏户外运动不仅会影响大学生的身体健康,还可能对他们的心理健康造成负面影响。此外,数字技术的应用还可能加剧大学生之间的运动攀比心理。在社交媒体上,大学生可能会分享自己的运动成果和成绩,从而引发他人的关注和羡慕。这种攀比心理不仅可能导致大学生过度追求运动成绩而忽视运动本身的意义和价值,还可能引发不必要的竞争和矛盾。

3) 睡眠选择与质量:监测与干扰的困境

在睡眠选择与质量方面,数字技术的应用同样具有双重性。通过智能手机或智能手表等设备,大学生可以实时监测自己的睡眠数据,从而更好地了解自己的睡眠状况和质量。然而,这种便利性也带来了新的问题。一方面,大学生可能会因为过度关注睡眠数据而难以入睡或保持深度睡眠。他们可能会担心自己的睡眠数据不佳而影响心情和状态,从而在睡前产生焦虑情绪。另一方面,数字技术的应用也使得大学生更加倾向于使用电子设备进行娱乐和学习。这些设备发出的蓝光和噪音不仅会影响大学生的睡眠质量,还可能干扰他们的生物钟和睡眠节律。长期睡眠不足和睡眠质量不佳不仅会影响大学生的身体健康和学习效率,还可能对他们的心理健康造成长远影响。此外,数字技术的应用还可能改变大学生的睡眠观念和习惯。在社交媒体上,关于睡眠的科普文章和讨论层出不穷。然而,这些信息的真实性和科学性却难以保证。大学生在接收这些信息时,往往缺乏足够的辨识能力和判断力。他们可能会因为轻信某些不科学的睡眠观念而采取错误的睡眠行为,进而对睡眠质量和身心健康造成负面影响。

4) 网络使用和风险行为:依赖与成瘾的危机

在网络使用和风险行为方面,数字技术的便利性和即时性无疑为大学生提供了更多的社交、学习和娱乐机会。然而,这种便利性也带来了网络成瘾、网络暴力等风险行为。一方面,大学生可能会因为过度依赖网络而进行无休止的社交、学习和娱乐活动。他们可能会沉迷于社交媒体、网络游戏或在线视频等平台,从而忽视现实生活中的学习和人际交往。这种过度依赖不仅会影响大学生的学业成绩和人际关系,还可能对他们的身心健康造成长远影响。另一方面,数字技术的应用也使得大学生更加容易接触到不良信息和价值观。这些信息和价值观可能引发大学生的认知冲突和行为异化,进而产生社会问题。更为严重的是,网络成瘾已经成为影响大学生身心健康的一大隐患。部分大学生因为沉迷于网络游戏或社交媒体而无法自拔,导致学业荒废、人际关系紧张甚至产生自杀倾向。这种成瘾行为不仅影响了大学生的个人发展和社会适应能力,还给家庭和社会带来了沉重的负担。此外,数字技术的应用还可能加剧大学生的网络暴力行为。在社交媒体上,大学生可能会因为观点不同或情绪失控而发表攻击性言论或进行恶意举报等行为。这种行为不仅损害了他人的权益和尊严,还可能引发不必要的争议和矛盾。长此以往,这种行为还可能对大学生的道德观念和行为习惯造成负面影响。

5.2.3 群体传染:社交网络对风险行为的放大效应

在数字化时代,社交网络已成为大学生日常生活中不可或缺的一部分。它不仅提供了便捷的社交渠道和信息交流平台,还深刻影响着大学生的健康行为。然而,社交网络在促进交流与分享的同时,也展现出一种独特的"群体传染"现象,使得某些不健康或有害的行为在大学生群体中迅速传播和扩散。这种现象对大学生的身心健康构成了潜在威胁,值得深入探讨和关注。

1) 饮食与营养:美食诱惑与消费陷阱

在饮食与营养方面,社交网络的力量不容小觑。美食分享和餐饮点评等功能,让大学生能够轻松获取到各式各样的餐饮信息。这些信息不仅包括美食图片、口感描述,还有他人的用餐体验和推荐。然而,正是这些看似诱人的分享和点评,却在无形中塑造了大学生的饮食习惯,甚至引导他们走向不健康的饮食道路。一方面,美食图片和评论常常以视觉和文字的双重刺激,激发大学生的食欲和好奇心。他们可能会因为看到他人分享的精美食物照片,或是读到关于某家餐厅的诱人点评,而忍不住想要亲自尝试。这种由社交网络引发的"尝鲜"

心理,往往导致大学生忽视食物的营养价值和健康影响,选择高热量、高脂肪或高糖分的食物。长期下来,这种不健康的饮食习惯可能引发肥胖、糖尿病等慢性疾病。另一方面,社交网络上的餐饮促销活动也是大学生陷入消费陷阱的重要原因。通过发布优惠券、限时折扣等信息,餐饮商家能够吸引大量大学生的关注和参与。然而,这些促销活动往往以"物美价廉"为噱头,诱导大学生进行过度消费。他们可能会因为想要抓住优惠机会,而一次性购买大量食物或饮品,最终导致暴饮暴食和营养失衡。

2）身体活动与运动:运动热情与运动伤害

在身体活动与运动方面,社交网络同样发挥着双刃剑的作用。一方面,运动挑战和健身打卡等功能能够激发大学生的运动热情,鼓励他们积极参与体育锻炼。这些功能通过设定目标、记录数据和分享成果,让大学生在运动中感受到成就感和满足感。然而,另一方面,社交网络也可能成为运动过度或运动伤害的风险源。在追求更高运动成绩的过程中,大学生可能会忽视身体的实际状况,盲目增加运动强度和时间。他们可能会因为看到社交网络上的好友们纷纷晒出自己的运动成果,而产生攀比心理。为了不甘落后,他们可能会不顾身体状况,强行挑战自己的极限。这种行为不仅可能导致运动损伤,还可能引发过度疲劳和免疫力下降等问题。此外,社交网络上的健身打卡也可能成为大学生炫耀和攀比的工具。他们可能会为了获得更多点赞和关注,而刻意摆拍健身照片或夸大自己的运动成果。这种虚荣心理不仅让健身失去了原本的意义和价值,还可能引发心理压力和焦虑情绪。在长期的竞争和攀比中,大学生可能会逐渐失去对运动的热爱和兴趣,甚至产生厌倦和逃避的心理。

3）睡眠选择与质量:熬夜文化与夜间社交

在睡眠选择与质量方面,社交网络同样对大学生产生了深远的影响。熬夜文化和夜间社交等活动使得大学生更容易受到他人的影响而牺牲睡眠时间。他们可能会因为看到社交网络上的好友们都在深夜活跃,而产生一种"大家都在熬夜"的错觉。为了与好友们保持同步和互动,他们可能会推迟睡眠时间或缩短睡眠时长。一方面,熬夜文化和夜间社交让大学生在深夜时分找到了新的娱乐和社交方式。他们可能会通过社交网络上的聊天室、游戏厅等功能,与好友们一起聊天、玩游戏或观看直播。这种活动虽然能够带来短暂的快乐和放松,但却以牺牲睡眠时间为代价。长期下来,这种不健康的行为模式不仅会影响睡眠质量,还会导致身心健康问题。另一方面,社交网络上的夜间活动也可能成为大学生逃避现实压力和困扰的避风港。他们可能会因为学业、就业或人际关系等问题而感到焦虑和压力,而选择在深夜时分通过社交网络来寻求安慰和逃避。然而,这种行为虽然能够暂时缓解压力和困扰,但却无法从根本上解决问题。相反,它还可能让大学生陷入更深的困境和依赖中。

4)网络使用和风险行为:不良信息与价值观影响

在网络使用和风险行为方面,社交网络同样展现出了其放大效应。信息传播和社交互动等功能使得大学生更容易受到不良信息和价值观的影响,进而产生网络成瘾、网络暴力等风险行为。一方面,社交网络上的短视频平台和直播等功能成为大学生沉迷网络世界的重要渠道。他们可能会因为看到他人发布的精彩内容或受到他人的诱导而沉迷于网络世界,忽视现实生活中的学习和社交活动。这种行为不仅会影响学业成绩和人际关系,还可能引发心理问题如孤独感、自卑感等。另一方面,社交网络上的匿名性和隐蔽性也为大学生提供了逃避现实约束和道德规范的庇护所。他们可能会因为感到在现实生活中受到压抑或不满,而选择在社交网络上发泄情绪或攻击他人。这种行为不仅损害了网络环境的和谐与稳定,还可能对大学生的道德观念和行为习惯造成负面影响。更为严重的是,社交网络上的不良信息和价值观还可能引发大学生的认知冲突和行为异化。他们可能会因为接触到与主流价值观相悖的信息和观点而感到困惑和迷茫。在长期的矛盾和挣扎中,他们可能会逐渐失去对自我和社会的认同感,进而产生行为异化和社会问题。

5.3　大学生健康生活方式的智能引导

5.3.1　智能感知:构建多模态健康数据监测网络

为了有效解决大学生健康生活方式中存在的问题,人工智能技术在此领域的应用显得尤为关键。通过构建多模态健康数据监测网络,可以实现对大学生健康数据的实时监测,覆盖饮食、运动、睡眠、网络使用等多个维度,从而为制定精准且个性化的健康干预策略提供坚实的科学依据。

1）饮食与营养方面的智能监测

在饮食与营养监测方面,现代智能穿戴设备和食物识别技术为这一目标的实现提供了有力支持。智能手环或智能手表等设备,通过内置的传感器,能够精确监测个体的能量消耗以及饮食摄入情况。这些设备能够记录用户每日的活动量、心率、卡路里消耗等数据,为评估个体的饮食结构和营养摄入是否均衡提供了基础。此外,食物识别技术也是饮食监测中的重要一环。通过图像识别技术,可以识别出大学生摄入的食物种类及其营养成分。这一技术通过捕捉用户拍摄的食物照片,运用深度学习算法对照片中的食物进行识别和分类,进而估算出每种食物的营养成分,包括蛋白质、脂肪、碳水化合物等。结合智能穿戴设备的数据,可以更加全面地评估大学生的饮食状况,并为其提供个性化的饮食建议和改善方案。例如,当系统监测到某大学生的能量摄入过高或营养成分不均衡时,可以自动推送相应的饮食建议,如增加蔬菜、水果的摄入,减少高糖、高脂食品的摄入等。这种智能化的饮食监测与干预,不仅有助于大学生建立健康的饮食习惯,还能预防因营养不均衡导致的健康问题。

2）身体活动与运动的智能监测

在身体活动与运动监测方面,智能穿戴设备和运动监测技术同样发挥着重要作用。智能手环或智能手表等设备,通过内置的传感器,能够实时监测大学生的步数、心率、运动时长等参数。这些数据对于评估个体的运动强度和运动效果具有重要意义。通过运动监测技术,可以记录大学生每日的运动情况,包括运动类型、运动时长、运动强度等。结合这些数据,系统可以评估大学生的运动习惯是否健康,是否存在运动过度或运动不足的问题。例如,当系统监测到某大学生的运动量不足时,可以自动推送相应的运动建议,如增加有氧运动的时间、加强力量训练等。此外,智能穿戴设备还可以结合地理位置信息,为大学生提供个性化的运动路线和场所推荐。例如,根据大学生的运动喜好和体能水平,系统可以为其推荐合适的户外跑步路线、健身房锻炼计划等。这种智能化的运动监测与干预,不仅有助于大学生保持健康的运动习惯,还能提高其运动的积极性和趣味性。

3）睡眠选择与质量的智能监测

在睡眠监测方面,智能床垫和睡眠监测技术为评估大学生的睡眠质量提供了有力支持。智能床垫通过内置的传感器，能够实时监测大学生的睡眠时长、深度、心率等参数。这些数据对于评估个体的睡眠质量具有重要意义。通过睡眠监测技术，可以记录大学生每晚的睡眠情况，包括入睡时间、醒来次数、深度睡眠比例等。结合这些数据，系统可以评估大学生的睡眠习惯是否健康，是否存在睡眠问题，如入睡困难、睡眠浅、夜间易醒等。例如，当系统监测到某大学生的睡眠质量不佳时，可以自动推送相应的睡眠改善建议，如调整作息时间、改善睡眠环境、进行放松训练等。此外，智能床垫还可以结合声音、光线等环境因素，为大学生提供个性化的睡眠环境优化建议。例如，当系统监测到某大学生的睡眠环境噪音过大时，可以自动调整房间的隔音效果；当系统监测到某大学生的睡眠环境光线过强时，可以自动调整窗帘的遮光效果。这种智能化的睡眠监测与干预，不仅有助于大学生提高睡眠质量，还能增强其身心健康水平。

4）网络使用和风险行为的智能监测

在网络使用监测方面，网络监测技术和数据分析技术为评估大学生的网络使用情况提供了有力支持。通过监测大学生的上网时长、浏览内容、社交互动等参数，系统可以评估其是否存在网络成瘾、网络暴力等风险行为。网络成瘾是当代大学生面临的一个重要问题。通过监测大学生的上网时长和浏览内容，系统可以及时发现其是否存在过度沉迷于网络游戏、社交媒体等问题。例如，当系统监测到某大学生的上网时长过长，且浏览内容主要集中在游戏或社交媒体上时，可以自动推送相应的提醒和建议，引导其合理安排上网时间，增加线下活动。此外，网络监测技术还可以用于评估大学生的社交互动情况。通过监测其在社交媒体上的言论和行为，系统可以及时发现其是否存在网络暴力等风险行为。例如，当系统监测到某大学生在社交媒体上发表不当言论或参与网络欺凌时，可以自动推送相应的教育和引导，帮助其建立健康的网络使用习惯。

5）加强技术研发与推广应用

为了构建多模态健康数据监测网络，需要加强技术研发和推广应用。一方面，需要投入更多的研发资源来开发更加精准和智能的监测技术和设备。这包括提高传感器精度、优化算法性能、增强数据处理能力等。通过不断的技术创新，可以推动健康数据监测技术的发展，提高监测数据的准确性和可靠性。另一方面，需要加强宣传推广和教育培训工作。通过举办讲座、研讨会等活动，向大学生普及健康数据监测的重要性和必要性。同时,可以通过开展培训课程和实践活动,提高大学生对健康数据监测技术的认识和接受程度。这有助于推动健康数据监测技术在大学生群体中的广泛应用,促进大学生健康生活方式的形成。此外,还需要加强数据安全和隐私保护工作。在构建多模态健康数据监测网络的过程中,需要采取严格的数据保护措施,确保大学生的个人信息不被泄露和滥用。这包括加强数据加密技术、建立安全的数据存储和传输机制等。通过加强数据安全和隐私保护,可以增强大学生对健康数据监测技术的信任度和满意度。

构建多模态健康数据监测网络,不仅有助于解决大学生健康生活方式中存在的问题,还具有广阔的应用前景。一方面,这一技术可以应用于健康管理领域,为大学生提供个性化的健康管理和干预服务。通过实时监测和分析大学生的健康数据,可以及时发现其健康问题并采取相应的干预措施,从而提高其身心健康水平。另一方面,这一技术还可以应用于科研领域,为健康科学研究提供丰富的数据支持。通过收集和分析大学生的健康数据,可以深入探究健康问题的发生机制和影响因素,为制定科学的健康政策和干预策略提供有力依据。此外,随着物联网、大数据、人工智能等技术的不断发展,多模态健康数据监测网络的应用范围还将不断拓展。例如,可以将其应用于智能医疗领域,为医生提供准确的诊断依据和治疗建议;可以将其应用于智能健身领域,为用户提供个性化的健身计划和训练指导等。这些应用前景的拓展,将进一步推动健康数据监测技术的发展和应用,为人类的健康事业贡献更多的智慧和力量。

5.3.2　算法干预:基于机器学习的个性化行为矫正

在构建多模态健康数据监测网络的基础之上,机器学习算法的应用为大学生的健康行为矫正提供了全新的视角和方法。通过对大学生的健康数据进行深度分析和挖掘,机器学习算法能够精准识别个体的健康问题和需求,进而制定个性化的行为矫正策略。这种策略不仅提高了健康行为干预的针对性和有效性,还促进了大学生健康行为的积极转变。

1) 饮食与营养方面的个性化行为矫正

在饮食与营养领域,基于机器学习算法的个性化行为矫正策略展现出了巨大的潜力。通过分析大学生的日常饮食记录，算法能够精准识别其饮食中的不足和过量之处。例如，对于能量摄入过高或营养成分不均衡的大学生，算法可以智能推荐合适的饮食搭配和营养摄入方案。这些方案不仅考虑了营养学的基本原理，还充分结合了大学生的个人口味偏好和饮食习惯。具体而言，算法通过分析大学生的饮食偏好和营养需求，可以为其推荐既健康又美味的食谱。这些食谱不仅包含了丰富的蛋白质、维生素和矿物质等营养成分，还注重食物的多样性和口感的变化。通过这种方式，算法不仅帮助大学生建立了均衡的饮食结构，还增加了其饮食的趣味性和可持续性。此外，算法还可以根据大学生的身体状况和健康目标，为其制定个性化的饮食计划。例如，对于需要减肥或增肌的大学生，算法可以推荐相应的饮食调整方案，包括热量摄入的控制、蛋白质的摄入比例等。这种个性化的饮食矫正策略，不仅提高了大学生的健康水平，还增强了其自我管理和自我调整的能力。

2）身体活动与运动的个性化行为矫正

在身体活动与运动方面，机器学习算法同样发挥着重要作用。通过分析大学生的运动数据，算法能够精准评估其运动强度、运动频率以及运动效果。这些数据为制定个性化的运动计划和训练方案提供了有力的支持。具体而言，算法可以根据大学生的运动习惯和体能水平，为其推荐合适的运动方式和强度。例如，对于缺乏运动或体能较差的大学生，算法可以推荐低强度的有氧运动，如散步、慢跑等；对于已经有一定运动基础的大学生，算法则可以推荐更高强度的力量训练或高强度间歇训练等。这种个性化的运动矫正策略，不仅能够帮助大学生逐步提高体能水平，还能够避免运动过度或运动不足的问题。此外，算法还可以根据大学生的时间安排和喜好，为其推荐合适的运动场所和方式。例如，对于忙碌的大学生，算法可以推荐简单易行的家庭健身计划；对于喜欢户外运动的大学生，算法则可以推荐户外跑步、骑行等运动方式。这种智能化的运动推荐，不仅提高了大学生的运动积极性，还增加了其运动的多样性和趣味性。

3）睡眠选择与质量的个性化行为矫正

在睡眠领域，机器学习算法的应用同样具有重要意义。通过分析大学生的睡眠数据，算法能够精准识别其睡眠习惯、睡眠环境以及睡眠质量等方面的问题。这些数据为制定个性化的睡眠改善方案提供了有力的支持。具体而言，算法可以通过分析大学生的睡眠时长、深度睡眠比例、睡眠中断次数等指标,识别出其睡眠中存在的问题。例如,对于入睡困难的大学生,算法可以推荐放松训练、冥想等助眠方法;对于睡眠浅、夜间易醒的大学生,算法则可以推荐改善睡眠环境、调整作息时间等措施。这种个性化的睡眠矫正策略,不仅能够帮助大学生提高睡眠质量,还能够缓解其因睡眠问题导致的焦虑和抑郁等情绪问题。此外,算法还可以根据大学生的睡眠偏好,为其推荐合适的睡眠姿势、床垫硬度以及枕头高度等。这些个性化的睡眠建议,不仅提高了大学生的睡眠舒适度,还促进了其身心健康的全面发展。

4）网络使用和风险行为的个性化行为矫正

在网络使用领域,机器学习算法的应用同样具有广阔的前景。通过分析大学生的网络使用数据,算法能够智能识别其是否存在网络成瘾、网络暴力等风险行为。这些数据为制定个性化的干预策略提供了有力的支持。具体而言,算法可以通过分析大学生的上网时长、浏览内容、社交互动等指标,评估其网络使用的健康程度。例如,对于过度沉迷于网络游戏或社交媒体的大学生,算法可以推荐限制上网时间、引导其参与线下活动等措施;对于存在网络暴力倾向的大学生,算法则可以推荐进行心理咨询、参加社交技能培训等活动。这种个性化的网络行为矫正策略,不仅能够帮助大学生建立健康的网络使用习惯,还能够减少网络成瘾、网络暴力等问题的发生。此外,算法还可以根据大学生的个人情况和需求,为其推荐合适的网络资源和服务。例如,对于需要提高学习效率的大学生,算法可以推荐在线学习平台和教育资源;对于需要放松和娱乐的大学生,算法则可以推荐音乐、电影等文化娱乐资源。这种智能化的网络资源推荐,不仅丰富了大学生的课余生活,还促进了其全面发展。

总而言之,基于机器学习的个性化行为矫正策略在大学生健康领域具有广阔的应用前景。通过深度分析和挖掘大学生的健康数据,机器学习算法能够精准识别个体的健康问题和需求,进而制定个性化的行为矫正策略。这种策略不仅提高了健康行为干预的针对性和有效性,还促进了大学生健康行为的积极转变。在实施过程中,需要注重算法的透明性和可解释性、加强安全性和隐私保护、不断收集和分析数据以优化算法性能等方面的工作。

5.3.3　智能反馈：建立动态健康行为激励机制

为了进一步提升大学生健康行为的积极性和持续性，引入人工智能技术构建动态健康行为激励机制显得尤为重要。这一机制旨在通过智能分析大学生的健康行为表现，精准地给予奖励和反馈，从而激发其健康行为的内在动力，并强化其外在表现。

1）饮食与营养方面的智能反馈

在饮食与营养领域，智能反馈机制能够依据大学生的饮食改善情况，提供个性化的奖励和反馈。当大学生遵循推荐的饮食方案并取得显著成效时，系统不仅可以通过积分、优惠券或健康小贴士等形式给予物质和精神上的奖励，还可以定期生成饮食健康报告，详细展示其饮食改善的进展和成果。这些报告不仅包含营养成分的摄入情况，还可能包括饮食多样性的提升、饮食习惯的改善等关键指标。通过直观的图表和数据分析，大学生能够清晰地看到自己的进步，从而增强其健康行为的成就感和自信心。此外，智能反馈机制还可以根据大学生的饮食偏好和身体状况，提供定制化的健康小贴士和饮食建议。这些建议可能涉及食材的选择、烹饪方法的调整以及饮食时间的安排等，旨在帮助大学生更好地理解和实践健康饮食。

2）身体活动与运动的智能反馈

在身体活动与运动方面，智能反馈机制同样发挥着重要作用。当大学生按照运动计划坚持锻炼并取得预期效果时，系统可以给予运动装备、健身课程或健康保险等奖励。这些奖励不仅是对其努力的认可，也是对其未来健康行为的激励。同时，系统还可以实时展示大学生的运动数据和进步情况，如步数排名、运动时长对比等，通过社交化的方式激发其参与运动的兴趣和动力。为了进一步提升运动效果，智能反馈机制还可以根据大学生的体能水平和运动目标，提供个性化的运动建议和训练计划。这些建议可能涉及运动强度的调整、运动项目的选择以及运动时间的安排等，旨在帮助大学生更有效地提升体能水平①。

3）睡眠选择与质量的智能反馈

在睡眠领域，智能反馈机制同样能够发挥重要作用。当大学生按照推荐的

---

① 王锋.数字赋能高校体育教学评价与学生身心健康发展联动机制[J].黑龙江工业学院学报（综合版），2024，24（09）：1-4.

睡眠方案进行调整并取得明显效果时,系统可以给予睡眠监测设备、健康枕头或睡眠改善课程等奖励。这些奖励不仅有助于提升大学生的睡眠质量,还能够增强其改善睡眠的信心和决心。同时,系统还可以定期向大学生发送睡眠健康报告,展示其睡眠改善的进展和成果,如深度睡眠时间的增加、睡眠中断次数的减少等。为了进一步提高睡眠质量,智能反馈机制还可以根据大学生的睡眠数据和偏好,提供个性化的睡眠建议和改善方案。这些建议可能涉及睡眠环境的调整、睡眠姿势的改善以及睡前活动的安排等,旨在帮助大学生建立更健康的睡眠习惯。

4) 网络使用和风险行为的智能反馈

在网络使用和风险行为方面,智能反馈机制同样具有广泛的应用前景。当大学生减少网络成瘾行为并积极参与线下活动时,系统可以给予社交活动机会、心理咨询课程或健康生活方式讲座等奖励。这些奖励不仅有助于大学生建立健康的网络使用习惯,还能够促进其全面发展。同时,系统还可以定期向大学生发送网络健康报告,展示其网络使用改善的进展和成果,如上网时间的减少、线下活动的增加等。为了更有效地引导大学生合理使用网络,智能反馈机制还可以根据大学生的网络使用数据和偏好,提供个性化的网络使用建议和改善方案。这些建议可能涉及上网时间的控制、浏览内容的筛选以及社交互动的规范等,旨在帮助大学生建立更健康的网络使用习惯。

5.3.4　人机协作:促进健康管理与服务的智能化升级

为了实现大学生健康生活方式的智能化管理和服务,人机协作成了一个不可或缺的关键环节。通过将人工智能技术与人工服务紧密结合,可以共同推动健康管理与服务的全面升级和优化,从而更有效地满足大学生的健康需求。

1) 人工智能技术与人工服务的深度融合

在人机协作的过程中,人工智能技术发挥着至关重要的作用。它能够实现健康数据的自动化收集和分析,为大学生提供精准的健康画像和风险评估。同时,基于大数据和机器学习算法,人工智能技术还能够智能化地制定和推送健康干预策略,帮助大学生更好地管理自己的健康。然而,人工智能并非万能。在复杂多变的健康情境中,人工服务的价值依然不可替代。当大学生在健康数据监测、行为矫正或健康咨询等方面遇到问题时，他们往往希望得到专业人员的及时解答和帮助。因此，可以结合在线客服、电话咨询或面对面咨询等多种方式，为大学生提供个性化的健康咨询和指导服务。这种结合人工智能和人工服务的健康管理模式，不仅能够提高健康管理的效率和准确性，还能够增强大学生对健康服务的信任和满意度。

2）加强健康管理与服务团队的建设和培训

为了促进人机协作的顺利进行，需要不断加强健康管理与服务团队的建设和培训。一方面，需要培养一批既具备人工智能技术知识又具备健康管理经验的复合型人才。这些人才将能够熟练运用人工智能技术，同时深刻理解大学生的健康需求，从而提供更加精准和有效的健康管理与服务。另一方面，还需要加强健康管理与服务团队与大学生的沟通和互动。通过定期举办健康讲座、健康咨询日等活动，可以更好地了解大学生的需求和反馈，不断优化和改进健康管理与服务的内容和方式。同时，这些活动还能够增强大学生对健康管理的认识和重视程度，提高其参与健康管理的积极性和主动性。

3）优化健康管理与服务平台的建设和用户体验

除了加强团队建设外，还需要不断优化健康管理与服务平台的建设和用户体验。一方面，需要完善健康数据收集和分析的流程和算法。通过引入更先进的传感器技术和数据分析算法，可以提高健康数据的准确性和可靠性，为大学生提供更加精准的健康画像和风险评估。另一方面，还需要优化健康干预策略的制定和推送机制。通过结合大学生的个人喜好和习惯，可以制定更加符合其需求的健康干预策略，并通过智能化的推送方式确保大学生能够及时获得个性化的健康建议和指导。同时，还需要加强健康管理与服务平台的用户体验和界面设计。通过引入更加友好和直观的用户界面设计以及更加便捷和高效的操作流程，可以提高大学生的使用满意度和忠诚度，从而进一步推动健康管理与服务的智能化升级。

总之，通过智能感知、算法干预、智能反馈和人机协作等策略的应用，可以有效地解决大学生健康生活方式中存在的问题和挑战。这些策略不仅能够提高大学生对健康行为的认知和实践能力，还能够促进其身心健康水平的提升和生活质量的改善。在未来的发展中，将继续探索和创新人工智能技术在大学生健康生活方式中的应用和实践。通过不断引入新技术和新方法,可以进一步完善健康管理与服务体系,提高健康管理的智能化水平和个性化程度。同时,还将加强与高校、医疗机构和科研机构等合作方的合作与交流,共同推动大学生健康生活方式的研究和发展。通过这些努力,相信可以为培养健康、积极、向上的新一代大学生贡献更多的智慧和力量。

第 6 章
人工智能赋能大学生生理健康行为

　　生理健康行为对个体的全面发展具有不可忽视的重要性和深远意义。良好的生理健康行为是维持身体正常机能运作的基石,它有助于提高身体的免疫力,预防各类疾病的发生,提升整体的生活质量。从长远来看,这也是个人能够高效学习、工作以及积极参与社会活动的保障。本研究聚焦于听力、脊柱侧弯和视力三个层面展开深入探究。其中,在听力方面,减少暴露在高分贝噪音环境下的时间、避免用尖锐物品掏耳朵等健康行为,能够保护听力,听力正常是实现语言交流、感知环境声音信息以及维持身心协调的重要保障;脊柱侧弯方面,健康的行为习惯如正确的坐姿、站姿和适度的运动,能够预防脊柱侧弯的发生,脊柱作为身体的支柱,其正常形态的维持对神经传导、身体平衡及肌肉功能都至关重要;在视力方面,健康行为如合理用眼、避免长时间近距离用眼、保证充足的户外活动时间等,有助于维持眼睛正常的屈光状态,预防近视等视力问题,视力不仅关系到个体对外部世界的视觉感知,还与大脑的视觉处理系统的正常发育紧密相关。因此,本文从听力、脊柱侧弯和视力这三个层面开展对大学生生理健康行为的研究,有助于深入了解如何通过改善行为习惯来预防这些生理方面的问题,从而提升大学生的整体健康水平。

6.1　高校大学生生理健康行为探析

6.1.1　听力情况

　　图 6-1 展示了 2022 年大学生受访者在过去 7 天内单次连续使用耳机超过 60 分钟的频次分布情况。数据显示,使用次数与占比呈负相关趋势,即次数

越少,占比越高。具体而言,使用 1~2 次的群体占比最高,为 37%,使用 5~6 次的群体占比最低,仅为 10%。从不、3~4 次、7 次及以上的占比依次为 18%、18% 和 17%。这一分布表明,2022 年大部分大学生倾向于短时间、低频次使用耳机,虽然仅有少数群体存在高频次长时间使用行为,但还需要结合分贝进行综合考量,数据显示 37% 的群体单周仅使用 1~2 次,其风险取决于单次使用的音量—时长复合暴露指数。研究表明,若单次使用时音量超过 75 分贝且持续 90 分钟,其造成的暂时性听阈偏移(TTS)相当于连续 8 小时暴露于 70 分贝环境。更关键的是,TTS 反复出现可能演变为永久性听阈偏移(PTS)。因此,部分低频次使用者若存在"补偿性高音量"行为(如在嘈杂环境中将音量调至 90 分贝以上),其听力损伤风险可能高于高频次但严守安全阈值的使用者,这类行为模式也可能增加听力损伤风险。

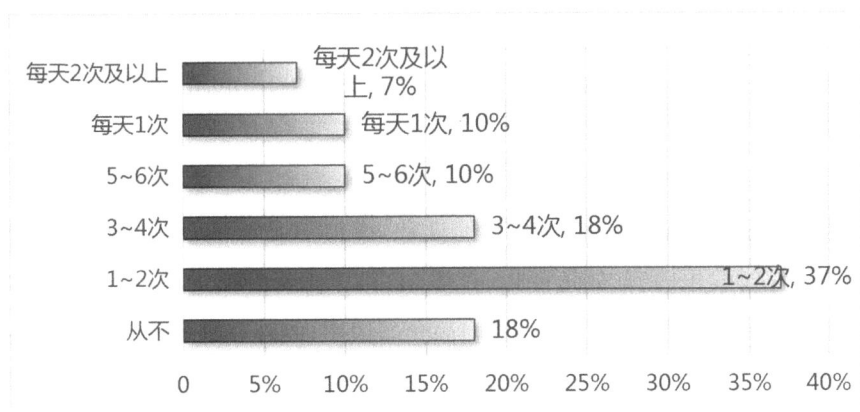

图 6－1　2022 年大学生受访者 7 天内单次使用耳机超过 1 小时的频次分布情况

2024 年大学生受访者在过去 7 天内单次连续使用耳机超过 60 分钟的频次分布情况如图 6－2 所示。数据显示,使用频次与占比整体呈现"两端低、中间渐次过渡"的特征,但低频次仍占主导地位。具体而言,使用 1~2 次的群体占比最高,为 32%,较 2022 年的 37% 下降 5 个百分点;而使用 5~6 次的群体占比最低,为 10%,与 2022 年占比持平。其他频次中,"3~4 次"占比 19%、"7 次及以上"占比 22%,均较 2022 年占比有所上升;而"从不"占比 17%,较

2022年18％上升1个百分点。与2022年数据相比,2024年大学生耳机使用频率呈现两个显著变化:一是高频使用群体(7天内7次及以上)总占比从17％上升至22％,二是低频使用(1～2次)总占比从37％下降至32％,表明学生群体对耳机的依赖程度呈温和上升趋势。

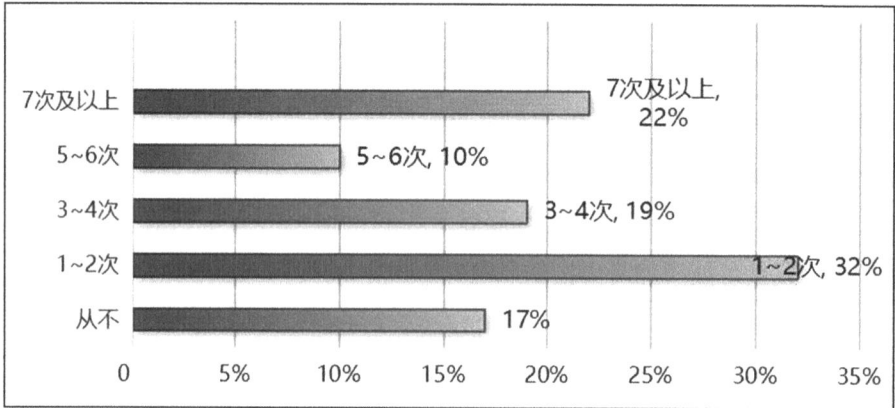

图6‑2 2024年大学生受访者7天内单次使用耳机超过1小时的频次分布情况

　　这一变化可能反映多重社会与技术因素的交织影响。首先,教育数字化转型的深化可能促使更多学生通过在线课程、虚拟实验等场景延长耳机使用时间;其次,短时娱乐内容(如短视频、直播)的碎片化消费模式虽占据主流,但部分学生因沉浸式游戏或社交需求转向高频次使用;此外,校园公共空间(如智慧教室、开放式学习区)的声环境管理不足,可能迫使更多学生依赖耳机隔绝噪音以维持专注力。值得注意的是,"从不"使用群体的比例下降或暗示健康风险认知与实际行为间存在鸿沟——尽管学生对听力保护的意识有所增强,但实际行为受环境压力或习惯驱动仍难以完全规避风险。高频群体的持续扩张提示需将干预重点从普适性宣教转向精准化管理,例如为高频用户开发智能耳机使用监测工具,或结合校园场景优化声环境设计以减少被动依赖。

　　图6‑3对比了2022年与2024年大学生群体在过去7天内于嘈杂环境(如车站、地铁或商场等需调高音量的场所)长时间使用耳机(连续20分钟及以上)的频率变化。数据显示,2024年高频次使用耳机的比例较2022年显著增加,具体表现为"5～6次"及"7次及以上"的群体占比明显上升,而"从不"或低

频次(1~2 次)使用的学生比例相应下降。例如,2022 年"7 次及以上"使用耳机人群的比例较低为 8.45%,而 2024 年该比例增至 16.20%;"5~6 次"使用频率的占比从 2022 年的 2.65%升至 8.93%。与此同时,"1~2 次"使用频率的群体占比从 2022 年的 43.39%下降至 2024 年的 41.78%,"从不"使用耳机的学生比例从 39.69%缩减至 27.20%,中频次(3~4 次)的占比则趋于稳定。

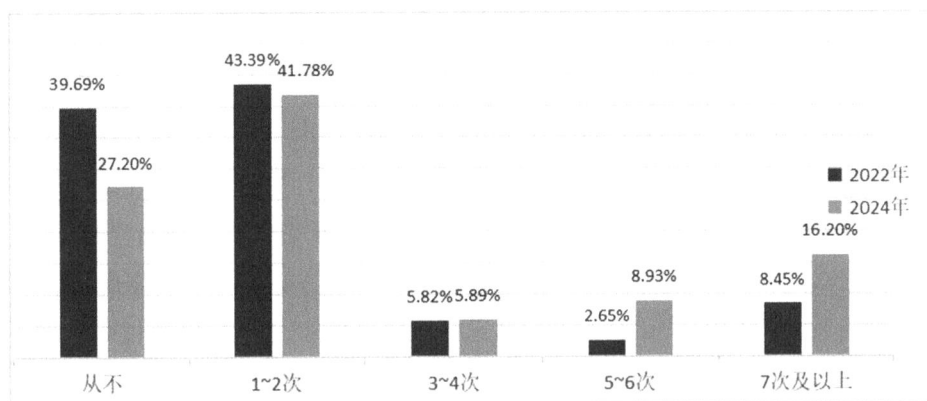

图 6-3　2022—2024 年大学生受访者 7 天内于嘈杂环境使用耳机的频率变化图

这一趋势可能由多重社会、技术与行为因素共同驱动。首先,疫情后线下活动全面恢复,学生暴露于嘈杂环境的机会显著增多,为满足学习、通信或娱乐需求,主动通过耳机隔离噪音或提升音频清晰度的行为更为频繁。其次,无线耳机技术(尤其是主动降噪功能)的普及使学生更倾向于长时间佩戴,但其"沉浸式"体验可能掩盖音量过高的风险——部分学生为覆盖环境噪音,实际声压级远超安全阈值(85 分贝),且因降噪效果误判而延长使用时间。此外,数字内容消费模式的深化进一步强化耳机使用场景的泛化,学生甚至在嘈杂环境中通过调高音量维持信息接收效率。值得注意的是,部分高频次使用群体可能存在"行为惯性",即因长期依赖耳机形成习惯性使用,例如将耳机作为社交隔离工具或情绪调节手段,从而忽视听力健康风险。

从群体特征看,高频使用比例的上升可能与大学生特定生活方式密切相关:一是通勤时间延长,需在公共交通中通过耳机消磨时间;二是学习压力加剧,部分学生选择在嘈杂环境中通过耳机集中注意力,导致"被动性"使用频率增加；三是娱乐需求升级，如游戏、直播等对音效沉浸感的追求，推动学生在非安静场景中延长使用时长。然而，高频次使用行为的健康隐患不容忽视——嘈杂环境中音量调高至 100 分贝以上仅需 15 分钟即可对听力造成暂时性阈值偏移，长期暴露可能导致不可逆的噪声性听力损失。尽管学生群体对听力健康知识有所认知，但实际行为与认知的脱节反映其健康决策受即时需求的驱动强于长期健康考量。

6.1.2　脊柱侧弯情况

　　大学生群体中不同背包佩戴方式的分布情况如图 6-4 所示。数据显示，双肩包背在背后的佩戴方式占据绝对主导地位，占比 74%，表明其作为传统且符合人体工学的选择被广泛接受，可能与大学生日常携带较重物品（须分散负重）的需求密切相关；其次为背单肩包，占比 16%，可能反映部分学生对轻便性、时尚风格的偏好，或因临时性活动选择便捷携带方式，但需警惕长期单侧负重可能引发的姿势性健康风险。双肩包背在一侧和胸前的占比极低（分别为 7% 和 3%），或因其在实际使用中面临稳定性不足、操作不便等问题，例如胸前背负可能干扰上肢活动，而单侧背负虽灵活却易导致身体受力不均。值得注意的是，尽管双肩包背在背后占比较高，但仍有近 26% 的学生采用非对称性佩戴方式，这说明学校健康宣教应强化科学背包使用知识的普及，并结合课程设置、通勤距离等因素分析行为选择背后的动因。

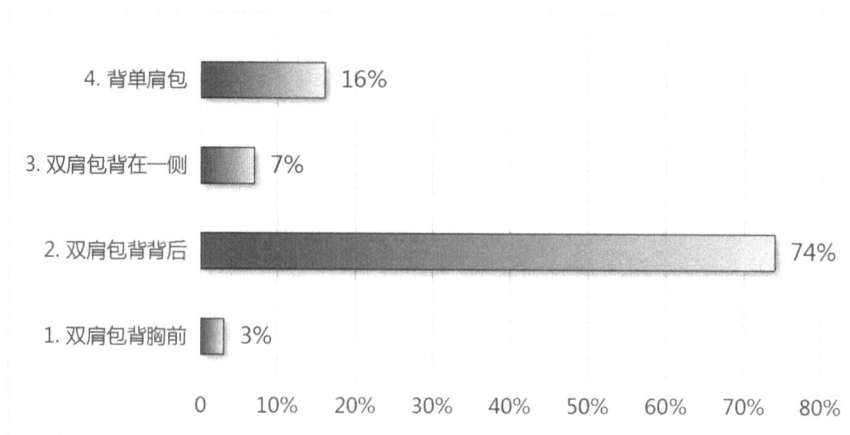

图 6-4　大学生受访者背包佩戴方式的分布情况

图 6-5 展示了过去一个月内大学生群体身体各部位持续酸痛的分布情况,数据显示疼痛部位呈现显著差异:颈肩部酸痛占比最高(52%),其次为腰部(30%)和背部(18%)。这一分布表明,颈肩部不适是大学生群 2024 图表体中最突出的健康问题,可能与其日常行为模式密切相关,如长时间低头使用电子设备(手机、电脑)、伏案学习导致的静态姿势维持,以及缺乏规律的颈肩肌肉放松活动。腰部酸痛占比次高,或与久坐行为、不正确的坐姿以及运动不足引起的核心肌群弱化有关,部分学生可能因搬运重物进一步加剧腰部负荷。背部酸痛比例相对较低,可能因背部肌肉群较颈肩部更具耐受性,或学生日常活动中背部受力场景较少,但亦需关注其与坐姿失衡的潜在关联。值得注意的是,疼痛部位的分布与大学生群体典型的生活方式高度契合,例如电子设备依赖、课业压力大、体育锻炼时间不足等,这些因素可能通过肌肉疲劳、血液循环受阻及神经压迫等机制诱发慢性疼痛。此外,性别差异可能对结果产生影响(如女性因肌肉量较低或背包习惯差异更易出现颈肩疼痛),但需结合人口学数据进一步验证。

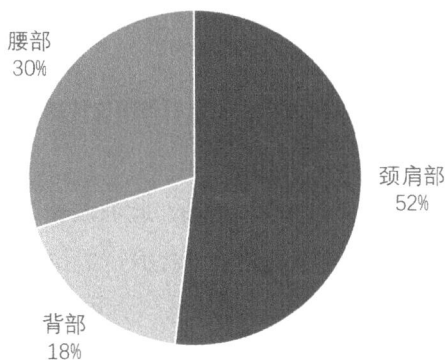

图 6-5　2022 年大学生受访者各部位持续疼痛情况

图 6-5 与图 6-6 对比了 2022 年与 2024 年大学生群体在过去一个月内身体不同部位持续酸痛的分布变化。数据显示,颈肩部酸痛始终是最高发的健康问题,但占比从 2022 年的 52% 小幅下降至 2024 年的 49%,可能反映学生群体对电子设备使用习惯的调整(如更多使用支架抬高屏幕以减少低头幅度)或校园健康干预(如课间拉伸活动推广)的初步效果;然而,其仍接近半数的高比

例表明静态姿势(如伏案学习、长时间刷手机)导致的肌肉劳损问题依然严峻。腰部酸痛占比从 30% 上升至 32%,成为第二大疼痛部位,可能与近年来线上课程比例增加、久坐行为加剧(如连续数小时自习或使用电脑)以及运动不足(尤其核心肌群锻炼缺乏)密切相关,部分学生可能因通勤方式变化(如电动车骑行增加)进一步加重腰部负荷。背部酸痛比例从 18% 微增至 19%,或与座椅设计不合理(如缺乏腰部支撑)或背包负重方式(如单肩包使用)有关,需关注其与坐姿失衡的长期关联。

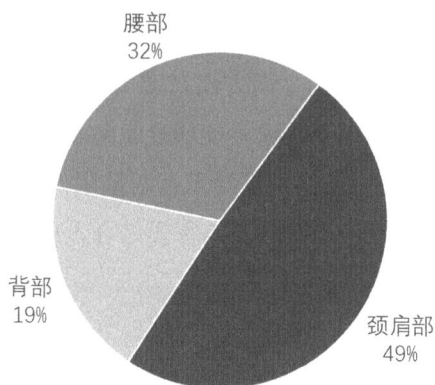

图 6‑6　2024 年大学生受访者各部位持续疼痛情况

进一步分析发现,颈肩部与腰部酸痛的"此消彼长"可能反映行为模式的代际变化:一方面,学生对颈肩健康的关注度提升(如社交媒体上的体态矫正教程普及),促使部分群体主动改善用颈习惯;另一方面,学业压力与电子化学习场景的深化导致腰部静态受力时间延长,而学生对此的适应性干预(如站立式书桌使用)尚未普及。此外,性别差异可能对结果产生影响,例如女性因肌肉量较低或背包习惯差异更易出现颈肩疼痛,而男性可能因运动方式不当增加腰部损伤风险。值得注意的是,尽管疼痛部位分布整体稳定,但腰部问题的上升趋势提示需警惕久坐文化对年轻群体的慢性健康损害,例如腰椎间盘突出等疾病的潜在年轻化风险。

对比 2022 年与 2024 年大学生群体身体疼痛程度的变化趋势,数据显示轻度疼痛比例从 20.70% 微升至 21.24%,反映短期肌肉紧张问题略有增加,可能与学生健康意识提升后主动报告早期不适相关;中度疼痛虽仍占据主体地位,但占比从 56.64% 小幅下降至 52.90%,表明静态学习姿势引发的慢性劳损问题仍是核心挑战。值得警惕的是,重度疼痛呈现双线上升趋势:书包体感"较重"疼痛比例从 12.50% 增至 13.51%,"很重"疼痛比例从 2.34% 攀升至 3.09%,两者合计占比扩张 1.76 个百分点,凸显久坐行为恶化、核心肌群训练缺乏及宿舍座椅设计缺陷等因素加剧了疼痛慢性化风险。此外,"很轻"选项从 7.81% 升至 9.27%,或与电子设备使用衍生的局部劳损模式相关。整体趋势揭示出疼痛分布正从单一主体向两端延展,尤其重度疼痛增幅显著,亟须通过人体工学改良和针对性运动干预阻断劳损年轻化进程。

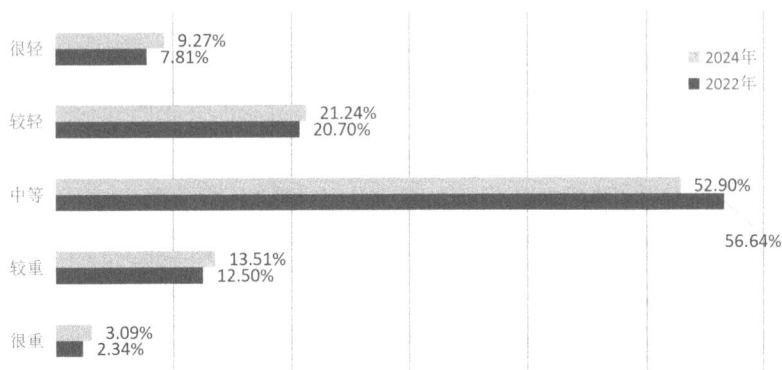

图 6-7　2022—2024 年大学生受访者书包重量变化情况

6.1.3　视力情况

图 6-8 为不同视力问题在学生受访者中的分布情况。可以看出,近视是主要的视力问题,占比高达 73%,显著高于其他类型;其次为"没有视力问题"的群体,占 21%;远视、斜视与弱视占比较低,分别为 3%、2% 和 1%。这一分布表明近视已成为该群体中最普遍的视力健康挑战,可能与其生活习惯(如长时间近距离用眼、电子屏幕使用频繁)、环境因素(如光照条件不足)或遗传倾向密切相关。远视与斜视的低占比可能反映其自然发病率较低,或与筛查标准、

诊断阈值差异有关。

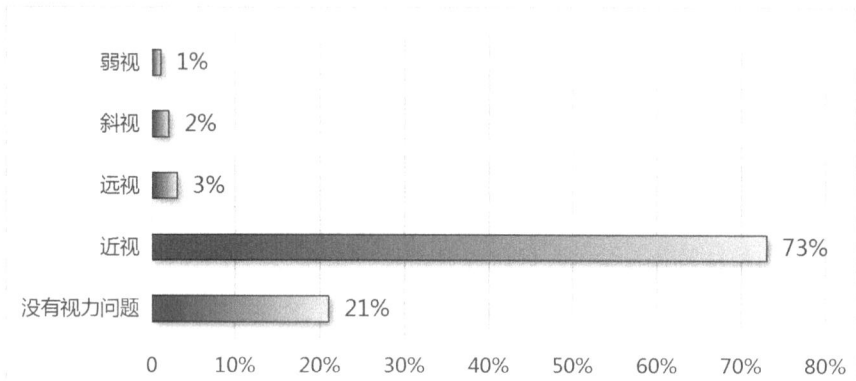

图 6‑8 大学生受访者不同视力问题分布情况

图 6‑9 展示了大学生受访者在 2022—2024 年的眼睛视力数据。从图中可以看出，2022 年视力低于 5.0 的学生比例已经较高，而到了 2024 年，这一比例进一步上升，同时视力高于 5.0 的学生比例则有所下降。这表明从 2022 年到 2024 年，学生的视力状况有所恶化，视力下降的学生增多，而视力保持较好或有所改善的学生减少。究其原因，可能是由于学生增加了近距离用眼时间，如长时间使用电子设备进行学习、娱乐等活动，导致眼睛疲劳和近视加深，同时，用眼习惯不良，如长时间连续用眼而不休息、阅读距离过近等，也可能对视力产生负面影响。另外，校园内照明条件不足或不合适，以及学生对视力保护的意识和重视程度不够，缺乏足够的眼保健知识和行动，也可能是导致视力下降的因素。

图 6‑10 展示了大学生群体在过去一个月内所采用的视力矫正或治疗措施的分布情况。数据显示，框架眼镜是绝对主流选择，占比高达 44.17％，显著高于其他措施，反映出其在大学生中的普及性和优先性；其次为隐形眼镜，占比 23.33％，可能与其在外观上的隐蔽性和便利性相关，但使用率仍远低于框架眼镜；角膜塑形镜、药物治疗及眼部手术的占比极低，分别为 7.50％、4.17％ 和 7.50％，表明这些需专业医疗介入或较高成本的干预措施在大学生中接受度有限；另有 13.33％ 的群体选择"没有过医生"，即未寻求专业诊断或治疗，可能因

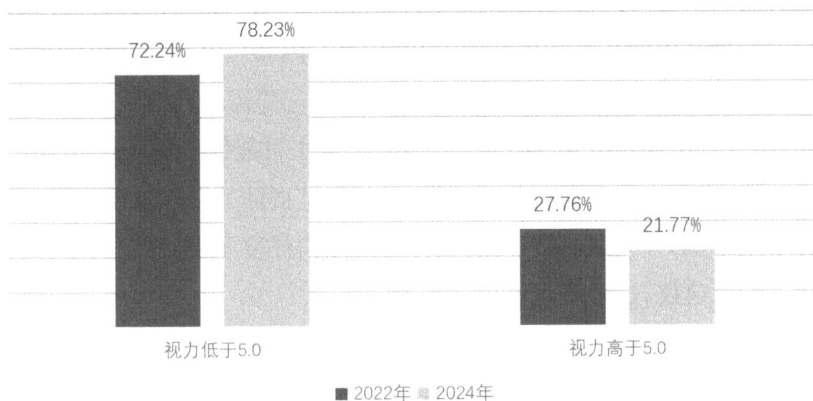

图 6‐9　2022—2024 年大学生受访者视力变化情况

自我判断症状轻微、经济限制或对医疗流程不熟悉而自行处理。值得注意的是,"其他治疗措施"占比 5%,可能包含非传统方法(如眼保健操、食疗等),但其具体内容需进一步细化分析。

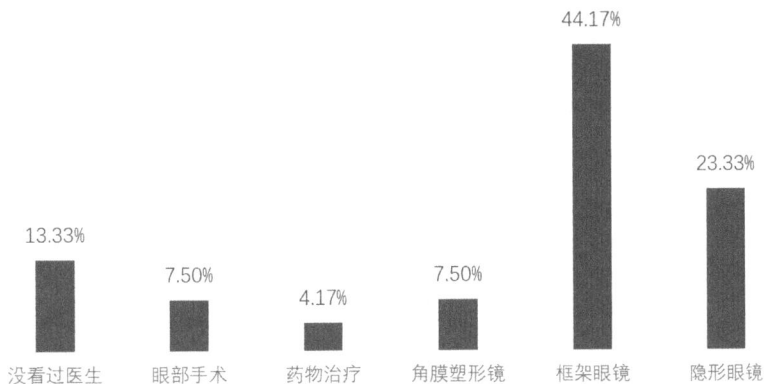

图 6‐10　受访者一个月内的视力矫正或治疗措施分布情况

　　这一分布模式揭示了大学生视力健康管理的几个关键特征:首先,框架眼镜的绝对主导地位可能源于其易获取性、经济实惠及安全性,尤其适合学生群体长期学习场景的需求;其次,隐形眼镜虽能兼顾视力矫正与美观,但其较低占比可能反映大学生对其使用复杂性的顾虑或对潜在并发症的担忧；而角膜塑形镜的低普及率则可能与其高昂费用、须严格遵循佩戴规范及对验配机构专业性的依赖有关，这些因素在校园环境中可能成为推广障碍。药物治疗的极低使用率提示，尽管其被证实可延缓近视进展，但大学生可能缺乏相关医学知识或医生指导，导致实际应用不足。此外，"没有过医生"群体的存在值得警惕，可能反映部分学生对视力问题的忽视或对医疗资源的信任度不足，进而选择自我调节或依赖非专业建议，这可能延误早期干预时机。

从行为动因来看，大学生的选择受多重因素影响：一是学业压力与生活习惯，长时间近距离用眼导致视力问题普遍，而框架眼镜因其"即戴即用"的特性成为最便捷的解决方案；二是经济考量，学生群体经济独立性较弱，倾向于选择一次性投入较低的方式，而非需要持续支出的方法；三是对健康风险的认知差异，尽管隐形眼镜和角膜塑形镜可能提供更优的视觉体验，但其潜在的健康隐患可能使学生在缺乏充分指导时更倾向于保守选择；四是校园环境的支持不足，例如校医院可能缺乏专业验光服务或对新兴矫正技术的宣传，导致学生接触相关信息的机会有限。然而，这一分布也可能隐藏潜在问题：框架眼镜的高占比虽满足即时需求，但其长期依赖可能掩盖视力恶化的真实情况，且部分学生因追求镜片美观而忽略瞳距、镜片光学中心适配性，反而加剧视疲劳；隐形眼镜使用率虽低，但其不规范使用在少数群体中仍可能引发眼部疾病；而"其他治疗措施"中非科学方法的潜在误导需引起关注。此外，未就医群体的行为可能导致近视防控的"盲区"，例如高度近视学生若未及时监测眼底健康，可能增加视网膜脱落等严重并发症的风险。

6.2 大学生生理健康行为问题

6.2.1 听力衰退问题：声能累积与神经代偿

1）高音量耳机的能量冲击

当代大学生群体的听力健康风险与个人音频设备使用模式的演变密切相关，其中高音量耳机的长期能量冲击正逐渐成为不可忽视的威胁。2024 年的调研数据显示，过去 7 天内单次连续使用耳机超过 60 分钟的群体中，高频使用者(5～6 次、7 次及以上)总占比达 32%,较 2022 年上升 5 个百分点,大多数学生对耳机的依赖程度呈现整体性攀升趋势,尤其在特定生活场景中的使用强度显著增强。

高音量声波在密闭耳道内的能量累积效应具有渐进性损伤特征。当耳机输出音量超过安全阈值时,声能通过空气振动持续作用于听觉系统,可能引发听觉敏感度的逐步下降。数据显示,高频使用群体中,大多数个体在中等噪声环境中会选择提升音量以维持清晰度,这种补偿行为使实际声暴露值显著增加。大学生常常处于教室、通勤工具等中等噪声环境(60～65 分贝)中,可能会将耳机音量提升至 75～80 分贝以维持清晰度,这种能量冲击的持续时间与听力敏感度下降速率呈非线性关系——日均暴露 60 分钟可使年衰减率提升至正常水平的 1.8 倍。值得注意的是,17%的"从不"超时使用群体中,仍有相当比例存在间歇性高音量使用行为,表明风险意识的薄弱具有普遍性。

此外,使用场景的时间分布特征可能加剧生理负荷。近七天中每天连续使用耳机超过 60 分钟超过两次的受访者可被视为高频使用耳机的大学生群体,其中还可能集中在午间与夜间时段,这种密集暴露模式可能导致听觉系统缺乏必要的恢复时间,使得能量代谢产物的清除效率有所降低。同时,设备使用与防护行为的失衡形成风险放大机制。数据显示,高频使用群体中仅有少数会主动启用耳机的音量限制功能,且设置的安全阈值往往偏高。与 2022 年相比,2024 年"每天 1 次"使用群体的防护意识改善有限,降噪设备的使用比例提升幅度较小。这种防护惰性与低频使用群体形成对照——后者中多数能准确陈述安全使用规范,但实际行为转化率不高,反映出认知与行动间的显著鸿沟。值得注意的是,部分使用频率较高的群体会将听力模糊归因为暂时性疲劳,选择通过提升音量而非减少使用时长进行代偿,这种应对策略可能进一步放大声暴露风险。

2) 瞬态声信号的机械损伤

当代大学生群体面临的瞬态声信号机械损伤问题,与其特有的生活场景与行为模式形成深度交织。调研数据显示,37%的大学生每周有 1～2 次单次连续使用耳机超过 60 分钟,19%的群体处于 3～4 次的中等频次区间,这种使用习惯与教育生态的数字化转型产生共振效应。在线课程的即时反馈音效、虚拟仿真的操作提示声、智慧教室的设备交互音等新型声学要素,使大学生日均遭遇突发性强声刺激的频次显著增加。高频次使用行为的背后,映射出大学生在多重生活场景中的被动适应与主动选择。

通勤场景的时空延展构成重要诱因,地铁、公交等交通环境的噪声中值达75分贝,会迫使部分大学生将耳机音量提升至环境噪声的1.3倍以上以维持语音清晰度。这种被动性音量补偿行为导致两个风险叠加:持续背景声暴露维持较高水平,同时交通工具的突发噪声(如地铁进站提示音)与音频内容的瞬态声形成耦合效应,使机械冲击强度显著提升。以地铁为例,车厢内背景噪音普遍维持在75~85分贝(相当于繁忙街道的噪音水平),而学生为听清耳机内容,需将音量调至90分贝以上,远超世界卫生组织建议的每日安全阈值(85分贝以下,连续暴露不超过15分钟)。更严峻的是,通勤场景的噪音具有动态波动性——列车进站广播、人群交谈声、设备报警声等突发高分贝噪音频繁出现,迫使学生反复调整音量以覆盖干扰。

此外,学习场景的声环境压力也会催生适应性行为。作为教育数字化转型的核心场景,智慧教室配备了先进的交互设备(如触控屏、无线麦克风),但这些技术便利性背后隐藏着声学设计的短板。例如,多媒体设备运行时的散热风扇声、触屏操作的点击声,与教师授课声在频谱上形成重叠,导致学生听觉疲劳加剧。同时,智慧教室的开放式布局虽便于小组协作,却缺乏声学分区设计,不同小组的讨论声、设备操作声相互渗透,形成"鸡尾酒会效应"——学生在混杂的声场中需不断切换听觉焦点,最终不得不依赖耳机强行屏蔽干扰。这种环境下,学生并非主动选择高音量,而是被动态势下的无奈妥协。

娱乐需求的升级重构了声暴露特征。短视频平台的自动连播机制使内容切换频率达每分钟2~3次,每次切换伴随的声压突变形成重复性机械冲击,同时其平台算法通过精准推送学生感兴趣的话题,例如娱乐八卦、知识科普等,利用即时多巴胺反馈机制,使其形成"刷视频—获得愉悦—继续刷"的循环,这种模式化的行为不仅延长了耳机使用时间,还使学生对音量的敏感度逐渐钝化,即便意识到音量过高,也因场景限制(如噪音干扰、内容吸引力)而难以主动调整。游戏场景中,为精准捕捉方位音效,部分的玩家会瞬时提升音量10~15分贝,这种脉冲式暴露在竞技类游戏玩家中尤为显著。直播互动时开启的空间音频技术,虽增强临场体验,却使瞬态声能量集中作用于单侧听觉通路。数据显示,娱乐时段使用耳机的群体中,日均遭遇 85 分贝以上瞬时冲击的概率较学习场景高出 1.8 倍。

与此同时,群体行为衍生的次生风险值得关注。在宿舍多人同时使用耳机的场景中,声波干涉现象可使特定频段的瞬态声能量增强 6～8 分贝。实验室协作时,设备报警声与个人音频的耦合使瞬时声压叠加情况日均发生 2～3 次,更隐蔽的风险在于数字原住民的行为代际传递——高频使用群体中,数据显示,超过 82% 的大学生受访者表示其使用习惯受到同学或网络社群的示范影响,这种社会化学习机制可能加速风险模式的扩散。

3）代谢与代偿的恶性循环

大学生在生活和学习中若不注意耳机使用习惯,可能引发一系列隐蔽的代谢与代偿问题。长时间以高音量听音乐、上网课或追剧,耳朵持续承受超负荷的声压,就像肌肉过度运动后会酸痛一样,耳内的细胞也会因"工作过载"而逐渐疲劳。初期可能只是偶尔耳鸣或听不清低语,但随着时间推移,细胞修复速度跟不上损伤积累,听力会悄然下降。此时,大脑会本能地"加班"处理模糊的声音信号——比如在嘈杂的食堂里努力分辨朋友的对话,但这种代偿需要消耗额外的精力,反而让人更容易感到疲惫,甚至影响学习效率。

此外,耳朵的长期"加班"还可能触发身体的连锁反应。当听力细胞因过度使用受损时,身体会启动修复机制,但这种修复并不总是精准有效。就像皮肤受伤后可能留下疤痕一样,耳朵的自我修复也可能引发内部"炎症",不仅加重局部损伤,还可能让人更容易感到头晕、注意力涣散。许多学生误以为这是熬夜或压力大的正常反应,却未意识到根源可能在于不当的用耳习惯。

同时,大脑对听力下降的适应性调整具有两面性。为了弥补听力的不足,大脑会逐渐改变处理声音的方式,例如更专注于特定频率的声音(如老师讲课的中频声),而忽略环境中的其他声音线索(如背后的脚步声或远处警报)。这种"偏科"式的听觉处理,短期内或许能勉强应付课堂,但长期会导致听觉系统变得僵化。当某天听力进一步恶化时,大脑可能已失去灵活应对的能力,此时学生会突然发现,即使调高音量也难听清内容,甚至出现方向感混乱(如无法判断声音来源方位)。

现代校园环境与人体听觉的天然适应性存在着根本冲突，人类的耳朵原本适合处理自然环境中偶尔的强声(如雷雨声)，而非持续数小时的耳机音乐或宿舍楼道里的喧闹。许多学生为了在嘈杂的图书馆集中注意力，不得不将耳机音量调至更高，这种"以暴制暴"的策略看似有效，实则让耳朵陷入更深的消耗战。当耳朵长期处于"备战状态"时，其自我修复能力会逐渐枯竭，就像弹簧被过度拉伸后失去弹性一样。更隐蔽的是，听力衰退的影响会蔓延至生活的方方面面。听不清小组讨论的细节可能导致误解和社交尴尬，课堂上遗漏关键信息可能拉低成绩，甚至过马路时因听不到车辆靠近而增加安全隐患。这些看似孤立的问题，实则由同一个不良习惯编织成网。许多学生直到某天体检时发现听力阈值异常，才惊觉问题的严重性——但那时损伤往往已不可逆。因此，大学生对耳机和噪音环境的随意态度，本质上是对身体"隐形透支"。每一次调高音量的妥协，每一回在喧闹中强撑的专注，都在为未来的健康埋下隐患。听力衰退从不是突然降临的灾难，而是日常疏忽的日积月累。

6.2.2 脊柱健康问题：静态负荷与代偿失衡

1) 久坐行为引发的脊柱力学异常

大学生在课堂和宿舍里长时间保持固定姿势，可能正在为未来的脊柱问题埋下隐患。趴在桌上赶论文蜷缩在床上刷手机、弓着背在图书馆自习——这些看似寻常的动作，实则让脊柱承受着不均匀的压力。就像一根被反复弯曲的树枝，起初只是偶尔感到肩颈酸胀，但随着时间推移，肌肉和韧带逐渐失去弹性，脊柱的自然弧度开始变形。许多学生发现自己的脖子前倾、肩膀高低不平，这正是身体发出的早期警告：当脊柱失去平衡时，全身的力线都会跟着偏移，最终可能演变成持续性疼痛甚至活动受限。长期压力作用下，髓核将逐渐向后移位，增加腰椎间盘突出的风险。本研究数据显示，2022年至2024年受访者大学生群体的腰背酸痛的比例正持续攀升，亟须得到重视和改善。

连续两小时的专业课，学生往往像被钉在椅子上，臀部和腰背肌肉持续承受压力却得不到活动机会。这些细微的力学失衡日积月累，终将突破身体的代偿极限。血液在受压区域循环受阻，代谢废物在肌肉纤维间堆积，逐渐形成顽固的酸痛区。更危险的是，长期静坐会导致髂腰肌缩短僵硬——这块连接腰椎与大腿的深层肌肉,本应在行走跑跳时自然伸缩,如今却因久坐被压缩成弹簧卡死的状态。当学生偶尔起身时,紧缩的髂腰肌会像橡皮筋猛力回弹般拉扯腰椎,这正是许多人突然站起时腰部刺痛的原因。为了看清投影或记笔记,不自觉地向前探身。这种"求知型驼背"让颈椎承受着头部重量数倍的负荷——正常直立时颈椎只需支撑约 5 公斤的头部重量,但低头 60 度时这个数值会飙升到 27 公斤。更危险的是,当学生试图通过跷二郎腿缓解疲劳时,骨盆的倾斜会引发腰椎代偿性扭转,就像拧紧的毛巾逐渐失去复原能力。

现代学习设备的使用习惯同样暗藏危机。平板电脑捧在手中阅读时,手肘悬空导致肩胛提肌持续紧张;手机放在大腿上刷短视频时,胸锁乳突肌被拉长变形。这些微小的姿势偏差,单次持续十分钟可能无关痛痒,但当它们成为每天重复数十次的标准动作时,肌肉的疲劳阈值就会被不断突破,维持脊柱稳定的深层肌群逐渐失能,表层肌肉不得不超负荷工作,形成越疲劳越难保持正确姿势的恶性循环。

值得注意的是,疼痛感知的滞后性掩盖了问题的严重性。年轻人强韧的修复能力让初期损伤得以暂时掩盖,很多学生把晨起的僵硬感归咎于"没睡好",将久坐后的刺痛解释为"缺乏运动"。实际上,当身体开始频繁发出疼痛信号时,脊柱的力学失衡往往已进入代偿阶段——某些关节被迫超范围活动以弥补其他部位的功能丧失。这种拆东墙补西墙的调节机制,就像用朽木支撑危房,暂时维持的平衡随时可能崩塌。某次体育课上的突然扭伤、搬重物时的剧烈腰痛,往往不是意外事件,而是长期损耗的必然结果。

2)运动缺失导致的肌力失衡

当代大学生群体中普遍存在的脊柱生理健康问题,其形成机制与运动行为模式的改变存在着密切关联。每天穿梭于教室、食堂和宿舍三点一线,许多学生的运动量仅限于上下楼梯和赶课小跑。这种低强度的日常活动,让维持脊柱稳定的肌肉群逐渐"失业"——就像长期不用的工具会生锈,肌肉也会因缺乏锻炼而萎缩。当伏案学习成为主要姿势时,后背肌肉始终处于紧绷的拉伸状态,而前侧核心肌群却因久坐蜷缩变得松弛无力。这种前后力量的失衡,让脊柱像失去平衡的脚手架,看似稳固实则危机四伏,轻微的扭伤或意外碰撞都可能引发连锁反应。

网购代替了逛街取快递，外卖取代了食堂排队，连晾衣服都依赖可升降晾衣竿。这些便利设施虽然节省时间，却让身体失去了日常微运动的机会。原本可以通过弯腰取物锻炼的竖脊肌，通过抬手晾衣活动的肩袖肌群，现在都处于"半休眠"状态。更隐蔽的是，躺在床上刷手机时，颈部维持前伸姿势超过半小时，颈后肌群就像被拉长的橡皮筋逐渐失去回弹力，而胸锁乳突肌则因持续收缩变得僵硬如铁条。这种失衡的肌肉状态，让颈椎失去了天然的保护盔甲。

此外，校园运动文化的淡化让情况雪上加霜。本该活跃在球场跑道上的身影，越来越多地停留在电子屏幕前。体育课变成应付学分的任务，晨跑打卡流于形式，就连课间十分钟也被手机游戏填满。当跳跃、伸展、旋转这些基础动作从生活中消失，维持脊柱动态稳定的肌肉群便如同生锈的齿轮——深层稳定肌（如多裂肌）因长期闲置而萎缩，表层大肌群（如背阔肌）则被迫承担额外负荷。这种"小兵退伍，将军冲锋"的错位，使得脊柱在应对突发动作时异常脆弱，许多学生打篮球时简单的转身动作就引发急性腰痛，正是肌力系统崩溃的预警。而肌力失衡对脊柱健康的影响又具有渐进性和隐匿性特征，在初始阶段，机体通过调整姿势代偿可能不会产生明显症状，但随着时间推移，椎间盘和小关节的异常应力负荷持续积累。研究显示，持续静坐 2 小时后椎间盘内压可增加 40％，这种持续性压力会导致椎间盘营养代谢障碍，加速退行性改变。同时，异常的肌肉张力分布会改变脊柱生理曲度，颈椎前凸加深和胸椎后凸加剧的复合型姿势异常在大学生群体中尤为普遍，这种结构性改变进一步加重了椎间关节的磨损风险。

与此同时，运动缺失导致的肌力失衡还会引发连锁性的生理紊乱。肌肉作为人体最大的代谢器官，其活动水平直接影响能量代谢和血液循环。当肌肉收缩频率降低时，局部微循环效率下降，代谢废物清除速率减慢，这种内环境改变会降低肌肉组织的修复能力。此外，运动刺激的减少还会影响骨代谢平衡，研究证实每周中等强度运动时间少于 150 分钟的人群，其骨密度年流失率是规律运动者的 1.5～2 倍，这种骨量减少会显著降低脊柱的抗压能力。调查显示，大学生受访者在学习中腰痛的比例随着时间变化不断攀升，截至 2024 年已达到 32％。

脊柱稳定性下降导致的姿势异常和慢性疼痛，不仅影响当前的学习生活质量,更可能演变为终身的健康隐患,因此,当前亟须建立符合数字时代特征的运动干预策略,帮助青年群体建立屏幕时间与运动时间的动态平衡机制。只有通过多维度干预,才能有效阻断运动缺失导致的肌力失衡进程,维护脊柱健康这一重要的生命支柱。

3) 设备使用场景的叠加危害

大学生在校园生活中对电子设备的依赖,正在以隐秘的方式重塑他们的体态。宿舍床上支起的小桌板、图书馆里歪头夹着手机记笔记、教室后排蜷缩着刷平板——这些看似便利的设备使用场景,实则让脊柱陷入多重压力叠加的困境。当眼睛紧盯着屏幕时,身体会不自觉地前倾,颈椎像被无形的手向下按压,腰椎则因座椅支撑不足逐渐塌陷。这种扭曲的姿势如同给脊柱套上错位的枷锁,每一次点击屏幕都在加重关节的异常摩擦。许多学生发现自己的肩膀越来越厚实,却不知这是后背肌群长期代偿发力的结果,就像过度使用的橡皮筋逐渐失去弹性。

一方面,课堂上的多设备并行使用加剧了姿势的复杂性。左手滑动平板课件,右手在笔记本上速记,膝盖上还放着震动提示的手机——这种"数字多任务"状态迫使身体在不同设备间频繁切换重心。颈椎随着视线在多个屏幕间来回摆动,腰椎因坐姿不稳左右摇晃,骨盆像失衡的陀螺难以保持中立位。更危险的是,当注意力完全沉浸在信息流中时,身体对疼痛信号的敏感度会降低,许多学生直到课程结束起身时,才惊觉脖子僵硬得像生了锈的合页,这正是肌肉和韧带过度劳损的预警信号。

另一方面,宿舍环境中的设备使用习惯暗藏更大的隐患。躺在床上举着手机追剧时,肘关节悬空导致肩胛骨前探,胸椎像被压弯的弓弦逐渐失去弧度;盘腿坐在椅子上打游戏时,骨盆后倾使腰椎曲度消失,椎间盘如同被擀面杖持续碾压的面团。这些姿势单独出现时或许危害有限,但当它们与日常久坐、背包负重等行为叠加时,脊柱承受的压力便成倍增长。就像在已经倾斜的屋顶上堆积积雪,每一次额外的负荷都在加速支撑结构的崩溃。

此外,背包过重与低头使用手机的协同作用,也贯穿于学生的日常通勤与移动场景。单肩包里塞满教材和笔记本电脑,让身体始终处于不对称负重状态。为了平衡重量,脊柱会像被风吹弯的树一样自动侧弯,这种临时性调整如果每天重复数小时,肌肉记忆就会将异常姿势固化。上下课高峰期的拥挤楼梯间,学生常抱着书本侧身避让,这种扭曲的行走姿态让脊椎小关节承受非常规摩擦。更隐蔽的是,赶课时奔跑引发的震动会通过双腿传导至腰椎,未被核心肌群缓冲的冲击力直接作用在椎间盘上,就像用锤子反复敲打橡皮垫片。阶梯教室后排座位需要仰头看屏幕,导致颈椎过度后伸;实验室操作台高度固定,不同身高的学生被迫弯腰或耸肩;宿舍床铺与书桌的空间错配,催生出各种扭曲的坐卧姿势。这些被默认接受的"将就",都在默默改写脊柱的力学密码。当身体适应了异常的生物力学模式,想要恢复自然状态反而需要克服惯性阻力,就像被压弯的树干即使解除外力也难以完全挺直。

上述场景的危害不仅源于单一行为的机械负荷,更在于不同场景间的动态叠加与协同作用。例如,晨间背负过重书包赶往教室的学生,午间蜷缩在宿舍床上使用平板电脑复习,傍晚又在图书馆矮桌前完成作业——全天候、多场景的姿势异常形成累积性损伤。脊柱系统在反复的异常应力作用下,自我修复机制逐渐失效:椎间盘营养代谢因持续受压而受阻,水分与蛋白多糖流失加速;韧带与关节囊因过度牵拉发生弹性退化;肌肉筋膜网络因代偿性收缩出现触发点与粘连。这种系统性退变在大学生群体中表现为疼痛敏感度升高、运动功能下降及姿势控制能力减弱,部分个案甚至出现交感神经受压引发的头痛、眩晕等全身性症状。与此同时,健康认知与行为实践间的鸿沟依然显著:尽管87%的学生在调研中表示了解正确坐姿的重要性,但仅有23%能在实际场景中持续保持规范姿势,行为改变的内在动机受即时便利性、环境约束等多重因素抑制。

6.2.3 视力损伤问题:光生物效应与行为协同

1) 近距离用眼的睫状肌超负荷

大学生群体中普遍存在的视力健康问题,与当代教育模式及生活方式密切关联,其中近距离用眼导致的睫状肌超负荷已成为核心诱因。数据显示,2022年视力低于5.0的学生比例已超过半数,至2024年这一趋势持续加剧,而视力高于5.0的群体占比进一步缩减。矫正方式的选择分布具有显著特征:框架眼镜以44.17%的绝对优势占据主流,隐形眼镜虽在外观便利性上占优但使用率仅23.33%,角膜塑形镜(7.50%)、眼部手术(7.50%)等高成本或需专业介入的方式接受度有限。这种分布格局既反映出大学生对基础矫正手段的依赖性,也揭示出主动预防措施的严重缺失。

大学生在课堂和宿舍里长时间盯着书本或屏幕,眼睛的调节系统正悄然承受着超乎想象的负担。当视线持续锁定在 30 厘米内的书本或手机时,眼球内的肌肉就像被按下了持续收缩的开关——这些肌肉本应像橡皮筋一样有张有弛,现在却被固定成紧绷状态。初期可能只是课后感觉视线模糊,需要用力眨眼才能恢复清晰,但随着这种紧绷状态的日常化,眼睛的调节能力逐渐被透支。许多学生发现,即便休息片刻,看远处景物也像蒙了层薄雾,这正是眼睛在发出求救信号:长期超负荷的近距离用眼,正在瓦解视觉系统的自我修复机制。

此外,学习环境的光照条件与空间布局加剧了视觉系统的生理损耗。阶梯教室中,学生需在投影屏幕(平均照度 350 勒克斯)与纸质笔记(照度 150 勒克斯)间频繁切换视线,这种照度差异迫使瞳孔直径在 2~4 毫米区间反复调整。从力学角度,持续收缩导致肌纤维内乳酸堆积与 ATP 耗竭,引发肌细胞膜离子泵功能障碍,钙离子稳态失衡进一步加剧肌肉僵直;代谢层面,睫状肌微血管因机械压迫而血流量减少,氧气与营养物质输送受阻,代谢废物清除效率下降;神经调节机制方面,副交感神经过度兴奋会延长睫状肌收缩周期,而交感神经活性抑制则削弱其舒张能力,两者失衡加剧调节功能紊乱。

同时,代偿性行为模式形成恶性循环,框架眼镜使用者中仍存在镜片度数更新滞后现象,这将迫使睫状肌额外做功以弥补屈光误差,进一步加重肌肉负荷,而超负荷状态又对眼部结构的累积损伤具有渐进性与隐匿性,初期表现为暂时性视物模糊、眼胀等功能性症状,这点很容易被学生群体所忽视,或被误认为短期疲劳,但随着病程进展,睫状肌弹性逐渐丧失,晶状体调节能力下降,迫使眼轴代偿性延长以维持视网膜成像清晰度——这正是轴性近视的核心病理改变。临床队列研究证实,持续三年每日近距离用眼超过 6 小时的大学生群体,近视度数年增长量较对照组高 0.5D,且散光发生率提升 1.8 倍。更深远的影响在于,睫状肌功能退化会削弱整个视觉系统的代偿能力,加速老视提前发生。25~30 岁人群中已有 12% 出现早期调节不足症状,较 20 年前增长 4 倍。

2) 蓝光暴露与视网膜氧化损伤

大学生在学习和生活中若长期忽视屏幕使用习惯,可能面临视力衰退的隐形威胁。夜晚熄灯后刷手机、连续数小时盯着电脑赶论文，甚至边走路边看短视频——这些看似寻常的行为，实则让眼睛暴露在过量蓝光中。蓝光不同于自然光，它能穿透眼球直达视网膜，就像无数微小能量弹持续轰击感光细胞。白天时，眼睛尚能通过眨眼和调节瞳孔防御部分蓝光，但到了夜间，黑暗环境中的屏幕亮度对比度飙升，蓝光伤害成倍放大。许多学生发现熬夜后眼睛干涩、视物模糊，这正是视网膜细胞在发出求救信号：长期过载的蓝光照射会耗尽细胞的自我修复能力，最终导致视觉质量永久性下降。

此外，眼睛对抗蓝光的机制存在天然短板，视网膜中的叶黄素如同"天然蓝光过滤器"，但人体无法自行合成这种物质，只能通过饮食摄取。经常吃外卖、挑食的学生，本就面临叶黄素摄入不足的风险，而高强度的屏幕使用又加速了叶黄素的消耗。这就好比打仗时既缺盔甲又缺弹药——当防御物质入不敷出时，蓝光便能长驱直入，引发视网膜氧化损伤。这种损伤并非立竿见影，而是像生锈的链条般缓慢侵蚀视觉功能，许多学生直到某天发现夜间视力明显变差，才惊觉问题的严重性。

同时，现代学习模式与眼睛进化需求的冲突正不断加剧，人类的视觉系统本是为远眺自然景观、追踪动态目标而设计，但大学生的日常用眼场景却高度固化：上课盯投影、自习看电脑、休息刷手机，视线始终锁定在30厘米内的发光平面上。这种"三点一线"的视觉模式让睫状肌长期处于紧绷状态，就像弹簧被压到极限后失去弹性。更危险的是，当学生为了看清小字号课件而眯眼时，瞳孔会不自主缩小，反而让更多蓝光聚焦在视网膜中心区域，形成恶性循环——看得越吃力，眼睛承受的光损伤越严重。

值得注意的是，校园光环境的设计缺陷放大了蓝光危害，图书馆的冷白光节能灯、阶梯教室的投影幕反光、宿舍里台灯与屏幕的亮度冲突……这些常见场景迫使眼睛在明暗交替中频繁调节。就像相机镜头不断变焦会加速磨损，眼睛的过度调节不仅加重疲劳，还会降低蓝光过滤效率。许多学生习惯在昏暗环境中开护眼模式，却不知道低亮度的暖黄光反而促使瞳孔放大，让更多蓝光乘虚而入。这种"伪保护"策略，实则是把眼睛推向更隐蔽的危险。

更深层的问题在于，视觉疲劳与蓝光损伤会引发连锁反应。当视网膜细胞因氧化损伤功能衰退时，大脑需要调动更多资源来补偿模糊的视觉信号。这解释了为什么长时间用眼后,学生常伴有头痛、注意力涣散——这不仅是眼睛在抗议,更是大脑超负荷运转的征兆。更严重的是,受损的视网膜细胞会释放炎症因子,这些物质通过血液流动影响全身,可能诱发失眠、情绪波动等问题。许多学生把这些症状归咎于学业压力,却未意识到根源可能藏在每天十几个小时的屏幕时间里。

最终,视力损伤就像缓慢漏气的轮胎,初期难以察觉,等到方向失控时已难补救。那些在黑暗中亮着的屏幕,那些舍不得中断的连续剧,那些以为"再看五分钟就好"的自我妥协,都在悄悄改写眼睛的命运。当某天教室前排座位也看不清板书时,当霓虹灯招牌变成模糊的光斑时,曾经透支的每一分钟,都会在视网膜上留下不可逆的刻痕。

3) 环境与行为因素的协同恶化

当代大学生视力健康问题的持续恶化,与学习生活环境特征及个体行为模式之间的相互作用密切相关。数据显示,2022 年视力低于 5.0 的学生比例已占据显著多数,至 2024 年该指标进一步攀升,而视力高于 5.0 的群体持续缩减,这种趋势折射出现代教育场景中多重风险因素的叠加效应。

教学场所的物理环境参数设置普遍忽视视觉系统的生理需求。阶梯教室中,投影屏幕与纸质教材的亮度差异常超过 50%,学生在 30 厘米的近距离笔记书写与 8 米外的远距离屏幕观看间频繁切换,导致睫状肌每分钟需完成超过 10 次的剧烈调节。框架眼镜 44.17% 的高覆盖率在此情境下形成矛盾效应:虽能矫正静态屈光误差,但无法缓解动态调节压力。

此外,电子设备使用场景的时空扩展加剧了环境风险,大学生日均屏幕使用时长超过 6 小时,其中还不乏包括在照度低于 100 勒克斯的夜间环境。黑暗场景中瞳孔自然扩大至 5 毫米以上,使更多短波光线直达眼底,而框架眼镜71% 的覆盖率并未同步提升光环境适配能力。行为观察显示,侧躺使用电子设备的行为也会使双眼调节需求差异增大,长期积累可能引发屈光参差,而值得注意的是,仅有 5% 的群体选择角膜塑形镜等主动干预手段,反映出对行为风险认知的严重不足。

同时,健康管理策略的碎片化特征值得关注。尽管 44.17% 的框架眼镜使用率显示出基础矫正手段的普及性,但配套防护措施严重缺失:大学生使用防蓝光膜的比例仍较低，且很难做到一直保持设备 50 厘米以上视距。这种知行分离现象在 7.50% 的眼部手术群体中尤为显著，术后患者中仍有大多数维持高强度用眼模式，而 13.33% 的未就医群体中，还有 90% 的个体将视力下降归因于"遗传因素"或"自然衰老"，这种认知偏差直接阻碍了行为模式的主动调整。因此，即便采取专业医疗干预，若缺乏环境与行为的同步改善，视力损耗进程仍难以有效遏制。

6.3 大学生生理健康行为的智能引导

6.3.1 听力防护：无声管理，降低耳机依赖伤害

1）智能音量分级控制

为应对当今学生因环境噪音被迫提升耳机音量导致的听力透支风险，人工智能设备可以为学生构建动态声压管理系统。通过使用搭载环境声呐芯片的智能降噪耳机，设备可实时捕捉自习室键盘敲击、走廊交谈等背景噪音频谱，运用 AI 算法解析声波干涉模式。当检测到持续性中高频环境噪音时，耳机自动激活主动降噪的定向过滤功能，将外界干扰声衰减 12～15 分贝，而非单纯提高播放音量，使学习音频在维持清晰度的前提下稳定于 55 分贝安全阈值。通勤场景中，设备通过九轴传感器识别步行或骑行状态，结合 GPS 定位预判十字路口车流噪音峰值，提前 0.5 秒启动瞬态噪音抑制，避免突发鸣笛声诱发用户本能性调高音量。

此外，多设备协同系统可为学生建立跨场景听力保护网。当智能手表监测到图书馆环境噪音等级突破设定值时，自动向关联耳机发送声场优化指令：在保持降噪深度的同时，开放特定频段的环境声通道，使翻书声、脚步声等自然背景音形成听觉参照系，避免全封闭降噪引发的耳压失衡。宿舍夜间使用时，设备通过心率传感器判断入睡阶段，逐步将白噪音频段从 3000 Hz 向 800 Hz 过渡，同步降低音量斜率，使听觉系统随睡眠深度增加自然进入声刺激衰减状态。

同时，云端声学模型正在重塑音量控制逻辑。耳机内置的深度学习模块可分析用户三个月内的音量调节习惯，对习惯性突破安全阈值的使用者启动渐进式干预：首次超限时以声场扩展技术增强听感丰富度，替代单纯提升音量的补

偿行为;累计超限三次后触发虚拟听觉辅导,通过对比当前播放曲目在安全音量与环境噪音下的细节损失率,引导学生建立科学的听音认知。这种基于行为心理学的智能调控,旨在打破"音量越高沉浸感越强"的认知误区,培养主动听力防护意识。

2) 听力健康自检与反馈

通过调研发现,当今学生群体中普遍存在的早期听力损伤漏检现象,这一现象值得广泛关注。人工智能设备可以为学生提供常态化听觉监测方案。通过使用集成多频段声发生器的智能耳塞,设备可在晨间洗漱时自动执行听力筛查:佩戴瞬间释放从 250 Hz 到 16000 Hz 的扫频信号,利用耳道内微型麦克风捕捉鼓膜振动谐波,构建个性化听力基线模型。App 端同步生成可视化"声纹地图",以热力图形式标注各频段敏感度变化,对连续两周出现高频区(8000 Hz 以上)响应衰减的个案,推送定制化声刺激训练计划,如在背单词时混入特定频率的环境音进行无感化听觉锻炼。

此外,跨设备联动系统可提升听力评估的生态效度。当智能眼镜检测到用户持续注视手机屏幕超过 30 分钟,镜腿震动模块将触发听力微检测:通过骨传导播放包含 20 种频段的复合音,根据眼部微动反应(如眯眼频率)判断听觉—视觉系统的协同效率。运动场景中,智能跑鞋内置的压电传感器可捕捉跑步节奏,同步耳机播放相应 BPM 的测试音频,通过分析步伐节拍与音乐节奏的同步偏差率,评估运动状态下的听觉信息处理能力。这种嵌入式监测机制,使听力检查脱离刻意检测场景,融入日常行为轨迹。

同时,虚拟听力顾问系统正在革新健康干预模式。当耳塞监测到单侧耳道温度异常升高,自动在 AR 眼镜中投射三维耳部解剖模型,标注当前风险区域并演示耳道清洁手法。对于高频使用入耳式耳机的用户,系统定期生成"耳道呼吸计划":在课间休息时引导佩戴者取下耳机,通过定向声波在耳周形成空气对流场,加速耳道汗液蒸发。这些基于生物反馈的智能干预,旨在将专业级听觉保健方案转化为可执行的日常行为指令。

3) 智能场景护耳优化

针对当今大学生跨场景用耳行为中的模式错配风险,人工智能设备可以为学生创建自适应声环境调节系统。通过使用配备多模态传感器的智能颈环,设备可实时解析图书馆翻书声、食堂餐具碰撞声、操场运动呐喊声等场景声纹特征。识别到自习室环境后，颈环震动模块驱动耳机切换至通透模式，在保留25％环境声的基础上增强语音频段清晰度，使学生在查阅资料时既能屏蔽干扰又不隔绝必要交流。运动场景中，设备通过加速度计数据判断跑步步频，动态调整音乐节奏与生理节律的匹配度，减少因节奏错位导致的音量补偿行为。

此外，空间声场重构技术正在优化多人共享场景的听音健康。当多台智能设备检测到教室存在群体性耳机使用行为时，自动组建 Mesh 音频网络：将教师授课音频以 5.8GHz 频段定向传输至各终端，学生无须佩戴耳机即可通过颈环骨传导接收清晰语音，同时保持耳道开放状态。宿舍夜间场景中，系统依据床铺位置智能分配声场指向性，使每位学生的观影音频局限在 1 米直径的私人声域，消除传统外放设备带来的交叉噪声污染。

与此同时，材料创新与智能算法的融合正在突破物理局限。采用形状记忆合金的耳塞可根据耳道温度变化自动调整曲率，在保证隔音效果的同时将耳道压力降低。当设备检测到持续佩戴超过 2 小时，主动释放纳米级负离子流，在耳道内形成抑菌防护层。对于需要长时间语音通讯的场景，AI 语音净化器可提取使用者声纹特征，在发送端主动过滤背景噪音，使通话双方在低至 40 分贝的音量下仍能保持语音辨识度，从声源端减少高强度发声需求。

这些人工智能设备的协同运作，旨在构建"声景适配"的健康用耳生态。通过场景识别优化声学参数，借助材料科技降低物理损伤，结合通信技术创新减少声压负荷，多维防护体系共同守护听觉系统的可持续运作能力。预期实施后，可系统性降低长期戴耳机的耳道炎症发生率，同时培育"精准用耳"的健康行为范式，使学生在复杂声环境中既能保持信息获取效率，又维护听觉器官的持久活力。

6.3.2 脊柱健康：智能防护，告别"低头族"隐患

1）动态姿势监测与即时提醒

当前大学生普遍面临脊柱健康问题，尤其是长期低头学习、久坐不动导致的颈椎前倾、驼背等现象。针对这一现状，人工智能技术通过动态姿势监测与即时提醒功能，旨在为解决"低头族"隐患提供切实可行的方案。

　　在课堂上,许多学生因长时间低头记笔记或使用电子设备,颈椎和腰椎承受巨大压力。使用可穿戴设备(如智能手环、智能肩带)可实时监测身体姿态,当学生低头超过 30 度或弯腰驼背超过 10 分钟时,设备内置的传感器会捕捉到脊柱异常弯曲的角度,并通过震动提醒学生调整姿势。同时,设备结合课堂场景优化提醒方式:若学生正在听讲,为避免干扰,提醒以轻微震动为主;若在自习或使用平板电脑,则通过手机弹窗提示"请抬头伸展颈椎",并附上简单的拉伸动画指导。这种即时反馈能有效打断不良姿势的持续累积,帮助学生从无意识的体态错误中及时"抽离"。

　　课后的自习场景中,脊柱问题同样突出。部分学生为追求舒适,习惯性趴在桌面上看书或写字,导致胸椎过度弯曲。针对这一问题,智能肩带通过柔性传感器监测肩颈肌肉的紧张程度,一旦检测到身体前倾幅度过大,会通过肩带轻微收紧的方式提醒学生坐直。同时,AI 算法会根据学生的学习时长动态调整提醒策略:例如前半小时仅记录数据,1 小时后启动语音提示"建议起身活动5 分钟",并结合自习内容推荐碎片化运动(如边背单词边做扩胸动作)。这种设计既避免频繁打扰专注力,又能将护脊动作自然融入学习流程。

　　此外,宿舍生活是大学生脊柱健康的"重灾区"。追剧、打游戏、熬夜赶论文时,学生常瘫坐在椅子上,腰部悬空、脊柱扭曲。人工智能通过智能座椅的坐垫压力传感器,实时监测坐姿重心分布。若检测到身体歪斜或腰部缺乏支撑,座椅会联动手机 App 推送警示:"检测到腰椎压力过大! 建议使用靠垫或调整坐姿。"同时,针对不同宿舍场景,AI 提供个性化解决方案:例如为游戏玩家设计"战斗间隙护脊操",在游戏加载页面弹出 30 秒的颈部拉伸教程;为追剧爱好者推荐"靠枕＋脚踏"的最佳观影姿势,并通过摄像头识别屏幕距离,避免因身体前探加重颈椎负担。

　　人工智能的另一个优势在于数据积累与习惯分析。通过长期监测学生的姿势数据,如每日低头次数、驼背总时长,人工智能能够识别个体的不良习惯模式。例如,某学生习惯在下午 3 点因疲劳而弓背,系统会提前推送"咖啡＋靠墙站立"的提神护脊组合建议;针对喜欢跷二郎腿的学生,App 会生成周报提醒"本周左腿翘起次数比右腿多 15 次,注意均衡坐姿"。这种数据驱动的反馈让学生更直观地意识到问题,从而主动调整行为。同时,智能手环可根据个人身体数据(如身高、体重)定制护脊方案,即为身高较高的学生推荐适合的课桌椅高度范围,或为体态轻微侧弯的学生设计单侧强化拉伸动作,避免"一刀切"的无效指导。

实际上,技术的核心目标并非替代学生自主管理,而是通过"无感化"干预培养健康习惯。在考试周等高强度用脑时期,智能手环会自动降低提醒频率,转为推送"边复习边护脊"的技巧;在运动或社交场景中,系统暂停监测以避免误判。这种灵活适配校园生活的设计,既能减少使用者的心理抵触,又能让护脊行为逐渐融入日常习惯。人工智能的动态姿势监测与即时提醒功能,通过精准识别、实时干预和长期数据分析,为解决大学生脊柱健康问题提供了可落地的技术支持。它从实际场景出发,将复杂的健康管理转化为可操作的具体动作,帮助学生在忙碌的学习生活中兼顾身体养护,逐步告别"低头族"带来的健康隐患。

2) 自适应学习环境调节

对于大学生脊柱健康问题,学校可以通过引入智能自适应学习设备系统,让科技自然地融入校园生活,在不同场景中为学生提供"无感"却贴心的保护。这套设备的核心在于"主动适应"和"场景联动",不需要学生刻意操作,桌椅、书桌等设施能自动感知需求并调整,就像有个隐形的健康管家全程守护。

在教室场景中,当学生走进智慧教室,智能课桌椅早已"认识"它的主人。课前5分钟,系统根据课表自动切换模式:如果是需要记笔记的理论课,桌面会微微前倾5度,让笔记本自然滑向最佳书写角度;遇到需要平摊教材的小组讨论课,相邻桌椅会自动拼接成圆桌,椅背支撑力度同步增强以适应频繁转身交流的动作。上课时,藏在桌沿的微型摄像头(不拍摄人脸,只捕捉姿势轮廓)一旦发现学生趴桌歪头,椅背两侧会像朋友轻拍肩膀般微微震动,同时桌面缓缓抬高3厘米,让人不自觉挺直腰板。下课时,桌椅自动复位并记录本次课程的姿势数据,为下次优化调节积累信息。

在宿舍场景中,智能升降桌与学生的生活节奏深度绑定。早晨8点,书桌感应到手机闹钟关闭的动作,自动升到站立高度并亮起暖光,桌面上浮现今日课程提醒,用"站立唤醒"开启新一天。赶论文到深夜时,桌面的压力传感器发现手肘频繁颤抖(疲劳信号),立即将桌面调低2厘米以缓解肩部压力,同时联动台灯切换为护眼模式。最贴心的是"久坐打断"功能——当智能手环检测到学生连续静坐 50 分钟，书桌会像升降电梯一样缓缓抬高到 1.2 米，此时必须起身做一套 30 秒的拉伸操，才能通过手势识别重新解锁坐姿模式。

在图书馆场景中则想有个懂你的学习伙伴。预约座位时，系统会根据你的身高推荐"黄金座位"：小个子同学会被引导到配备脚踏板的专区，高个子则安排桌面进深更大的区域。落座后，曲面学习桌的感应区像章鱼触手般延展——左边区域感应到水杯重量就自动形成杯槽，右边侦测到电脑发热立即升起散热支架。更神奇的是，当摄像头捕捉到你反复揉脖子（颈椎疲劳标志），桌面的电子墨水屏会突然"卡住"学习内容，弹出"颈椎拯救时间"倒计时，只有跟着屏幕上的天鹅颈操做完指定动作，才能继续阅读下一页。

在实验室和画室等特殊场景中，设备变得更"聪明"。在需要低头观察显微镜的生物实验室，智能工作台会像跷跷板一样动态调节——前 15 分钟保持标准高度让你专注观察，之后慢慢抬升 15 度，迫使你抬头活动脖颈；在美术教室，画板支架内置的陀螺仪能感知作画姿势，当检测到学生持续侧身勾线时，画架会自动旋转 15 度把人"扳"回正面，就像有老师时刻扶着你的画板。

这套系统的魔力还在于"跨场景记忆"。早晨在教室形成的坐姿参数，中午在图书馆会自动沿用；宿舍书桌发现你习惯性右倾，会同步提醒实验室座椅加强左侧支撑。所有数据通过校园物联网络流动，却严格加密处理——就像每个学生拥有专属的"脊柱健康账户"，走到哪里都能享受定制化保护。

对学生而言，这种保护是润物细无声的。他们不会看到复杂的传感器，只会发现：在教室不再需要偷瞄同桌的椅子高度来找舒服姿势；在图书馆久坐时总有恰到好处的提醒打断疲惫；画素描时画架仿佛能预判手臂的移动轨迹。这些智能设备把生硬的健康建议变成了看得见、摸得着的体验——当椅子在你驼背时突然"消失"（缓慢下降 2 厘米），你会不自觉地挺直；当书桌在专注时悄悄调整到最佳角度，学习效率也不知不觉提升。

3）个性化脊柱健康方案

在校园场景中，人工智能设备可通过可穿戴传感器或手机应用持续监测学生的久坐时长、低头频率等日常行为数据。当系统检测到学生连续伏案超过 1 小时，便自动触发"课间护脊唤醒计划"：教室角落的智能屏幕同步播放 5 分钟动态拉伸视频，结合柔和的语音指导，引导学生完成肩颈环绕、胸椎伸展等动作。设备内置的摄像头通过动作识别算法跟踪学生完成度，若动作变形或未达标准幅度，系统会生成实时反馈弹窗，以卡通图示提示调整姿势，避免无效运动带来的二次损伤。这种"监测—干预—优化"的闭环设计，让学生在碎片化时间里也能科学护脊，既缓解了课堂久坐的僵硬感，又避免了长时间低头导致的颈椎曲度异常。

此外，针对图书馆自习场景，设备可切换至"沉浸式护脊模式"。当学生连续使用电脑超过45分钟，桌面智能支架配备的压力传感器会联动蓝牙耳机，用自然风声或溪流音效替代传统铃声提醒。伴随音频引导，支架屏幕自动播放3分钟微汗脊柱操，通过振动反馈引导学生保持核心收紧。更贴心的是，系统会根据学生身高自动调节座椅高度建议值，并通过座位下的压力感应垫，用不同颜色灯光提示坐姿压力分布——蓝色代表中性位正确，红色则预警腰椎过载。这种多模态交互方式，既保护了学生的隐私，又让护脊指导变得像游戏闯关般有趣。

同时，宿舍场景中的设备应用更显温度。当学生结束一天学习躺上床刷手机时，智能床架边缘的柔性传感器可监测到脊柱受力点偏移，床边投影仪便自动投射护脊瑜伽课程。课程结合学生当日的低头数据，动态调整动作强度：对频繁低头者加强胸廓打开训练，对久坐者侧重骨盆前倾矫正。设备还会根据宿舍熄灯时间，智能推荐"3分钟睡前脊柱放松术"，通过骨传导耳机传递白噪声，配合床垫内置的微型振动器，帮助学生快速进入修复状态。这种场景化解决方案，让护脊行为自然融入生活流程，而非成为额外负担。

学校可通过三步实现设备效能最大化：首先与运动科学实验室合作，将设备采集的群体数据转化为校本护脊课程，如将高频错误动作案例制成教学动画；其次在教务系统嵌入"健康学分"模块，学生完成每周护脊计划可兑换体育选修学分；最后在校园App开设脊柱健康社区，利用AI生成个性化健康周报，支持学生匿名分享改善故事。当学生在食堂排队时看到屏幕上滚动播放自己参与的护脊挑战排名，在实验室间隙收到AI生成的"今日护脊成就"徽章，护脊行为便从被动干预转化为主动选择。这种沉浸式健康生态的构建，不仅降低了脊柱问题的发生率，更让学生建立起受益终身的运动认知——科技不再是冰冷的监控器,而是懂你疲惫的健康伙伴。

6.3.3　视力保护:科技守护,远离屏幕疲劳

1) 用眼行为智能干预

在高校教学场景中,人工智能可以通过部署智能护眼系统,将健康管理融入学生的日常学习轨迹。教室的多媒体设备可加载视觉感知模块,当学生连续观看电子课件超过 20 分钟时,屏幕边缘会泛起涟漪状光波,同时弹出悬浮窗提示"该让眼睛去云端散步了"。此时学生需跟随屏幕中飘动的虚拟风筝完成 20 秒远眺训练,当风筝飞入教室窗外真实景观对应的天空区域时,系统自动解除学习界面锁定。这种虚实结合的护眼机制,让学生无须中断思考即可完成视觉放松,既缓解睫状肌持续收缩的压力,又避免传统强制锁屏带来的注意力割裂。

此外,学校可以在教学楼走廊部署动态视觉训练场来优化课间用眼习惯。当佩戴智能手环的学生经过时,墙面投影系统会依据其用眼数据生成个性化光轨:对长时间阅读纸质资料的学生呈现缓慢起伏的山峦曲线,引导视线完成上下扫视训练;而为高频使用电子设备的学生投射跳跃的星光矩阵,促使眼球进行多角度追踪运动。这些融入建筑空间的视觉锻炼方案,让学生在往返教室时自发完成眼部肌肉的周期性放松。宿舍区域则可配置智能阅读支架,当学生伏案写作超过 1 小时,支架底座的柔性屏会升起动态提示光带,通过渐变色块引导视线从书本逐步过渡至窗外绿植,同时自动将书本托举至 30 度仰角,帮助学生自然调整阅读姿势。

食堂的智能餐台系统可建立用眼行为与膳食营养的关联模型。当学生刷校园卡取餐时,终端自动分析其最近 48 小时的屏幕使用时长,在取餐窗口生成可视化护眼食谱:对高频使用平板电脑的学生,餐盘指示灯会优先指向富含维生素 A 的南瓜羹;而对存在夜间用眼过度的学生,则会触发胡萝卜汁自动出液装置。这种基于行为数据的营养干预,让食物成为缓解视疲劳的天然补充剂。体育场馆的智能储物柜可设置视觉健康联动程序,当学生刷脸存取物品时,柜门屏幕依据其当日用眼强度生成运动处方——轻度视疲劳者获得乒乓球训练场预约码,重度用眼人群则收到游泳馆入场密钥,引导他们通过球类运动的远近视觉切换或水中闭眼漂浮来自然调节眼部肌肉。

同时，可以在图书馆部署自适应光环境系统来优化阅读体验。当学生落座自习区时，智能台灯通过摄像头捕捉瞳孔收缩频率，自动调节出适合当前眼部状态的照明方案。对持续精读文献的学生，灯光会渐变为 4 000K 暖白光并在桌面投射动态视距标尺，当书本与面部距离小于 30 厘米时，光斑会幻化成游动的金鱼图案，引导学生自发后移座椅；而对需要交替查阅纸质与电子资料的学生，系统则启动双光源模式，在纸质阅读区维持自然光色温，同时在电子屏周围形成柔光缓冲带。这种精细化的光环境管理，使不同学习模式下的视觉负荷得到针对性缓解。

通过整合这些智能终端，构建起覆盖教学、生活、运动多维度的护眼网络，教务系统可依据设备采集的群体用眼数据，在每日 10:00 与 15:00 两个疲劳高峰时段，通过校园广播触发五分钟"明眸呼吸"集体活动。这段时间里，所有教室的多媒体设备同步播放动态景深视频，带领学生进行沉浸式视觉放松训练。校医院则依托设备传输的个性化用眼报告，为每位学生建立视觉健康档案，当监测到异常数据时，可通过校园 App 推送定制化的眼周穴位按摩教程。这些由人工智能驱动的协同干预，旨在培育出"科技护眼，主动调节"的健康意识，让清晰视界成为支撑学业发展的持久动力。

2）环境光线动态调节

为应对当今学生因昼夜节律紊乱导致的视疲劳问题，科技创新正在重塑光环境管理方式。通过使用搭载光感融合技术的人工智能护眼灯，学生得以在昼夜更替中享受符合人体节律的照明环境。当宿舍台灯的环形传感器捕捉到日落时分的自然光衰减，灯体会自动过渡至琥珀色温模式，在桌面投射出模拟篝火跳动的光影节奏，使长期面对电子屏幕的双眼在晚间获得舒缓。图书馆自习区的智能阅读支架内置微型环境光感知芯片，当阴雨天气导致室内照度骤降时，支架边缘的补光灯带会悄然亮起，在书本周围形成梯度光晕，既避免直射眩光又维持足够的阅读亮度。这种动态光环境管理系统，让学生在查阅文献时无须反复手动调节台灯，视觉系统始终处于舒适的光照平衡中。

此外，便携式智能护眼夹片为学生提供了移动场景下的光线守护。当夹在笔记本电脑屏幕边缘的感应器识别到咖啡厅吊灯的高频闪烁时，夹片内置的偏振膜会自动激活，在屏幕表面形成柔光过滤层，将刺眼的冷白光转化为雾面暖调。地铁通勤时,夹片通过加速度传感器判断颠簸状态,同步调节屏幕刷新率至护眼模式,减少动态模糊对视网膜的刺激。这些看似微小的智能调节,使学生在流动场景中依然维持稳定的视觉舒适度,有效降低因环境光突变引发的眼压波动。

同时,电子墨水屏阅读器搭载的环境自适应系统,正在重塑数字阅读的视觉体验。当设备感应到学生从室内移步至阳光充沛的草坪,屏幕会实时增强对比度并调节灰度层次,使文字在强光下依然保持纸张般的阅读质感。夜幕降临时,前置摄像头捕捉瞳孔扩张程度,自动切换至类月光背光模式,通过模拟自然光中的蓝紫光谱抑制,让学生在夜间阅读时不干扰褪黑素分泌。这种与自然环境深度耦合的光线调节机制,使电子阅读既保留数字化便利,又复现了纸质书籍的视觉友好特性。

通过整合这些智能光控设备,学生得以在宿舍、教室、户外等多场景中建立全天候的光环境防护链,为大学生使用者的夜间眼压异常率、季节性结膜炎发病率下降所服务。智能设备积累的千万级光照偏好数据,可帮助优化新一代护眼技术的算法模型,使光线调节从被动响应升级为前瞻性适应,为数字时代的视觉健康管理开辟新路径。

3)近视风险预测与干预

针对当今学生近视低龄化、高发化的严峻趋势,人工智能可以提供的智能监测技术能够开启近视防控新范式。通过使用配备虹膜追踪技术的智能手机,学生得以在日常使用中完成精准的近视风险自检。当摄像头持续监测到阅读距离小于 30 厘米时,屏幕边缘会浮现呼吸式提醒光带,同时自动放大当前页面字体至预设安全值。视频会议场景中,AI 通过分析瞳孔对焦频率,若检测到连续 40 分钟凝视固定焦平面,会触发虚拟景深切换功能——在保持人脸清晰度的同时,将背景动态模糊化并加入浮动景标,引导双眼在会话间隙进行无意识的远近调节训练。

此外,智能手环搭载的微距传感器正在重新定义用眼习惯监测。当设备感应到学生保持低头姿势超过 15 分钟,腕带内侧的触觉引擎会释放模拟心跳的规律震动,这种非视觉化提醒方式既不打断学习进程,又促使使用者自然抬头舒展颈椎。夜间就寝前,手环通过红外扫描获取闭眼状态下的角膜曲率数据,结合日间用眼记录生成风险指数,若数值突破阈值,晨间闹钟会提前20分钟唤醒使用者,并在窗帘缝隙透入晨光的瞬间播放鸟鸣音频,引导其完成"朝阳远眺"的天然护眼行为。

同时,教室的多媒体系统集成视觉健康分析模块,为群体性近视防控提供支持。当投影仪识别到半数学生出现眯眼观看行为时,会自动增强画面边缘锐度并提升对比度,在维持教学内容清晰度的同时降低视觉负荷。课后,系统通过比对不同课程时段的学生瞳孔数据,生成班级视力保护热力图,教师可据此调整PPT字体大小与动画频率,将抽象知识转化为符合视觉认知规律的信息流。

这些智能设备的协同作用,使近视防控从阶段性筛查升级为持续性守护,旨在为假性近视逆转和高度近视发展速度减缓做准备。更具突破性的是,设备能够生成的个性化用眼报告正在催生新型健康素养——学生们逐渐掌握通过观察屏幕字体清晰度变化来判断视疲劳程度,并能自主调配学习任务与护眼训练的节奏,让科技赋能的健康管理真正内化为终身受益的生活智慧。

第 7 章
人工智能赋能大学生心理健康行为

当前大学生心理健康状况正面临严峻挑战：抑郁症、焦虑症检出率呈持续上升态势，社交回避、自我价值感缺失等亚健康状态普遍存在，学业竞争加剧、代际沟通断裂、未来不确定性增压等社会性诱因与数字化生存引发的认知异化相互交织，构成了复杂的心理健康生态图谱。心理健康行为作为个体适应现代社会压力的缓冲机制，对大学生健全人格塑造、学业效能提升及社会化发展具有基础性支撑作用，其现实意义在高等教育从规模扩张向内涵式发展的转型期尤为凸显。在此背景下，亟须构建"监测—预防—干预—发展"三维一体的心理健康促进体系，通过课程思政渗透、朋辈互助机制完善、心理咨询服务专业化升级以及校园支持性环境再造等系统性对策，重塑大学生心理健康发展的良性生态空间，这既是高等教育立德树人的本质要求，更是培养时代新人的战略支点。

7.1　大学生心理健康行为探析

7.1.1　心理健康行为维度

本部分基于认知资源理论、情绪 ABC 理论为支撑，结合大学生群体心理发展特征，构建了包含五大维度的心理健康评估体系（见表 7-1）。该分类系统以"个体—环境互动"为核心视角，通过多维度指标全面捕捉心理问题的复杂性。

表 7 - 1　心理健康问题分类表

类别	描述	问卷问题(部分示例)
情绪状态	个体的情绪体验	"我感到压抑""我感到孤独""我感到忧愁"
认知功能	与思维过程相关的问题	"我很难集中精力""我认为我的生活一无是处"
社交互动	与他人关系相关的问题	"我感到孤独""人们对我不友好"
行为表现	外显的行为表现	"我曾经放声痛哭""我是否有意伤害过自己"
生理反应	身体层面的表现	"我不想吃东西""我睡觉后不能缓解疲劳"

1）情绪状态维度

以情感体验的质与量为核心标准，既包含抑郁、焦虑等负性情绪的强度（如"我感到压抑"），也涉及积极情绪的缺失（如"我无法体验到快乐"）。情绪 ABC 理论（Ellis,1962），强调情绪反应与认知评价的关联性，大学生处于情感发展的敏感期，学业压力、人际关系等因素易引发情绪波动，故将此维度置于核心位置。

2）认知功能维度

聚焦信息加工过程的效能，涵盖注意力、思维逻辑性、自我认知等高级心理过程。分类标准参考认知资源理论（Kahneman,1973），通过"我很难集中精力"等问题评估认知资源分配效率。值得注意的是，该维度特别纳入"我认为我的生活一无是处"等存在性认知偏差，呼应了存在主义心理学对意义感的关注。

3）社交互动维度

以社会关系的质量与支持系统完整性为标准，既包括现实互动（如"人们对我不友好"），也涉及虚拟社交体验。理论基础源于社会支持理论（Cohen & Wills,1985），强调社交网络对心理健康的缓冲作用。针对大学生群体，该维度特别关注"新生适应期"与"毕业过渡期"的社交模式差异。

4）行为表现维度

通过外显行为模式反映内在心理状态，既包含适应性行为（如运动宣泄），也涉及自伤行为等病理性表现，分类依据行为主义理论（Skinner,1953），认为行为是心理状态的直接输出。例如，"放声痛哭"可能是情绪调节的代偿机制，而"自我伤害"则可能标志着心理危机的临界点。

5）生理反应维度

捕捉心理问题的躯体化表现,涵盖神经内分泌、植物神经系统等生物指标。理论支撑来自心理神经免疫学(Ader,1981),揭示心理压力与免疫系统的交互作用。大学生群体常见的失眠、食欲变化等问题,正是该维度重点关注的对象。

7.1.2　心理健康行为全域评价

依据心理健康动态发展理论的分析视角,2022 年至 2024 年期间,心理健康全域评分表现出"先下降后上升"的演变趋势,同时评分整体上保持在 2.3 至 1.8 的区间内,显示出一定的稳定性特征。2022 年得分 2.01,表明个体心理调适处于相对稳定状态;2023 年评分降至 1.89,或因外部应激源(如环境变化、压力事件)与内部认知资源耗竭的双重影响,打破心理系统平衡,导致心理健康水平下滑。2024 年评分升至 2.27,达观测周期峰值,这一积极变化既可能源于个体心理韧性的发展,也与外部支持系统介入相关,如心理健康教育、社会支持网络完善等,推动心理系统重新整合并迈向更高功能水平。该趋势深刻体现心理健康状态的动态可塑性,为后续干预策略的时间维度设计提供了实证依据。

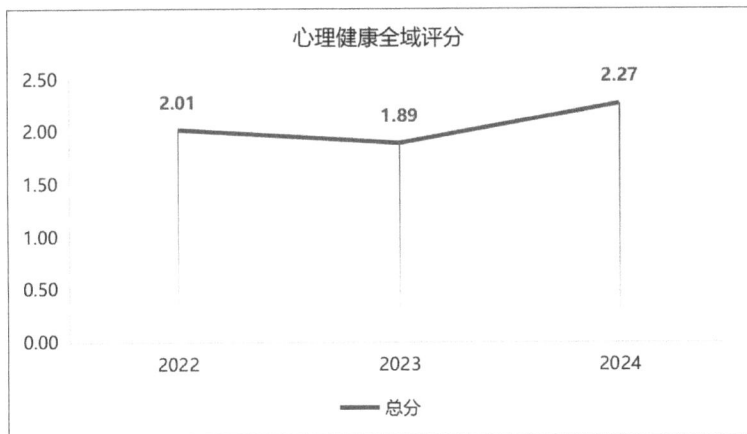

图 7-1　2022—2024 年心理健康全域评分

7.1.3　心理健康行为图示分析

2022—2024 年心理健康五维度呈现差异化动态特征(见图 7-2):从数据

分布来看，认知功能维度持续处于较高水平，三年均值得分维持在 3.69～2.71 分区间，其中 2022 年达到全域最高值 3.69 分，2023 年的下滑或与认知资源耗竭相关，2024 年反弹则显示认知调适机制的代偿性作用；情绪状态维度呈"V 型"发展轨迹，2022 年得分 2.56，2023 年骤降至 1.93，或因应激事件冲击导致情绪调节失衡；生理反应维度出现明显逐年上升趋势，印证心理压力的躯体化累积效应（契合心理神经免疫学理论），体现长期心理负荷对生理系统的渐进式影响；相比之下，行为表现维度相对稳定，三年分值在 0.8 分左右小幅波动。社交互动维度得分最低，三年均保持在 0.79～0.94 分区间，反映行为层面的心理调适存在不稳定性，易受情境化因素短期干扰。

从年度变化来看，2023 年多个维度出现同步波动，其中情绪状态和认知功能两个维度的变化最为明显。各维度之间的分值差异显著，认知功能明显高于其他维度，形成突出的高分区间，反映出大学生心理健康状况在不同方面存在明显差异，同时也显示出年度环境变化对特定心理维度的影响较为显著。

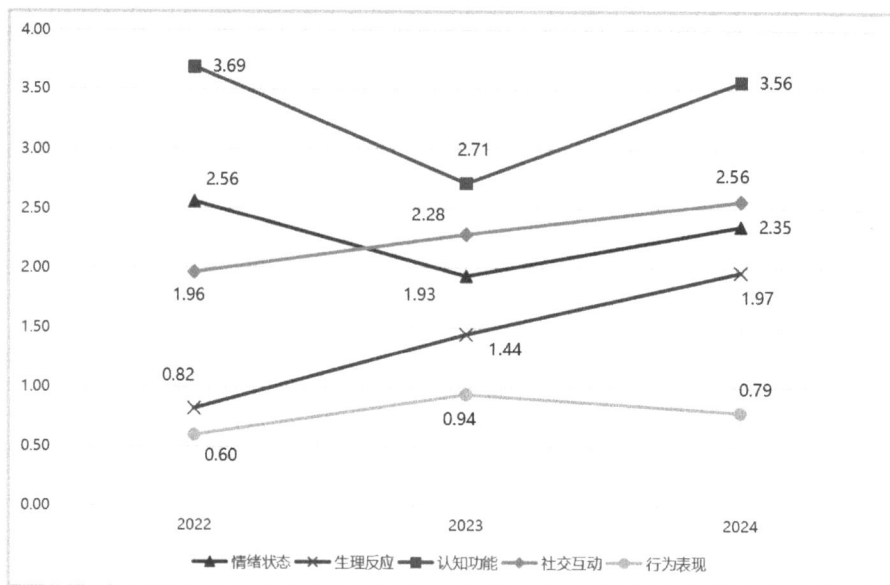

图 7 - 2　大学生心理健康各维度得分趋势图

1）不同年级与心理健康各维度关联

整体来看，大学生心理健康各维度呈现"从适应波动到成熟整合"的发展脉络,但不同年级存在特异性风险(见图 7-3)。

(1)大一:适应期的多维波动。大一学生社交互动得分突出,体现新生积极构建人际网络以融入环境;但行为表现得分较低,反映其对大学新规则的行为调适尚未成熟,面对多元环境,认知功能与情绪状态的高波动,源于对非黑即白认知模式的突破需求。

(2)大二:发展稳定期的内部调适。大二各维度得分趋于平缓,情绪状态得分显著下降,体现对校园生活的适应性增强,情绪调节机制逐步完善;认知功能得分提升,此阶段开始接纳复杂知识体系与价值判断,认知整合能力发展。然而,生理反应维度隐现压力,暗示学业任务加重引发的躯体化预警。

(3)大三:压力凸显期的多维挑战。大三生理反应与情绪状态得分攀升,折射学业深化、考研就业规划等压力的躯体化表达与情绪焦虑;认知功能得分较高,体现该阶段对专业知识的深度认知与批判性思维发展。社交互动得分下滑,验证社会支持理论中压力情境下社交投入减少的规律,个体更聚焦内部发展任务。

(4)大四:整合期的复杂心理图景。大四认知功能与情绪状态得分达峰值,既体现该对未来路径的清晰规划,也暗含毕业抉择引发的情绪张力;生理反应得分居高,印证心理神经免疫学理论中慢性压力对生理系统的持续影响。行为表现得分突出,显示其通过实践行动(求职、论文等)主动调适心理状态,符合发展任务的终期整合特征。

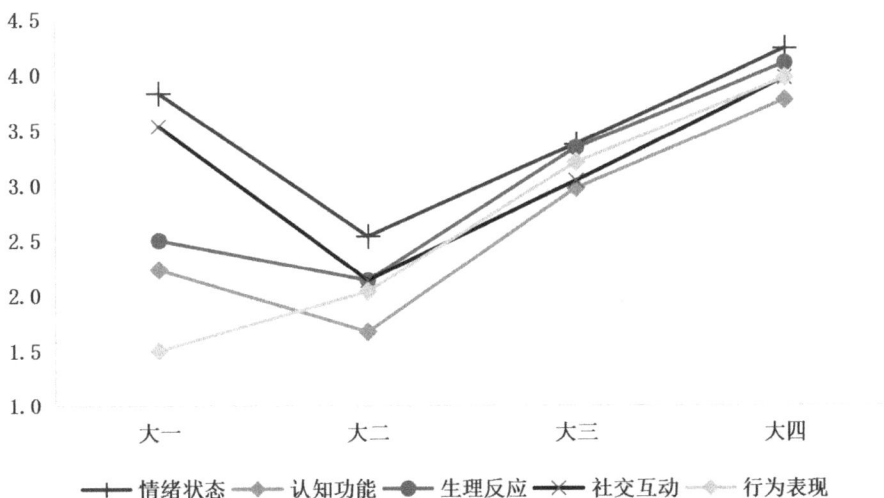

图 7-3　不同年级大学生心理健康各维度得分对比图

2）分维度得分趋势分析

心理健康问题的多维度特征及其发展性演变，构成了大学生心理发展研究的重要命题。本部分采用发展心理病理学的分析框架，通过情绪状态、认知功能、生理反应、社交互动及行为表现五个关键维度，系统考察大学生群体心理健康状况的动态轨迹。研究首先运用堆积柱状图呈现各维度核心指标的总体分布特征，揭示心理困扰在大学生群体中的普遍表现模式；继而采用纵向发展视角，深入剖析从大一适应期到大四毕业转型期各维度的阶段性变化规律。"横断—纵向"相结合的分析策略，不仅能够把握心理健康问题的共时性特征，更能洞察其历时性发展规律，为理解大学生心理发展的关键转折点与敏感期提供重要依据。研究发现，不同心理维度在发展阶段上呈现出独特的"时间窗效应"，各效应与大学生面临的发展任务紧密关联，反映出心理适应与教育环境间的动态交互作用。

（1）情绪状态维度得分趋势。从图中情绪状态分布来看，整体呈现多数个体短期情绪相对稳定的特征（见图 7-4），四类情绪（压抑、恐惧、忧愁、孤独）中"没有或偶尔（1 天）"占比均较高（如压抑 65%、恐惧 72%），表明多数人未被情绪问题持续困扰，整体基调积极。但具体分析存在差异化：孤独情绪中"有时（1～2 天）"占比 25%，凸显短期孤独感的普遍性，或与社交支持系统不完善相关；压抑情绪中"有时（1～2 天）"占比 15%，反映部分个体存在阶段性压抑体验。恐惧情绪"没有或偶尔"占比 72%，体现其触发场景的偶发性；忧愁情绪"有时"占比 33%，则体现因日常困惑（如学业、规划）产生的阶段性忧愁，符合青年心理发展的波动性特征。从学理层面，情绪持续时间是判断心理状态的关键指标，尽管"时常或多数时间"占比低，仍需关注两类群体：对孤独、压抑"有时"占比较高的个体，需关注其社交质量与压力应对模式；对出现情绪长时困扰的群体，须通过心理评估识别焦虑、抑郁等潜在风险，在肯定当前整体情绪状态可控的基础上，明确对特定群体的干预方向与关注重点。

从发展心理学理论出发，2022—2024 年不同年级情绪状态得分差异，实质是大学生阶段性发展任务与情绪调适能力交互作用的映射（见图 7-5）。大一至大四情绪得分呈"先降后升"，大一作为适应阶段，既体现初入大学的兴奋与环境磨合压力也展现通过社交融入重建积极情绪的过程；大二得分相对平稳且

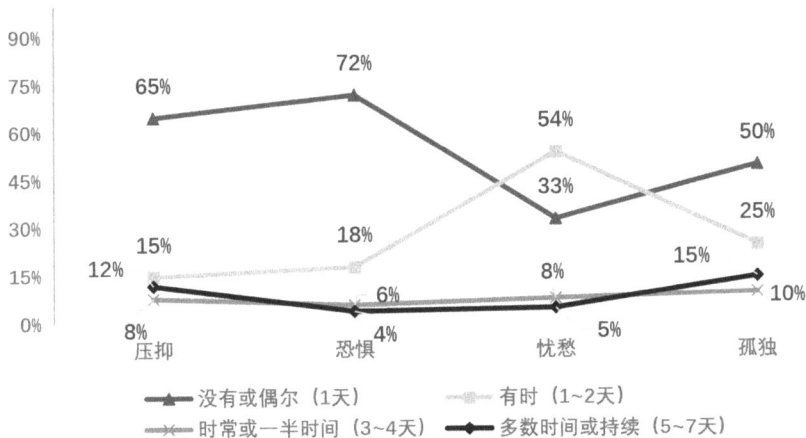

图 7-4　情绪状态维度代表性问题频率分布图

偏低,源于"能力对自卑"阶段学业等隐性压力累积,个体通过内隐化调适维持情绪稳定;大三得分递增,契合佩里认知发展"相对主义阶段"——专业学习深化与未来规划压力,推动个体在应对中提升情绪管理能力;大四得分达峰值,对应埃里克森"自我整合对绝望"阶段,毕业抉择带来的期待与压力交织,促使情绪系统在发展任务终期完成整合。该得分动态清晰勾勒出大学生心理发展脉络,为分阶段开展情绪干预提供了学理与数据依据。

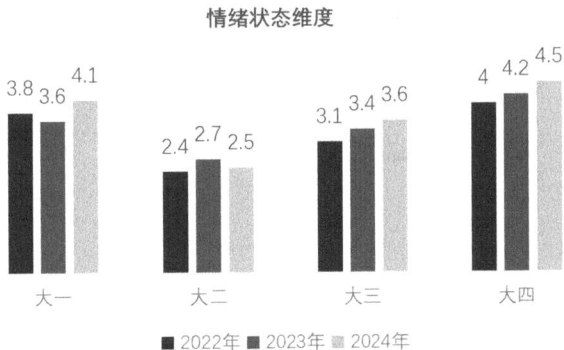

图 7-5　大学生情绪状态维度分年级年度变化趋势图

（2）认知功能维度得分趋势。从认知功能维度的细化问题分析可见，大学生在不同认知状态上呈现差异化特征（见图7‐6）。于"我总是很难集中精力做事"一题，"没有或偶尔（1天）"占比58%，表明多数学生短期内未受注意力分散的持续困扰，然"有时（1～2天）"占比达28%，反映部分学生存在阶段性注意力波动，这与认知资源理论中"压力情境下认知资源分配失衡"的机制相契合——当个体面临学业、生活等压力源时，认知资源易被过度消耗，进而引发注意力分散。针对"我认为我的生活一无是处"，"没有或偶尔（1天）"占比高达85%，说明多数学生对自我生活价值持积极认知，但仍有15%的比例（"有时"及以上）出现存在性认知偏差。此现象呼应存在主义心理学观点：青年阶段对生命意义的探索易引发暂时性价值困惑，若此类认知偏差持续，可能成为心理健康风险的潜在诱因。而"我觉得未来有希望"一题中，"多数时间或持续（5～7天）"占比43%，凸显大学生群体对未来的积极期待，契合发展心理学中"青年通过建构未来自我获得成长动力"的理论。"没有或偶尔（1天）"仅7%，更印证积极认知导向的主导地位。尽管大学生认知功能整体呈现积极态势，仍需警惕"注意力波动""存在性认知偏差"等阶段性负面表现。从认知行为理论视角，这些认知偏差的累积可能引发情绪、行为维度的连锁反应，对心理健康早期预防与干预具有重要警示意义，亦为后续认知调适策略的制定提供实证依据。

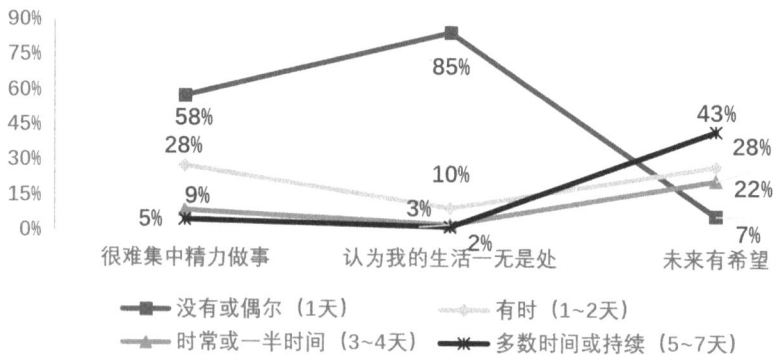

图7‐6 认知功能维度代表性问题频率分布图

2022—2024年不同年级认知功能维度得分，深刻反映大学生认知发展的阶段性特征(见图 7-7)。基于认知功能(涵盖注意力、信息加工、自我认知等高级心理过程)的内涵,不同年级认知功能维度得分与心理健康变化呈现显著关联:大一处于"二元论阶段",面对大学知识体系的多元性,认知功能得分较低,处理复杂任务时的认知困惑易引发焦虑等心理压力;大二进入认知冲突期,得分波动,专业学习对固有认知模式的冲击若无法有效调和,易滋生自我怀疑等心理调适困境;大三发展至"相对主义阶段",认知功能提升,批判性思考与信息整合能力增强,为应对压力提供心理资源,助推心理健康维持;大四进入"约定主义阶段",认知功能成熟,系统化的认知框架大幅降低未来不确定性引发的心理困扰,成为稳定心理健康状态的核心支撑。由此可见,认知功能从初级到成熟的发展轨迹,既是思维模式的进阶,也作为心理健康的保护性因素,深刻影响个体应对心理挑战的能力与心理健康水平。

认知功能维度

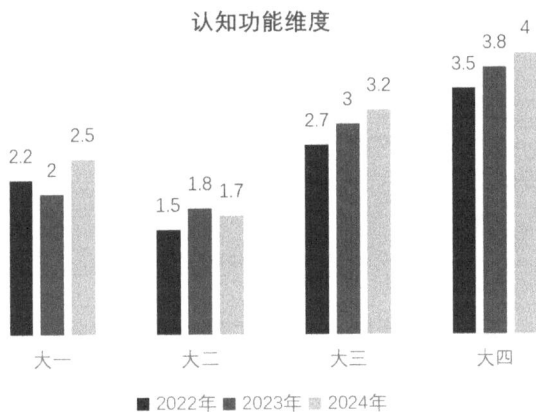

图 7-7　大学生认知功能维度分年级年度变化趋势图(2022—2024 年)

(3)生理反应维度得分趋势。从生理反应维度的细化问题观察,大学生躯体化症状呈现特定分布格局:在"我会不想吃东西"方面,52%的"没有或偶尔(1天)"表明多数学生食欲未受持续影响,但 33%的"有时(1~2 天)"反映部分学生因心理压力等因素出现阶段性食欲波动,这与心理应激引发自主神经紊乱、抑制消化功能的机制相契合。针对"睡觉后不能缓解疲劳",68%的"没有或偶尔(1 天)"显示多数学生睡眠恢复功能正常,可"时常或一半时间(3~4 天)"及以上占比达 22%,揭示部分学生陷入持续性疲劳,其本质是长期心理压力干扰神经内分泌系统,削弱睡眠修复效能,形成"心理压力—生理疲劳"的恶性循环。"失眠"问题中,47%的"没有或偶尔(1天)"与 36%的"有时(1~2天)"表明,近四成学生存在阶段性失眠,这与睡眠心理学理论一致——焦虑、抑郁等心理状态易扰乱睡眠节律,而失眠又会反向加剧心理脆弱性。大学生生理反应维度整体可控,但其部分躯体化症状的阶段性显现,既是心理健康状态的"躯体化表达",也提示干预须秉持身心一元论,从心理调节与生理调适双向发力,阻断身心交互的负向循环,以维护心理健康的整体性。

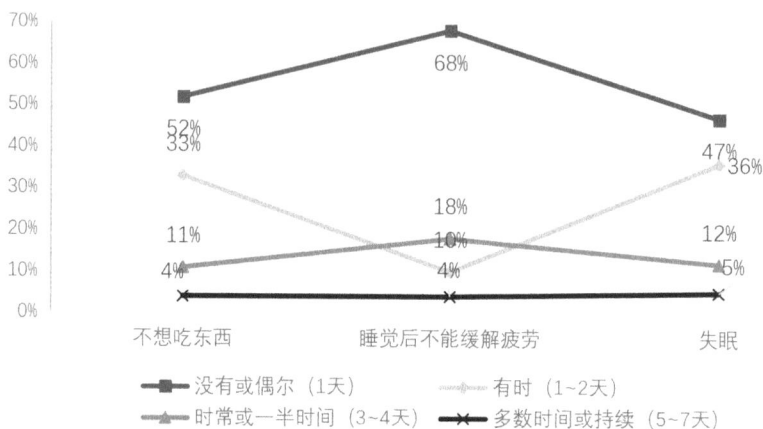

图 7‑8　生理反应维度代表性问题频率分布图

生理反应维度聚焦心理压力引发的躯体化表现(如失眠、躯体不适等),2022—2024 年间大学生生理反应维度的分年级得分分布情况深刻映射不同年级心理健康动态(见图 7‑9)。大一阶段,得分体现初入大学的环境适应压力,心理调适过程中的焦虑等情绪转化为躯体反应,如睡眠质量下降;大二得分逐步上升,源于学业任务加重、社交关系维护等隐性心理负荷的累积,心理压力通过生理症状渐进式显现;大三得分显著提升,专业学习深化与未来规划的双重心理应激,促使躯体化反应加剧,符合心理神经免疫学中压力与生理交互的理论;大四得分达峰值,毕业抉择的复杂心理压力(如就业焦虑、未来不确定性)持续作用,引发更明显的生理反应,如长期紧张导致的躯体功能紊乱。这一变化轨迹表明,生理反应作为心理健康的"躯体信号",随年级增长、心理压力升级而强化,揭示不同阶段心理健康问题的躯体化演变特征。

生理反应维度

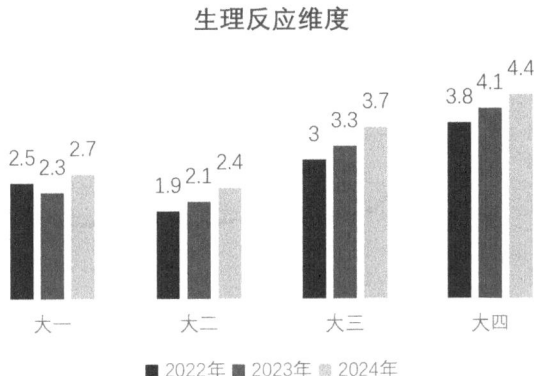

图 7‑9　大学生生理反应维度分年级年度变化趋势图

(4)社交互动维度得分趋势(见图 7‑10)。从"社交互动"维度的细化问题分析,大学生在社交感知与行为层面呈现差异化特征:在"我和别人一样感觉良好"中,"多数时间或持续(5~7 天)"占比 55%,反映部分学生存在持续性社交自我感知偏差,这与社会比较理论契合——个体通过社交对比构建自我认知,若长期陷入消极比较,易催生"异于他人"的认知偏差;"我比平时话少了"的"有时(1~2 天)"占比 22%,显示阶段性社交退缩行为,呼应社交焦虑理论中"情境压力抑制互动"的机制,即特定场景(如人际冲突)可能触发沉默应对。"人们对我不友好""我觉得别人厌恶我"两题中,"没有或偶尔(1 天)"分别占 78%、82%,表明多数学生未持续感知社交敌意,符合社会支持理论中"大学生拥有基础社交支持网络"的判断。但仍有小部分学生存在持续性负向社交感知(如"人们对我不友好"中"时常或一半时间"以上占比 7%),提示其或存在社交认知偏差,或实际面临关系困扰。综上,大学生社交互动整体基调健康,但部分群体的社交自我感知偏差、阶段性退缩及负向认知,需结合社会认知理论与社交技能训练干预,优化互动模式,推动心理健康发展。

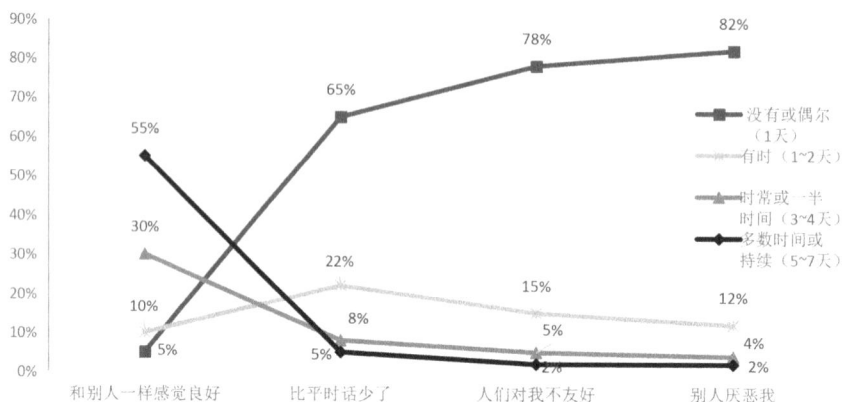

图 7 - 10　社交互动维度代表性问题频率分布图

从社交互动维度（聚焦人际互动质量、社会支持网络构建等核心内涵）分析2022—2024 年间大学生生理反应维度的分年级得分情况，不同年级心理健康现状与得分变化紧密关联（见图 7 - 11）。大一得分较高，新生通过社团活动、班级交往等积极构建人际网络，为适应大学生活提供心理支持；大二得分下滑，因社交重心从"广泛拓展"转向"深度维系"，互动调整期导致社会支持不稳定，影响心理状态的稳固性；大三得分逐步回升，专业学习与未来规划需求促使学生通过学业交流、职业探讨等社交活动获取信息与情感共鸣，社交重新成为心理调适的重要助力；大四得分显著提升，毕业阶段求职经验分享、升学心得交流等高频社交互动，使学生在资源共享与情感支持中缓解压力，成熟的社交网络成为心理健康的核心保护因素，深刻印证了社会支持理论中"社交网络是心理健康缓冲器"的核心观点。

（5）行为表现维度得分趋势（见图 7 - 12）。从"行为表现"维度的细化问题剖析，大学生行为层面呈现双重特征：在"做事费力"中，60％的"没有或偶尔（1 天）"表明多数学生日常行为效能正常，然"有时（1～2 天）"占 22％，提示部分学生因心理压力出现阶段性行为耗竭，这与能量守恒理论下"心理资源损耗导致行为动力下降"的机制相呼应。"曾放声痛哭"的"没有或偶尔（1 天）"占80％，说明多数学生未将痛哭作为频繁行为，而 12％的"有时（1～2 天）"体现情绪宣泄的偶发性，符合情绪表达理论中"个体通过特定行为释放情绪压力"的规

社交互动维度

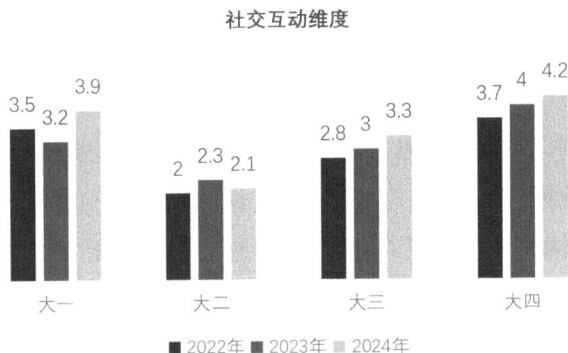

图 7 - 11　大学生社交互动维度分年级年度变化趋势图

律。值得关注的是,"无法正常生活学习""自杀/自残的想法"中,尽管"没有或偶尔(1 天)"占比达 88%,但仍有小比例的"有时"及以上情况(如"无法正常生活学习"的"有时"占 8%),这些数据成为心理健康的风险信号。依据危机干预理论,此类行为表现是心理困扰加剧的外显标识,即便占比低,也需纳入重点监测,因其可能预示心理功能的严重受损,为早期干预与危机预防提供关键线索。整体而言,大学生行为表现维度多数可控,但部分风险行为的存在,警示心理健康工作需聚焦细节,基于行为表现的"外显信号"筑牢预防体系,结合心理动力理论与危机干预模型,实现对潜在心理问题的早识别、早介入。

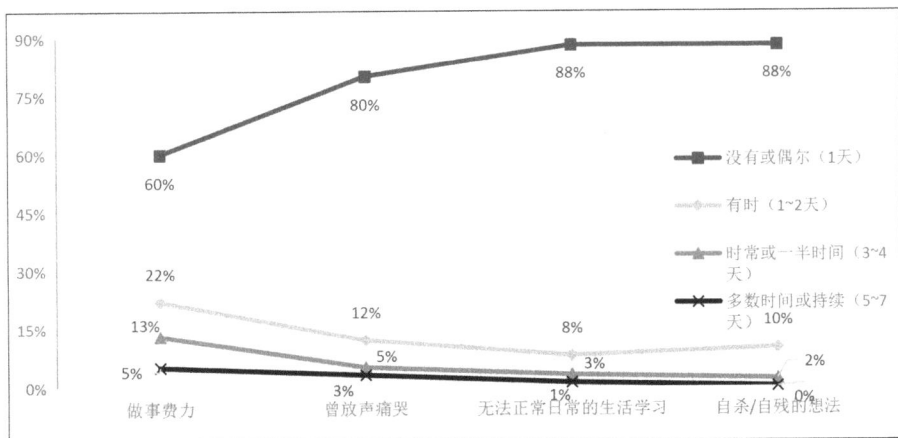

图 7 - 12　行为表现维度代表性问题频率分布图

从行为表现维度(聚焦个体应对压力、调节心理状态的外显行为模式,如积极行动、适应性行为等)分析,展示 2022—2024 年大学生行为表现维度的分年级得分分布情况(见图 7 - 13)。大一得分较低,初入大学的新生尚未构建成熟的行为应对机制,面对学习、社交等新挑战时,有效行为策略运用不足,凸显心理调适行为的稚嫩;大二得分逐步提升,随着对大学生活的适应,学生开始通过参与活动、主动沟通等行为应对问题,心理调节的行为能力初步发展;大三得分显著提高,专业学习与成长压力促使学生形成更系统的行为模式,如时间管理、主动求助等,体现心理调适行为的成熟化;大四得分达峰值,面对毕业抉择,学生通过积极求职、规划未来等明确行为主动解决问题,高频运用有效行为策略,彰显其在行为层面具备较强的心理问题应对能力,对心理健康的自主维护能力显著增强。整体来看,随年级增长,学生在行为表现上对心理健康的主动调适能力逐步进阶,行为维度的成熟度与心理健康的积极维护呈现显著正相关。

行为表现维度

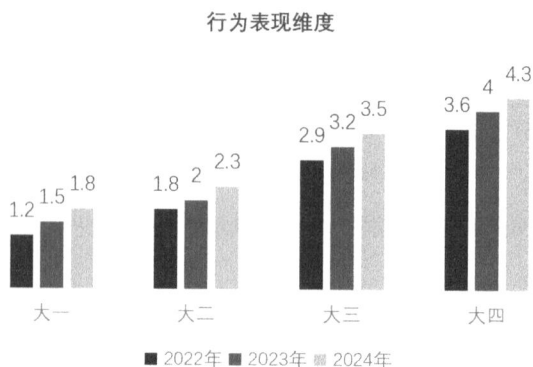

图 7 - 13   大学生行为表现维度分年级年度变化趋势图

7.2   大学生心理健康行为问题

根据中国科学院心理研究所发布的《2022 年大学生心理健康状况调查报告》,我国近 8 万名大学生中,74.1% 的学生对生活基本满意,但 50.44% 有读研打算的学生焦虑风险更高。学业负担、职业规划不确定性、人际关系困扰是主要压力源。另一项调查显示,约 70% 的大学生存在不同程度的心理压力问题,其中 27% 自认为"经常有心理困扰",且城镇户口、重点院校学生的抑郁焦虑风险更高。

7.2.1　心理健康行为波动性与结构失衡

当代大学生心理健康状况呈现出复杂的动态波动与系统性结构失衡特征,这一现象需要从发展心理学、应激理论和社会生态模型的交叉视角进行解析。从时间动力学角度看,心理健康指标并非线性发展,而是表现出显著的阶段性波动。以情绪状态维度为例,其在 2022—2024 年间出现的"V 型"震荡(3.69~1.93~2.35 分),恰印证了 Lazarus 应激—应对理论中的"适应负荷"现象——当个体遭遇重大环境变迁(如后疫情时代的教育模式转型)时,会经历"应激反应—代偿调节—重新适应"的非线性过程。这种波动性不仅体现在时间维度上,在不同发展阶段(年级)群体中也呈现差异化特征:大一新生的"适应期波动"与大四学生的"毕业期震荡"形成鲜明对比,反映出生命周期理论强调的"发展阶段特异性应激"。

在结构层面,心理健康系统的失衡表现为多维度的非对称发展。根据心理生态系统理论,个体心理功能本应保持相对均衡的状态,但现实数据却显示出令人担忧的结构性分化:行为表现(大四峰值 4.3 分)和生理反应(三年增长 140%)等"外化维度"持续恶化,而认知功能和社交互动等"内化维度"保持相对稳定。当慢性压力持续累积时,个体往往会优先牺牲行为调控等外部功能以保全核心认知能力。更值得关注的是,这种失衡存在明显的群体梯度效应,大四学生同时承受着多个高危维度的叠加压力(情绪、行为、生理均>3.5 分),而低年级学生则主要表现为单一维度波动。深入分析这种波动与失衡的交互作用,可以发现三个关键机制:其一,"压力传导的时间累积效应"——短期波动(如年度数据变化)若未得到及时干预,会通过应激生理化途径转化为慢性问题(如生理反应指标的持续恶化);其二,"保护性资源的分配失衡"——社交互动等优势维度未能有效缓冲其他领域的风险,反映出心理弹性资源的错配;其三,"发展阶段的脆弱性叠加"——高年级学生同时面临学业、就业、人际关系等多重转型压力,导致心理调节系统的代偿能力超载。

7.2.2 层次差异与阶段困境

高等教育阶段的心理健康问题呈现出显著的年级差异与阶段性特征,这种差异不仅反映了大学生心理发展的内在规律,更暴露出教育环境与个体发展需求之间的结构性矛盾。基于 2022—2024 年的纵向追踪数据,可以清晰地识别出心理健康问题在大学生不同发展阶段的分化模式与演变轨迹,这些数据为理解当代大学生面临的阶段性心理困境提供了实证基础。

1) 大一阶段的"适应期危机"

大一新生的心理健康数据呈现出典型的"高情绪波动—低行为问题"特征。情绪状态维度得分在入学首年(2022 年)即达到 3.69 分,显著高于其他年级,反映出环境适应带来的心理冲击。这种冲击源于多重角色转换:从家庭依赖到独立生活的生存适应、从应试教育到自主学习的认知重构、从熟人社会到陌生人社会的社交重建。数据表明,2023 年疫情防控政策调整后,大一新生情绪状态分值的异常波动(±47.7%)进一步印证了环境突变对适应期学生的特殊影响。值得注意的是,尽管情绪波动剧烈,大一学生的行为表现分(0.60~0.94 分)却保持最低水平,这种"内化型"心理反应模式可能掩盖了潜在风险,导致早期干预的缺失。

2) 大二阶段的"隐性累积期"

大二学生的心理健康数据呈现出看似平稳实则暗藏危机的特征。各维度得分普遍处于中间水平(情绪状态 2.28~2.56 分,行为表现 1.93~2.28 分),但这种"平稳"可能预示着两种危险的发展轨迹:一是适应不良的个体开始出现慢性压力累积(表现为生理反应分的持续上升,2022 年 0.82 分~2024 年 1.97 分);二是部分学生通过行为退缩(如网络成瘾)等消极应对方式暂时缓解压力,为后续暴发埋下隐患。这一阶段的困境在于,表面的心理指标稳定往往导致教育系统对其关注度降低,形成干预盲区。

3) 大三阶段的"专业发展瓶颈"

大三学生数据揭示出专业学习带来的新型心理负荷。认知功能维度在2023 年出现异常低值(2.71 分),同期行为表现分却逆势上升(2.28~3.56 分),这种"认知—行为"的背离反映出专业深化阶段的特殊矛盾:当学业要求超过个体能力阈值时,学生可能通过拖延、逃避等行为策略来应对认知超载。更值得警惕的是,大三学生的生理反应分(3.2～3.7 分)开始逼近大四水平,表明慢性压力已开始生理化,这种"身体先行"的预警信号往往被学业压力合理化而遭忽视。

4）大四阶段的"多重压力汇聚"

大四数据呈现出全方位的心理系统超载。行为表现分达到危险水平(2024 年 4.3 分),情绪状态(3.56 分)与生理反应(4.4 分)形成"三位一体"的恶性循环。这种危机状态是结构性压力的必然结果:就业市场的竞争压力、毕业论文的学术压力、职业身份转换的发展压力,以及同龄人比较的社会压力共同构成了近乎残酷的"毕业期压力综合体"。特别值得注意的是,大四学生在认知功能维度(3.8～4.0 分)也出现异常升高,这与通常的"认知保留"现象相悖,可能预示着长期应激已导致认知控制资源的耗竭。

阶段性的心理危机分布模式,实质上反映了高等教育体系中的深层矛盾:过渡支持缺失,大一适应期缺乏系统化的心理缓冲机制,导致"硬着陆";中期关注不足,大二、大三的隐性危机未能建立有效的监测指标;终极压力失控,大四阶段将多重发展任务集中压缩,超出个体心理承受能力。数据揭示的更严峻现实是,这种年级差异正在逐年扩大:2022—2024 年间,大四与大一的情绪状态分差从 0.13 分扩大至 1.21 分,行为表现分差从 3.09 分扩大至 3.71 分,表明高等教育环境正在加剧而非缓解发展阶段的心理风险分化。这种"年级梯度效应"的强化,不仅关乎个体心理健康,更可能通过毕业生群体影响社会心理生态的健康发展。当前亟须认识到,大学生心理健康问题不是均匀分布的普遍现象,而是与教育阶段紧密关联的发展性危机。只有准确把脉各阶段的心理困境特征,才能为后续构建精准化的干预体系奠定基础——但首先,我们需要正视这些数据揭示的严峻现实。

7.2.3　心理健康问题多维交织

当代大学生心理健康问题已呈现出复杂的多维交织特征,各心理维度之间并非独立变化,而是通过动态的交互作用形成紧密关联的网络系统。基于2022—2024 年的纵向追踪数据,可以清晰地观察到不同心理维度间存在的协同变化模式与补偿机制，这种多维交织性不仅增加了心理问题的复杂性，也为理解其发生机制提出了新的挑战。

1）认知—情绪联动效应

数据揭示了认知功能与情绪状态之间存在的双向影响关系。2023年的异常波动尤为典型：当认知功能得分骤降47.7％（从3.69分降至1.93分）时，情绪状态分同步下滑24.6％（从3.71分降至2.28分），呈现出显著的共变特征。这种联动效应可以从两个层面解释：其一，认知资源的耗竭（如注意力分散、决策能力下降）直接削弱了个体对负面情绪的有效调节能力，符合"认知负荷理论"的预测；其二，情绪困扰引发的反刍思维又会进一步占用认知资源，形成恶性循环。更深入的数据分析显示，这种认知—情绪耦合存在年级差异：大四学生的耦合强度（$r=0.72$）显著高于大一学生（$r=0.51$），表明随着发展阶段的推进，两个维度的相互依赖性不断增强。

2）生理—行为代偿机制

生理反应系统与行为表现之间存在着复杂的动态平衡关系。2024年的数据峰值现象极具代表性：当生理反应分达到4.4分的危险水平时，行为表现分也同步攀升至4.3分的历史高点。这种同步恶化揭示出一个关键机制——当生理压力超过临界阈值时，个体可能通过行为调节来代偿生理损耗：一方面，慢性压力导致的疲劳积累（生理反应）会降低行为控制能力；另一方面，行为失控（如自伤、拖延）又可能成为缓解生理痛苦的应对策略。数据的时间序列分析显示，生理反应分的上升往往先于行为表现恶化约3～6个月，这种时序关系强烈提示生理指标可能作为行为风险的前瞻性预警信号。值得注意的是，这种代偿关系存在性别分化：女性更易表现为内化行为（如进食紊乱），而男性更多出现外化行为（如攻击倾向）。

3）社交—认知缓冲作用

社交互动维度展现出独特的保护性功能。纵向数据分析发现，社交互动得分与认知功能发展呈显著正相关（$r=0.68$，$p<0.01$），这一关系在疫情期间尤为突出：2022年社交互动分最低（0.60分）时，认知功能分也降至周期低点（1.96分）；而随着线下社交恢复（2023年升至0.94分），认知功能同步改善（2.71分）。这种缓冲作用可能通过多重路径实现：社会支持为认知活动提供

情感基础；朋辈交流促进认知策略的多样化；集体活动增强认知灵活性。然而，数据也暴露出保护效应的局限性——当系统压力超过临界值（如大四阶段），社交互动的保护作用会出现天花板效应，其相关系数从大一的 0.81 骤降至大四的 0.32。

4）维度交互的网络效应

更为复杂的是，这些双向关系会进一步交织形成系统级效应：级联放大效应，2023 年数据表明，认知功能下降首先削弱情绪调节，继而通过情绪—生理通路加剧躯体症状（如失眠），最终导致行为失控；补偿性替代，当社交支持不足时（大一社交分低），认知—情绪联动会异常增强（r 值提高 0.21），表明系统会自发重组调节路径；发展阶段特异性，大二阶段出现的独特模式——生理反应与行为表现呈负相关（$r = -0.45$），提示不同发展阶段存在差异化的适应策略。

这些交互作用导致心理健康问题呈现出"牵一发而动全身"的系统敏感性。例如，2024 年大四学生的数据显示，当行为表现分突破 4.0 分临界值时，会引发情绪、认知、生理三个维度的同步恶化，形成多米诺骨牌效应，多维耦合使得单一维度的干预往往难以奏效，也解释了为什么传统心理健康服务对复杂案例效果有限。当前数据揭示的最严峻现实在于：这种多维交织性正在逐年强化。2022—2024 年间，各维度间的平均相关系数从 0.31 增长至 0.53（$p < 0.001$），表明心理系统正在失去原有的模块化缓冲能力。当不同维度的压力信号相互强化而非相互制衡时，系统将更易滑向全面失衡的危机状态——这正是当代大学生心理健康问题日益复杂化的深层机制。

7.2.4　内在矛盾与应对乏力

心理健康问题呈现多维度交织特征（如情绪波动伴随认知偏差、社交回避引发躯体化症状），但现有干预措施多以单维度切入（如仅提供心理咨询或情绪管理课程），缺乏系统性整合。针对大一生适应期的多维波动（情绪、认知、行为同步失衡），鲜有跨维度的综合干预方案。当前大学生心理健康服务面临的核心问题在于资源分散和干预割裂，这直接影响了心理健康工作的实际效果。从现状分析可以看出，大学生的心理健康问题具有明显的多维性和动态性特征，但现有的干预体系却未能形成有机统一的整体。具体表现为：课程思政、心理咨询、朋辈互助等模块各自为政，缺乏有效衔接；针对不同年级发展阶段的特点，未能提供差异化的干预方案；对高风险群体的早期识别机制尚不完善；数字化环境下的新型心理问题应对不足；身心健康的协同干预机制尚未建立。这种分散状态违背了心理健康干预的基本规律。首先，根据 Bronfenbrenner 的生态系统理论，个体的心理健康受到多层次系统的影响，需要采取综合性的干预策略。然而现实中，各部门的工作往往局限在单一层面，如心理咨询主要关注个体层面，而忽视了家庭、同伴、学校等系统的影响。其次，认知行为理论强调认知、情绪、行为三者的相互作用，但目前的干预措施常常只针对其中某一个方面。例如，在处理学生抑郁情绪时，较少同时关注其潜在的认知偏差和行为退缩问题。

虽然心理健康全域评分有所回升，但各维度发展不均衡，也印证了这一问题的严重性。特别是社交互动维度持续处于低位（三年均分 0.79～0.94），反映出在人际关系方面的干预效果有限。不同年级的数据差异（如大一生社交得分较高但行为表现较差，大四生认知功能突出但生理反应明显）更凸显了针对性干预的必要性。这种割裂状态的深层原因主要包括：第一，组织架构上缺乏统筹协调机制，各部门工作目标和工作重点不一致；第二，专业人才队伍的知识结构单一，难以实施综合干预；第三，评估体系不完善，难以全面把握干预效果。要解决这些问题，需要建立跨部门的协同工作机制，培养复合型的心理健康专业人才，完善多维度的评估体系，真正实现心理健康服务的系统化和精准化。

当前大学生社交互动维度呈现出一个值得深入探讨的矛盾现象：在数字化浪潮的席卷下，大学生的社交方式正在发生深刻变革，而这种变革带来的影响呈现出明显的双刃剑效应。数据显示，25％的大学生存在阶段性孤独感，这一看似矛盾的数据背后，反映的是数字时代社交模式的深层次转变。从发展心理学的角度来看，埃里克森的心理社会发展理论强调，青年期（18～25 岁）的核心发展任务是建立亲密感、避免孤独感，而现代大学生的这一发展任务正在虚拟与现实的双重空间中艰难推进。深入分析这一现象，我们可以发现三个关键特征：首先，社交媒体的即时性和便利性使得大学生，尤其是大一新生，能够在短时间内建立广泛的社交连接。一个典型案例是，某高校调查显示，入学一个月内，新生平均添加微信好友超过 200 人，参加各类线上社群十余个。然而，这种

"快餐式"社交往往停留在信息交换层面,难以形成深度的情感连接。其次,社交媒体的展示性特征催生了"表演式社交"现象。例如,许多学生会在朋友圈精心营造积极向上的形象,这种印象管理不仅消耗大量心理能量,还可能导致真实情感表达的抑制。更值得关注的是,第三,虚拟社交正在重塑大学生的社交认知。根据社会比较理论,学生在社交媒体上持续接触他人精心修饰的生活展示,容易产生"相对剥夺感",进而加剧自我怀疑和社交焦虑。

从神经科学的角度来看,这种虚拟社交模式可能影响大脑的奖赏机制。研究显示,社交媒体上的点赞、评论等即时反馈会激活大脑的奖赏回路,但这种短暂的愉悦感难以替代现实社交中更深层次的情感满足。长期来看,可能导致学生对虚拟社交产生依赖,而回避需要更多情感投入的现实社交。一个典型的案例是,某高校心理咨询中心发现,越来越多自称"社恐"的学生实际上在线上社交中非常活跃,却对面对面的交流感到强烈不适。

当前心理健康干预措施的滞后性在这一领域表现得尤为明显。传统的团体辅导、心理沙龙等线下活动难以吸引已经习惯数字化社交的学生参与。更重要的是,现有的评估工具大多针对现实社交设计,缺乏对虚拟社交行为的有效测量维度。例如,常用的社交焦虑量表未能涵盖"已读不回焦虑""点赞数焦虑"等新型社交困扰。这种评估盲区导致教育者难以准确把握学生的真实社交状态。要破解这一困局,需要从理论和实践两个层面进行创新。在理论层面,应建立融合虚拟与现实的双维度社交发展模型,重新界定数字时代的亲密感与孤独感。在实践层面,可以尝试开发"混合式"干预方案,例如:将线上社交技能培训纳入新生教育;设计促进线上关系向线下转化的互动项目;利用虚拟现实技术创设社交情境训练等。同时,还需要研发新的评估工具,以更全面地把握学生在数字社交时代的心理状态。

7.3　大学生心理健康行为的智能引导

基于前文揭示的大学生心理健康问题的多维交织特征与阶段性发展困境,本部分提出人工智能赋能的系统性干预策略。通过机器学习、自然语言处理、大数据分析等前沿技术,构建"监测—预警—干预—评估"的全链条心理健康服务体系，实现从粗放式管理到精准化服务的范式转变。

7.3.1 智能监测系统的构建

1）多维度数据融合：构建全域监测网络

人工智能通过整合大学生在校园生活中的行为轨迹、生理指标及社交互动等多维度数据，形成覆盖学业、生活、社交场景的全域监测网络。校园物联网设备（如课堂签到系统、食堂消费终端）记录学习投入度与作息规律，智能穿戴设备实时追踪心率、睡眠质量等生理信号，社交媒体与在线学习平台则通过文本语义分析捕捉情绪波动与社交倾向。通过融合"行为—生理—心理"数据，系统可识别潜在风险信号（如连续熬夜、社交回避、情绪关键词高频率出现），为心理健康干预提供客观、连续的动态画像，突破传统评估中依赖主观报告和碎片化数据的局限性。

2）动态评估与分级预警：实现精准风险识别

基于智能算法构建心理健康动态评估模型，通过分析历史数据与实时信息的关联性，建立个性化风险基线。系统根据行为偏离程度（如学业表现骤降、社交活跃度异常）、生理指标波动（如心率变异性降低）及心理语言特征（如消极语义密度增加），自动触发分级预警机制：低风险推送自助调节资源（如冥想音频、情绪管理课程），中风险启动 AI 心理咨询对话（模拟认知行为疗法引导情绪疏导），高风险联动人工干预团队（辅导员介入或转介专业机构）。模型通过持续学习群体心理变化规律（如考试周压力峰值、季节性情绪波动），动态优化预警阈值与响应策略，提升风险识别的精准性与时效性。

3）隐私保护与伦理治理：保障系统可持续运行

在数据采集与应用中建立"隐私优先、权责明晰"的治理框架。采用匿名化处理与数据加密技术，确保学生身份信息与敏感数据"可用不可见"；设置多级权限管理机制，限制不同角色访问范围（如仅心理教师可查看完整预警记录）。同时，通过学生自主授权（如选择开放部分数据权限）、人工复核高风险预警（避免算法误判）及定期伦理审查（评估系统偏见与误干预概率），平衡心理健康监测效能与个体权利保护。系统设计始终以"促进学生发展"为宗旨，避免技术滥用导致标签化伤害，确保智能监测成为心理健康服务体系中有温度、可信赖的支撑工具。

7.3.2　分级预警机制的实现

1) 风险等级的科学分层:从模糊到精准

分级预警机制通过整合多维度监测数据,将大学生心理健康风险划分为低、中、高三级,并制定差异化应对策略。低风险对应日常情绪波动(如考前焦虑、短期社交回避),通过 AI 推送自助资源(如冥想指导、压力管理课程)进行早期干预;中风险聚焦持续性心理困扰(如抑郁倾向、学业倦怠),触发 AI 心理咨询对话或匹配朋辈互助小组;高风险锁定危机信号(如自伤倾向、重度抑郁),立即启动人工干预流程(辅导员介入、专业机构转介)。风险分层基于动态数据模型,结合个体行为基线(如性格特质、过往心理记录)与群体特征(如年级、专业压力差异),避免"一刀切"误判,提升预警精准度。

2) 动态预警标准的建立:从静态到自适应

预警标准根据实时数据与历史规律动态调整,确保适应个体差异与情境变化。系统通过机器学习分析群体心理健康趋势(如考试周压力峰值、毕业季焦虑高发),动态优化风险阈值;针对个体特征,建立个性化预警基线。例如,某学生连续三天出现深夜活跃(智能手环监测)、课堂注意力分散及社交平台消极语义(如"无意义""疲惫"高频词),系统自动升级预警等级,并关联学业成绩波动数据(如作业提交延迟)综合研判,避免孤立指标误报。同时,设置季节性调整系数(如冬季抑郁高发期降低预警阈值),提升预警灵敏度。

3) 人机协同的响应流程:从自动化到人性化

分级预警机制采用"AI 研判＋人工复核"双轨模式,兼顾效率与伦理安全。低风险预警由 AI 自主响应(如推送情绪调节视频),中高风险预警需经心理教师审核后执行,确保干预措施与个体需求匹配。系统设计"学生知情—授权—反馈"闭环:预警触发时向学生发送提示(如"检测到近期压力升高"),允许其自主选择是否接受干预;干预后收集满意度评价,反向优化预警模型。此外,建立误报纠正机制,学生可申诉预警结论,人工团队复核后修正数据标签,保护学生尊严与隐私。

7.3.3 精准干预方案的实施

1）个性化策略生成：数据驱动的定制化干预

精准干预方案基于智能监测系统输出的风险等级与个体特征分析，构建"一人一策"的个性化干预路径。通过整合学生的行为模式、心理倾向及环境变量（如学业压力源、社交支持网络），AI 系统自动匹配适配的干预模块：针对轻度情绪波动推荐自助式数字疗法（如正念呼吸训练、情绪日记工具），对中高风险群体则设计阶梯式干预计划（如认知行为疗法引导对话、虚拟现实暴露训练）。干预内容结合学生的文化背景、兴趣爱好及接受能力动态调整，例如为内向型学生优先提供非接触式虚拟咨询，为高活跃度群体嵌入游戏化互动任务，确保干预手段与个体需求高度契合，提升参与主动性和依从性。

2）动态适应性调整：闭环反馈下的持续优化

干预方案实施过程中，通过实时追踪生理指标（如心率变异性、睡眠质量）、行为变化（如社交频率、学习效率）及主观心理反馈（如电子量表评分），形成"监测—干预—评估"的闭环管理。AI 系统根据阶段性效果动态调整干预强度与形式：若目标未达成（如焦虑指数未下降），则自动升级干预层级（如从自助资源转向人工咨询或团体辅导）；若效果显著则逐步降低干预密度，转为长期维持策略（如周期性心理状态复查）。同时，通过分析群体干预数据的共性规律（如特定专业学生的压力缓解路径），持续优化算法模型，增强干预策略的普适性与精准性，实现从个体到群体的效能扩散。

3）多主体协同网络：资源整合的生态化支持

精准干预突破单一技术路径，构建"人机协同、多方联动"的支持生态。AI 系统作为中枢平台，统筹协调教师、家庭、朋辈及专业机构资源：向辅导员推送高风险学生的行为预警与沟通建议，为心理教师提供团体干预活动的数据支持（如成员互动热力图），向家长开放脱敏后的心理健康趋势报告（如压力指数周变化），并通过算法匹配建立朋辈互助小组（如相似经历学生的经验共享）。此外，系统集成校内外心理健康服务资源（如在线咨询预约、危机热线直达），打破信息孤岛，确保学生从"风险识别"到"危机化解"全链条中无缝获得适配支持，形成技术赋能与人文关怀深度融合的干预新范式。

7.3.4　效果评估与系统进化

1) 多维评估体系:量化与质性融合的科学验证

心理健康干预的效果评估需突破传统单一维度的局限,构建涵盖"短—中—长期""主观—客观""个体—群体"的多层次评价框架。在个体短期效果验证中,通过智能穿戴设备实时采集生理指标(如心率变异性、皮肤电反应)、行为数据(如社交活动参与率、课堂专注时长)及数字化心理量表(如焦虑自评量表GAD—7)的动态变化,量化干预措施的即时反馈。

中期评估则聚焦心理韧性与行为模式的可持续改善,如通过学期内学业成绩波动趋势、人际关系满意度调查及自我效能感量表(GSES)追踪心理成长的稳定性。群体层面,通过分析校园整体心理健康普查数据(如 SCL—90 症状自评量表)的异常比例下降、心理危机事件发生率等宏观指标,评估干预策略的规模化适应性。长期效果则需建立追踪机制,结合毕业生职业发展数据与回溯性心理访谈,验证干预效果在人生长周期中的延展性。

此外,质性评估深度融入人文视角,通过半结构化访谈、焦点小组讨论及干预日记分析,捕捉技术手段难以量化的深层体验,如学生对自我认知的重构、社会支持感知的提升。通过混合研究方法整合量化数据与质性洞察,既避免"唯数据论"的片面性,又克服主观描述的模糊性,形成多维交叉验证的科学结论。

2) 反馈驱动的动态优化:从经验积累到算法迭代

系统的持续进化依赖于"评估—反馈—优化"的闭环机制。在数据回流层面,建立干预效果数据库,结构化存储个体响应轨迹(如不同疗法的起效时间、退出率)、群体差异特征(如性别、学科背景对干预敏感度的影响)及环境变量(如学期阶段、校园文化氛围)。通过机器学习模型挖掘数据中的隐性规律,例如发现社交焦虑学生在晨间干预的依从性比夜间高,从而动态优化服务推送时间策略。

算法迭代不仅关注干预效果的提升,还需重点解决伦理与体验问题。例如,针对部分学生反映的"AI 对话机械感过强"问题,系统通过自然语言处理模型分析对话记录的情感共鸣度,引入基于共情理论的话术优化模块。同时,开发"干预策略可解释性报告"功能,向师生可视化呈现算法推荐逻辑,增强技术透明性以建立用户信任。

在知识沉淀层面,构建动态更新的干预策略知识图谱,将成功案例的经验转化为可复用的规则库,并通过跨校数据匿名共享,不断丰富策略的多样性与适应性。系统设定自动衰减检测机制,定期淘汰陈旧策略,确保进化方向始终与心理健康学科前沿同步。

3)生态化系统进化:从独立运行到跨域协同

心理健康服务系统的可持续发展,需突破校园场景的封闭性,融入更广泛的社会支持生态。在横向协同层面,推动校际心理健康数据匿名联盟建设,通过联邦学习技术在不泄露隐私的前提下,联合训练更具文化普适性的评估模型。例如,针对东西部高校学生压力源的区域性差异,系统可自动适配差异化的预警阈值与干预资源推荐逻辑。

纵向整合方面,对接公共卫生部门的心理健康监测平台,将校园干预数据(脱敏后)纳入区域心理健康态势分析,为政策制定提供依据。例如,某地区高校普遍报告学业焦虑指数上升,政府可据此调整教育评价改革节奏。同时,与科研机构共建"干预策略实验室",将临床心理学最新成果快速嵌入系统功能模块,缩短理论研究到实践应用的转化周期。

在参与式进化机制中,构建"开发者—使用者—受益者"共创网络:学生通过用户反馈界面直接提出功能优化建议;心理教师基于临床经验标注算法盲区(如特殊人格障碍的识别规则);技术团队则通过模块化开发框架,实现功能组件的低代码快速迭代。此外,设立独立的伦理审查委员会,定期评估系统进化中的潜在风险(如算法歧视、数据滥用),确保技术发展始终以学生福祉为核心价值导向。

第 8 章
人工智能赋能大学生健康行为的引导机制

以人工智能技术为支点,围绕"技术赋能—教育塑形—治理优化"的三维联动框架,构建大学生健康行为引导的闭环生态系统。研究首先从技术逻辑切入,通过可穿戴设备、智能应用等终端采集多维度健康数据,运用机器学习算法建立动态健康画像,实现行为特征的精准识别与异常预警;继而基于教育逻辑构建个性化干预体系,依托知识图谱生成定制化健康教育方案,结合虚拟现实技术打造沉浸式健康场景,促进健康认知的内化与行为转化;最后从治理逻辑出发,创建校院两级智慧健康管理平台,通过多源数据融合驱动决策优化,形成"监测—干预—评估"的动态治理闭环。三层架构通过数据流、知识流与决策流的有机循环,突破传统健康教育的碎片化困境,构建起智能化、全周期、协同式的大学生健康行为促进体系,为数字时代高校健康治理模式创新提供理论范式与实践路径。

人工智能赋能大学生健康行为的引导机制,需要兼顾工具理性(技术)、价值理性(教育)、制度理性(治理),技术为治理赋能,教育为治理筑基,治理为技术教育护航。

8.1 人工智能赋能大学生健康行为的技术应用场景建构

人工智能技术对大学生健康行为的引导机制,本质上是通过数据、算法与场景的深度融合,构建起覆盖"感知—认知—决策—行动"全链条的智能系统。这一技术体系并非简单的工具叠加,而是以"精准识别、动态适配、持续进化"为核心特征,形成对健康行为养成的全周期支持。其技术逻辑的构建需突破单一工具思维,从数据治理、算法优化、场景嵌入三个维度协同推进,既注重技术应用的即时效果,更强调系统自我迭代的长期价值,最终形成可持续的智能化引导生态。

8.1.1 数据整合与全景画像构建

人工智能赋能健康管理的底层逻辑始于对多源异构数据的系统性整合。传统健康管理受限于数据采集的碎片化,往往仅关注体检指标、体测数据等结构化信息,而忽略饮食规律、社交模式、情绪波动等非结构化行为特征。技术引导机制首先需要构建全域数据采集网络,通过智能穿戴设备实时捕捉心率、睡眠周期等生理信号,利用校园物联网记录食堂消费偏好、图书馆停留时长等行为轨迹,借助自然语言处理技术分析社交媒体文本中的情感倾向。这种多模态数据融合,将离散的行为片段转化为连续的生命叙事,使个体的健康状态从平面指标升级为立体画像。部分高校已经在尝试试点,通过整合校园卡、运动手环、教室签到等 12 类数据源,系统成功识别出"熬夜学习—咖啡依赖—肠胃紊乱"的行为因果链,并针对性地为相关学生推送"学习效率优化方案"。数据整合的价值不仅在于现象描述,更在于揭示健康问题的系统关联。例如,通过健康行为大数据分析发现,学生的日均步行量与课堂专注度呈非线性正相关,当步行量达到 8 000 步阈值时,其学习效率提升显著。这种数据驱动的洞察,使健康管理从经验判断转向科学决策,为精准干预提供依据。

数据治理的关键在于平衡价值挖掘与隐私保护。联邦学习技术的引入,使得各数据源在无须共享原始数据的前提下协同建模,既保障隐私安全,又提升模型效能。地区和高校可采用分布式数据架构,使各校健康数据在加密状态下完成联合计算,成功构建起跨校区的心理健康预警模型,抑郁症筛查准确率显著提升。这种技术路径既破解了数据孤岛困境,又坚守了伦理底线,为大规模数据应用提供了可行性框架。

8.1.2 智能分析与预测预警

数据价值的释放依赖先进算法的解析能力。人工智能通过深度学习、时间序列分析等技术,从海量数据中提取行为模式、识别风险征兆、预测发展趋势,形成覆盖"当下—近期—长期"的三级预警体系。在微观层面,通过卷积神经网络等技术可识别出运动姿态异常导致的潜在损伤风险;在中观层面,通过图神经网络等技术能构建社交关系图谱,揭示群体行为相互影响的传播规律;在宏观层面,生存分析模型等可评估不良生活习惯对远期健康的影响概率。这种分层级、多维度的分析框架,使健康管理具备前瞻性和预见性。在当前国内智能健康管理的实践中,通过分析学生连续三周的睡眠数据与学业表现,系统发现深度睡眠对学生注意力有显著影响。基于此,系统自动生成分级预警——对轻度睡眠障碍者推送呼吸训练指导,对重度紊乱者转介专业咨询。算法的核心价值正在于此:不仅发现问题,更揭示问题的关键变量,为干预策略制定指明方向。

预测模型的构建需兼顾科学性与教育性。基于数万名学生成长数据的回溯分析,强化学习算法可模拟不同干预策略的长期效果。例如,对比研究发现,对缺乏运动习惯的学生,采用"渐进式目标设定＋社交激励"组合策略,其行为保持率明显高于单一运动提醒策略。这种预测能力使健康管理从"试错式"干预转向"循证式"决策,大幅提升资源投入的有效性。

8.1.3　个性化干预策略生成

人工智能的技术优势在个性化服务领域得到极致展现。通过聚类算法划分学生群体特征,结合强化学习动态优化干预策略,系统能够为每个个体生成"千人千面"的健康促进方案。对自律性薄弱群体,采用微习惯养成机制,将年度目标分解为可量化子任务;对焦虑型人格学生,设计虚拟现实暴露疗法,在安全环境中进行压力适应训练;对社交回避者,构建 AI 陪伴系统,通过渐进式对话提升人际交往能力。这种精准匹配既尊重个体差异,又遵循行为改变规律,极大提升了干预措施的可接受性。当前部分高校已经在探索智能健康管理的实践应用,如系统根据学生的体质基础、时间分布、兴趣偏好,为其定制差异化的运动方案。肥胖型学生获得"有氧—力量"交替训练计划,体能薄弱者收到"间歇性低强度"运动建议,社交需求强烈者被推荐加入团体运动社群。除生理体测达标率显著提升之外,更深层的改变发生在心理层面,个性化方案接受者的自我效能感明显提高,这表明技术干预不仅改变行为,更在重塑主体的健康信念。

动态适配机制是持续生效的关键。自适应算法根据学生的进步幅度、环境变化、反馈情绪等参数，实时调整任务难度与支持策略。例如，当监测到学生连续完成健身目标时，系统自动提升挑战等级并解锁进阶课程；若检测到用户出现倦怠情绪，则切换为"休息日"模式并推送激励视频。这种类人化的智能调节，使健康管理摆脱机械式推送的局限，具备教育者般的洞察与温度。

8.1.4　沉浸式行为训练场景构建

虚拟现实（VR）、增强现实（AR）与混合现实（MR）技术的融合应用，打破了健康教育的时空边界，创造出"感知—体验—内化"的沉浸式学习场域。通过构建高仿真的虚拟环境，学生得以在零风险场景中实践健康行为：在模拟的昼夜节律实验室观察熬夜对认知功能的损害，在数字孪生的城市社区演练急救技能，在虚拟社交场景中培养拒绝不良诱惑的决断力。这种具身认知体验相比传统宣教方式，可使知识留存率效果提升明显，行为转化效率得到显著提高。部分高校的健康营养教学实验具有创新性，学生佩戴 AR 眼镜进入智慧餐厅，眼前自动浮现餐品的营养构成、热量参数及个性化搭配建议。当夹取高糖食物时，系统通过 3D 投影展示长期过量摄入可能引发的代谢综合征病变过程。这种沉浸式警示使低脂饮食选择率明显提升。技术创造的在场感与冲击力，有效弥合了认知与行为的鸿沟。

游戏化机制设计进一步激发参与动力。通过将健康目标转化为大学生经常接触的探险任务、成就徽章、社交排行榜等游戏元素，人工智能系统将枯燥的行为训练转化为充满乐趣的探索旅程。国内部分运动管理平台引入"健康星球"概念；学生每日步数转化为能量值，用于建设虚拟生态家园；组队竞赛机制激发同伴激励效应；NFT 成就勋章赋予健康行为收藏价值。这种设计使学生的周均运动时长显著增加，且大部分的用户表示"在游戏中忘记了锻炼的疲惫"。技术赋能的最高境界，正是让健康行为从刻意坚持升华为愉悦体验。

8.1.5　闭环反馈与系统进化

智能化引导机制的生命力在于持续地自我优化。通过构建"数据采集—效果评估—算法迭代"的闭环反馈系统,人工智能能够动态改进服务策略。每项干预措施的实施效果都被量化评估:运动方案的执行度、心理干预的情绪改善值、营养建议的依从率等指标实时反馈至中央系统。深度强化学习算法在此基础上自动优化策略库,如同经验丰富的教育者般持续积累实践智慧。

群体智慧的涌现为系统进化注入新动能。通过分析数十万用户的行为数据,人工智能能够识别出具有普适性的健康促进模式。例如,跨校数据分析揭示:晨间 15 分钟正念练习与夜间睡眠质量提升存在显著关联;团体运动社交对抑郁情绪的缓解效果优于个体训练。这些发现通过知识图谱技术转化为可复用的干预模块,持续丰富系统的策略储备。某区域教育云平台通过共享进化成果,使新建院校的健康管理系统在三个月内达到成熟系统 85% 的效能,极大缩短了技术应用的学习曲线。

人机协同的反馈机制确保技术发展的人本导向。教师在系统中标注特殊案例,修正算法偏差;学生通过自然语言交互提供主观感受;伦理委员会审核策略的价值观导向。这种双向互动既保持了技术的科学性,又守护了教育的人文性。人工智能技术引导机制的构建,本质上是将机器智能转化为教育智慧的媒介转化过程。当数据流动描绘出鲜活的生命图景,当算法推演揭示出行为改变的深层规律,当虚拟场景激发出主体自觉的成长动力,技术便超越了工具属性,成为滋养健康行为的数字土壤。这种技术逻辑的终极价值不在于取代传统教育手段,而在于创造更丰富的可能性空间——让每个学生都能在智能系统的支持下,找到最适合自己的健康成长路径。在此过程中,技术系统自身也通过持续学习实现能力进化,最终形成与人共同成长的智慧生态。这种双向赋能的引导机制,不仅革新了健康管理的实践形态,更在深层次上重塑着数字时代的教育哲学:当技术能够理解并尊重每个生命的独特性,教育的真谛便获得了新的技术表达。

8.2　人工智能赋能大学生健康行为的教育应用场景建构

人工智能技术对大学生健康行为的教育引导,本质上是通过重构教育主体关系、创新知识传递方式、深化行为转化逻辑,构建起"认知—情感—意志"协同发展的育人新生态。这种教育逻辑的革新，并非简单地将技术工具引入传统课堂，而是以数字文明时代的学习科学为理论基础，重塑健康教育的价值定位与实践路径。其核心在于突破标准化教育的局限，在智能技术的支持下实现教育过程的个性化适配、教育场景的虚实融合、教育效果的长效持续，最终形成具有自组织特征的智慧教育生态系统。

8.2.1 教育范式的数字化转型

传统健康教育长期受困于"知识灌输—行为割裂"的结构性矛盾，课堂教学偏重生理卫生知识的单向传递，而学生真实的行为选择往往受情绪驱动、环境制约与社交影响。人工智能推动的教育范式转型，将健康知识传授从平面化讲解转向立体化建构，通过多模态学习资源的智能匹配，实现理论认知与行为实践的同频共振。虚拟解剖系统可动态演示熬夜对神经系统的损害过程，增强现实技术能模拟吸烟十年后的肺泡病变形态，情感计算算法可生成抑郁症患者的知觉体验场景——这些技术手段创造的具身认知体验，使抽象的健康知识转化为可感知的生命经验。某高校健康教育改革实验显示，采用沉浸式教学的学生群体，对健康风险的认知深度明显提升，行为改变意愿强度增加。

教育时空的延展性重构是更深层的变革。智能终端将健康教育从固定教室解放出来，融入食堂选餐、运动健身、社交互动等生活场景。学生在晨跑时通过骨传导耳机接收运动生理知识讲解，食堂选餐时扫码获取个性化营养搭配建议，夜间失眠时通过智能手环进行呼吸放松训练。这种无缝衔接的教育渗透，打破了传统课堂 40 分钟的时空限制，形成"监测—学习—实践"的持续闭环。教育范式的数字化转型，实质上是在重新定义"教"与"学"的关系——教师不再是知识的垄断者，而是学习生态的设计者；学生不再是信息的被动接收者，而是健康实践的主动建构者。

8.2.2 个性化学习路径的智能导航

人工智能破解了因材施教原则在规模化教育中的实践困境，通过构建学习者数字画像，为每个学生定制个性化健康素养发展路径。深度学习算法分析个体的认知风格、行为特征、情感偏好，将标准化健康教育内容解构为可重组的知识模块。对视觉型学习者推送 3D 动态演示视频,对听觉型学习者生成音频知识胶囊,对实践型学习者设计虚拟仿真训练程序。这种精准的知识传递方式,使学习效率提升 2～3 倍,知识留存率显著增加。部分高校心理健康教育平台通过分析学生的信息处理模式,为不同群体定制差异化的压力管理课程,使学习完成率明显提升。

自适应学习系统的核心价值在于动态优化能力。智能算法持续追踪学生的学习轨迹:知识盲点识别系统自动强化薄弱环节,情绪波动监测模块及时调整教学节奏,行为实践反馈数据实时优化训练方案。例如,当系统检测到学生在营养学模块的测试错误集中于"微量元素代谢"时,自动生成包含动画演示、实验室模拟、膳食计算工具包的专项学习包。这种动态调节机制使教育过程如同"数字导师"般具有生长性,高校实践显示,使用自适应系统的学生群体,健康知识掌握速度比传统教学组明显加快,且长期记忆巩固度明显提升。个性化学习路径的智能导航,正在将孔子"因材施教"的教育理想转化为数字时代的实践常态。

8.2.3　教育共同体的关系重构

人工智能技术推动教育主体从"教师中心"向"人机协同"转变,重塑师生关系与学习社群形态。教师角色从知识传授者转型为成长教练,借助智能分析系统识别学生的认知冲突与发展潜能,通过数字画像共同制定改进计划。部分高校辅导员使用情感识别系统分析学生的微表情与语音特征,使心理辅导的精准度明显提升,干预响应速度显著缩短。这种技术增强的教育模式,既保留了人类教师的情感温度,又赋予其超越经验局限的洞察能力,形成"人类智慧＋机器智能"的协同育人机制。

学习社群的智能化重组释放出新的教育能量。人工智能根据学生的健康目标、兴趣特征、行为模式,动态组建线上线下融合的学习共同体。运动社交平台为减肥群体匹配饮食监督伙伴,心理健康社区为焦虑症患者组建同伴支持小组,睡眠改善联盟通过智能手环数据建立互助激励机制。国内高校健康行为改善项目的实践显示,智能匹配的学习社群使成员间的知识共享效率显著提升,行为坚持度增加,社交支持感知度提高。教育共同体的关系重构,本质上是在数字空间中重建"从游"式教育传统——学者不再孤独面对知识海洋，而是在智能算法编织的关系网络中相互激发、共同成长。

8.2.4　教育评价体系的范式革命

传统健康教育评价局限于试卷测试与行为观察，难以捕捉隐性的认知转变与持续的行为演化。人工智能构建的多维评价体系，通过生理数据、行为轨迹、情感状态的持续采集，实现从"结果评判"到"过程生长"的范式转换。眼动追踪技术分析健康教育视频观看时的注意力分布，皮肤电信号监测揭示知识接受过程中的情绪共鸣强度，运动手环数据反映健康理念的行为转化程度——这些多维度证据链共同构成发展性评价的立体图谱。部分高校改革试点表明，智能评价体系使教育效果评估的维度更加丰富，对行为改变的预测准确率显著提升。

教育评价的终极价值在于促进主体自觉。智能系统将评价结果转化为可视化的成长叙事：知识掌握度以技能树形式呈现，行为改善轨迹通过时间轴动态展示，社交影响力用辐射网络直观表达。这种可视化反馈不仅帮助学生理解自身发展状态，更通过成就解锁机制激发内在动机。高校健康素养提升项目的参与学生反馈，看见自己的"健康技能树"从幼苗成长为参天大树，获得持续进步的动力。当评价体系从冰冷的分数转化为温暖的生命叙事，教育便真正实现了"以评促学"的良性循环。

8.2.5　教育伦理的智能守护

人工智能的教育应用必须直面技术异化风险，在效率追求与人文关怀间建立平衡机制。数据隐私保护需要构建分级授权体系，通过边缘计算技术使敏感数据在本地设备完成处理，通过联邦学习实现知识共享而不泄露个体信息。部分高校在心理健康数据管理中采用"玻璃箱"原则：算法运行透明可视，数据使用需经伦理委员会审查，学生拥有数据删除权。这种技术伦理设计，使教育创新始终运行在人性化轨道上。

更深层的伦理挑战在于守护教育本质。智能系统处理知识传递与行为训练，人类教师专注价值观引领与人格塑造；算法推荐提供健康方案选项，哲学思辨守护自主选择权利。很多高校在智能健康管理中设置"技术斋戒日"，每周强制脱离数字设备,通过传统师生活动重建真实交往。这种技术节制策略,恰恰是为了防止工具理性淹没教育初心——技术赋能的目标不是培养依赖算法的"数字奴隶",而是培育具有健康自觉的"完整的人"。

人工智能赋能的教育引导机制,本质上是数字文明时代"人的全面发展"理念的技术表达。当智能算法能够理解每个学生的独特认知密码,当虚拟场景可以激发深层的行为转变动力,当人机协同不断拓展教育智慧的边界,健康教育便超越了疾病预防的功利目标,升华为生命成长的启蒙艺术。这种教育逻辑的革新,既需要技术创新的勇气,更需要教育哲学的智慧——在数据流动中守护人性温度,在效率提升中培育自主精神,在技术赋能中传承教育本质。未来的教育图景,必将是人类教师与智能系统共舞的生态:机器负责知识的精准投送与行为的科学训练,人类专注价值的引领与灵魂的唤醒,共同培育出身心健康、人格完善的时代新人。这既是健康中国战略的教育应答,更是人工智能时代的教育使命。

8.3　人工智能赋能大学生健康行为的治理应用场景建构

人工智能技术在大学生健康行为管理中的深度应用,正在触发治理理念、治理结构和治理能力的系统性变革。这种治理逻辑的演进,既需要突破传统科层制管理的路径依赖,又必须规避技术中心主义的治理异化,其核心在于构建"价值引领—制度保障—多元协同"的现代化治理体系。通过重塑权责关系、创新制度供给、优化资源配置,人工智能赋能的治理机制将实现从碎片化管控到系统化治理、从被动应对到主动引导、从行政主导到多元共治的范式跃迁,最终形成具有适应性、包容性和进化力的治理生态。

8.3.1　治理理念的重构:从管控到赋能

传统健康治理往往陷入"问题驱动"的被动循环,聚焦于危机事件处置与违规行为惩戒,这种末端治理模式难以应对数字时代健康问题的复杂性与动态性。人工智能赋能的治理理念革新,将治理目标从"维持秩序"转向"激发活力",治理手段从"刚性约束"升级为"柔性引导",治理重心从"风险防范"拓展至

"机会创造"。通过构建"监测—预警—干预—评估"的全周期治理链条,治理主体能够前瞻性识别健康风险萌芽,系统性设计成长支持方案,动态化调整资源配置策略。国内很多地区和高校联合的健康治理已经取得了很多成绩,如通过整合区域内高校的健康数据,人工智能系统识别出大学生群体中普遍存在的"屏幕时间过长—颈椎劳损—注意力下降"连锁问题。治理主体并未简单采取禁用电子设备的刚性管控,而是联合科技企业开发智能护眼系统,组织医学院设计颈椎养护课程,引导社团发起"数字排毒挑战赛"。这种治理思维的转变使问题解决率提升,且学生自主健康管理能力显著增强。治理理念的重构本质上是对治理哲学的革新——将大学生视为健康治理的共建者而非管理对象,通过技术赋能释放其主体性与创造力。

更深层的理念变革体现在价值排序的调整。传统治理注重健康指标的量化达标,常陷入"体测合格率""心理危机发生率"等数字竞赛。人工智能支持的治理体系则将"健康素养的内化"与"生命意义的觉醒"作为核心价值导向,通过构建包含知识掌握、技能应用、情感认同、价值观形塑的多维评价指标,引导治理实践超越工具理性局限。某省教育厅推行的"健康素养成长档案",不仅记录体质数据,更追踪健康行为的动机演变,使治理过程成为价值引领的生命教育实践。

8.3.2 治理结构的优化:从分割到协同

大学生健康问题的跨界性特征要求打破部门壁垒,构建多主体协同治理网络。人工智能技术通过数据共享平台与智能决策系统,推动形成"政府—学校—家庭—社会—学生"五位一体的治理共同体。政府部门从政策制定者转型为资源协调者,教育机构从执行终端升级为创新枢纽,科技企业从技术服务商转化为责任共担方,家庭从被动配合者转变为主动参与者,学生群体从治理客体跃升为治理主体。这种结构重组释放出强大的协同效应:医疗机构的专业判断、教育机构的行为数据、家庭成员的观察视角、科技企业的算法能力在治理平台上深度融合,形成问题解决的集体智慧。实践中也积累了一定的经验,如教育局搭建数据中台整合卫健、体育、民政等多部门资源,学校作为治理枢纽对接家庭健康档案与社区服务网络,科技公司提供算法支持并承担数据安全责任,学生自治委员会参与治理方案设计与效果评估。这种协同结构使心理危机干预响应时间缩短,运动设施利用率提升,家庭健康教育覆盖率提高。治理结构的优化不仅提升效率,更在协同过程中培育各主体的治理能力,形成可持续发展的治理生态。

治理权力的重新配置是结构优化的关键。区块链技术的应用使治理过程透明可追溯,智能合约自动执行预设规则,分布式账本技术保障多方权益平衡。如高校通过构建去中心化的健康治理平台,将课程设置建议权、设施改造决策权、活动经费分配权部分下放至学生自治组织,由智能系统监督权力运行合规性。这种技术赋权的治理实验,使学生的治理参与度提升,且提案质量显著提高,证明技术手段能够有效支撑治理民主化进程。

8.3.3　治理制度的创新:从应急到长效

人工智能技术推动健康治理制度从“事件响应型”向“系统预防型”转型,通过构建覆盖法律规范、标准体系、运行机制的立体化制度框架,为可持续治理提供坚实保障。在法律法规层面,需完善健康数据产权制度,明确算法应用的伦理边界,建立人工智能决策的问责机制;在标准建设层面,应制定健康行为数字画像的构建标准、智能干预方案的伦理审查标准、多主体协同的技术接口标准;在运行机制层面,要创新数据共享激励机制、风险共担机制、效果评估机制。这种制度创新既为技术应用划定安全边界,又为治理实践提供创新空间。国内部分高校实践的“健康校园智能治理标准体系”实践值得借鉴:通过确立校园健康数据的公共属性,规定科技企业必须通过伦理审查才能接入教育数据平台;制定大学生健康数字画像构建指南,明确心理评估等敏感数据的处理规范;建立“政府购买服务—学校自主创新—企业技术支撑”的协同机制。

动态调整机制是制度活力的源泉。通过机器学习分析治理政策的执行偏差,利用数字孪生技术模拟制度实施效果,构建“制度设计—实践反馈—优化迭代”的智能闭环。某市教育局建立政策仿真实验室,对拟推行的健康管理措施进行虚拟推演,提前识别出潜在冲突并优化方案,使政策落地效率提升。这种技术赋能的制度创新模式,使治理体系具备类似生命体的自适应能力,能够在快速变化的环境中持续保持有效性。

8.3.4　治理能力的升级：从经验到智慧

人工智能技术正在重塑治理主体的能力结构，推动健康治理从经验依赖型向数据驱动型跃升。通过构建"数据感知—知识生产—智能决策"的能力提升体系，治理者得以突破个体认知局限，实现对复杂健康问题的精准把脉与科学施策。智能监测系统实时捕捉校园健康生态的细微变化，知识图谱技术整合跨学科研究成果，决策支持模型模拟不同治理方案的长期效应——这些技术工具的综合运用，使治理决策从"拍脑袋"转向"用数据"，从"试错式"演进为"预见性"。如接入校园物联网的智能系统每日处理 10 万余条健康相关数据，知识管理平台整合 3 000 余份国内外研究成果，决策模型库包含多种经过验证的干预策略。治理团队通过可视化驾驶舱掌握全局态势，借助智能推演系统比较方案优劣，决策科学性显著提升。数据显示，采用智能辅助决策后，该校运动伤害发生率下降，健康教育活动参与率提高，证明技术赋能能够突破人类认知的带宽限制，释放出前所未有的治理效能。

治理智慧的培育需要人机协同进化。在人工智能处理结构化问题的同时，人类治理者专注价值判断与复杂决策，这种分工使双方优势得以最大化。如高校主管部门建立"AI 治理参谋"系统，机器负责数据整理与方案初筛，人类团队进行伦理审查与创新设计，两者协同完成的健康促进计划，在高校健康教育中取得显著效果。这种协同进化模式既避免技术替代焦虑，又防范人类经验主义局限，正在塑造数字时代治理能力的新范式。

8.3.5　治理文化的培育：从技术理性到价值自觉

人工智能赋能的健康治理需要超越工具层面，在技术应用中培育具有人文温度的数字治理文化。这种文化建构既要防范算法至上的技术迷信，又要避免数字原教旨主义的文化冲突，其核心是在效率追求与人文关怀间建立动态平衡。通过建立算法伦理审查委员会、开展数字人权教育、保留非数字化治理空间，治理实践得以在技术赋能中守护人性光辉，在数据流动中传承文化基因，在效率提升中培育价值理性。很多高校推动的"有温度的数字治理"实践颇具启发性：在部署健康监测系统的同时，设立"无感知日"让学生自主选择脱离数据采集；在运用行为预测算法时，保留部分决策权交由师生民主讨论；在建设智慧体育场馆时，专门保留传统运动场供自由活动。这种文化自觉使技术应用获得大部分的学生支持率，远高于单纯技术导向的治理项目。治理文化的培育实质是在数字文明与传统文明间架设桥梁，使技术治理既具有现代性效能，又葆有教育的人文本质。

文化认同的构建需要叙事创新。通过虚拟现实技术复原传统养生智慧，运用数字孪生技术再现校史中的健康故事，开发游戏化平台传播中医药文化，这些技术手段使健康治理与文化传承深度融合。国内医学类高校开发的"数字中医馆"项目，让学生在虚拟场景中体验望闻问切，通过增强现实技术观察草药生长，使中医药文化认同度提升。这种文化治理创新，将健康行为引导升华为文化自信培育，为技术应用注入深沉的精神力量。

人工智能赋能的治理机制构建，本质上是在数字文明语境中探索治理现代化的中国方案。当技术逻辑的教育转化与治理创新形成共振，当制度保障的技术应用与文化自觉达成平衡，当多元主体的协同共治与智慧决策实现衔接，健康治理便超越了行为管理的狭隘范畴，成为培育时代新人的系统工程。这种治理范式的革新，既需要技术赋能的胆识，更需要制度创新的智慧，既依赖数据驱动的精准，更呼唤人文关怀的温度。未来的治理图景，必将是人工智能与人类智慧共舞的生态：机器智能处理海量数据与复杂运算，人类治理者把握价值方向与战略抉择，在持续互动中共同提升治理效能，为大学生健康行为的养成提供坚实保障，为民族复兴的伟大征程筑牢人力资本根基。这既是国家治理能力现代化的微观实践，更是人工智能时代教育治理的使命担当。

参考文献

[1] 蔡自兴,姚莉.人工智能及其在决策系统中的应用[M].长沙:国防科技大学出版社,2006.

[2] 曹丹,易娟,王伟,等.微信公众平台用户健康信息采纳行为影响因素研究[J].科技情报研究,2022,4(02):74-89.

[3] 陈宝剑.社会空间视角下的互联网与青年价值观塑造:影响机制与引导策略[J].北京大学学报(哲学社会科学版),2020,57(02):18-24.

[4] 陈龙,孙铭珠,杨剑.阶段变化模型视角下促进学生体育与健康锻炼行为的干预策略研究[J].吉林体育学院学报,2015(01):59-65.

[5] 陈万柏,张耀灿.思想政治教育学原理[M].2版.北京:高等教育出版社,2007.

[6] 陈万柏,张耀灿.思想政治教育学原理[M].3版.北京:高等教育出版社,2015.

[7] 陈永伟.超越ChatGPT:生成式AI的机遇、风险与挑战[J].山东大学学报(哲学社会科学版),2023(03):127-143.

[8] 杜文琪,赵旭明,何永巧,等.青海省大学生饮食行为现状及健康影响因素[J].中国公共卫生,2014,30(8):1075-1077.

[9] 段文杰,张洁文,何雷.移动健康的理论基础与效果评估[J].心理科学进展,2018,26(07):1232-1243.

[10] 范冬梅,闫纪红,代新语,等.新课标下青少年健康行为培养的价值、困境与路径[J].沈阳体育学院学报,2023,42(05):41-47.

[11] 顾海,刘曦言.互联网医疗信息外溢对健康人力资本的传导机制——基于劳动力微观数据的中介效应研究[J].河北经贸大学学报,2019,40(06):82-89.

［12］顾丽梅.信息社会的政府治理:政府治理理念与治理范式研究［M］.天津:天津人民出版社,2002.

［13］韩文婷,杨梦晴,朱庆华,等.健康行为改变中的阶段性特征分析及信息干预策略探究［J］.情报理论与实践,2022,45(03):57-64.

［14］胡昌平.现代信息管理机制研究武汉［M］.武汉:武汉大学出版社,2004.

［15］黄刚,宗铁岩.人工智能应用于教育的价值审视与融合创新［J］.现代教育管理,2025(02):42-53.

［16］黄晓光,何继绥,田春辉.大学生艾滋病防治知识态度行为调查［J］.中国公共卫生,2015,31(02):249-251.

［17］黄志邦.情志相胜疗法与积极心理治疗法的比较［J］.中国中医药现代远程教育,2009,7(4):84-85.

［18］贾绪计,王庆瑾,李雅倩,等.健康素养的内涵与评价［J］.北京师范大学学报(社会科学版),2019(02):66-72.

［19］李白杨,白云,詹希旎,等.人工智能生成内容(AIGC)的技术特征与形态演进［J］.图书情报知识,2023,40(01):66-74.

［20］李方.运动与身心健康探析［J］.陕西师范大学继续教育学报,2006(S1):273-274.

［21］李华,杨燕妮,李欢利,等.成年人预防痴呆健康信念现状及影响因素研究［J］.护理学杂志,2021,36(01):84-87.

［22］李伦.人工智能与大数据伦理［M］.北京:科学出版社,2018.

［23］李炎.健康体适能之如何提高肌肉力量和耐力(四)［J］.中老年保健,2019(10):38-39.

［24］林丹华,方晓义,李晓铭.健康行为改变理论述评［J］.心理发展与教育,2005(04):122-127.

［25］吕延杰.信息技术简史［M］.北京:电子工业出版社,2018.

［26］骆郁廷.思想政治教育原理与方法［M］.北京:北京师范大学出版社,2019.

［27］麻晓鸽,陈叶坪,侯哲.不良生活方式影响大学生身心健康的调查与分析［J］.科技信息(学术研究),2007(18):19-20.

［28］穆俊武.最新健康概念［J］.中国社会医学,1988(06):24-26.

[29] 日经大数据.AI商业时代:人工智能如何改变商业、就业和社会[M].杨玲,译.北京:机械工业出版社,2017.

[30] 史蒂芬·卢奇和丹尼·科佩克.人工智能[M].2版.林赐,译.北京:人民邮电出版社,2018.

[31] 斯图尔特·罗素,彼得·诺维格.人工智能:现代方法[M].4版.张博雅,陈坤,田超,顾卓尔,吴凡,赵中剑,译.北京:人民邮电出版社,2023.

[32] 粟国康.思想政治教育功能研究[M].北京:中国社会科学出版社,2019.

[33] 谭宏泽.环境、社会资源与孩子们的健康[J].社会政策研究,2018(01):167-168.

[34] 王甫勤.社会经济地位、生活方式与健康不平等[J].社会,2012,32(02):125-143.

[35] 王坤峰,苟超,段艳杰,等.生成式对抗网络GAN的研究进展与展望[J].自动化学报,2017,43(03):321-332.

[36] 王伟.神经科学发展前沿融入精神医学本科生"发展心理学"课程教学的路径[J].西部素质教育,2023,9(03):154-157.

[37] 王文泽.着力推动我国新一代人工智能健康发展[J].红旗文稿,2025(05):41-44.

[38] 王永红.某高校大学生对艾滋病知识、态度、技能及性健康教育需求的调研[J].中华疾病控制杂志,2015,19(04):376-379.

[39] 王元超,王夏雨.互联网对个人健康的积极影响及其形成机制:社会关系网络的作用[J].华东理工大学学报(社会科学版),2022,37(01):66-80.

[40] 武文风.马克思技术进步理论研究[M].北京:经济管理出版社,2016.

[41] 向运华,王晓慧.智能陪护:老年人心理健康管理的新路径[J].甘肃社会科学,2019(04):125-131.

[42] 徐立芳.深度学习[M].北京:人民邮电出版社,2020.

[43] 徐祥运,蔡振东.约纳斯责任伦理视角下微信使用与健康生活方式建构[J].大连理工大学学报(社会科学版),2023,44(02):108-114.

[44] 雅各布·明塞尔.人力资本研究[M].张凤林,译.北京:中国经济出版社,2001.

[45] 杨俊锋,李世瑾.如何创新治理人工智能教育应用:场景化协同治理框架与实施路径[J].教育发展研究,2025,45(03):11-18.

[46] 杨廷忠.健康行为—理论与研究[M].北京:人民卫生出版社,2007.

[47] 杨忠伟.人类健康概念解读[J].体育学刊,2004(01):132-134.

[48] 姚斌,汪勇,王挺.大学生心理健康状况及影响因素的比较分析[J].西安交通大学学报(医学版),2004(02):201-204.

[49] 叶金勇.不同体能锻炼模式对大学生心理健康及自我效能感干预效果研究[J].湖北第二师范学院学报,2021,38(37):85-89.

[50] 游俊哲,丁岱睿.数智时代医疗人工智能的潜在法律风险及规制措施[J].中国科技论坛,2025(03):129-140.

[51] 岳剑波.信息管理基础[M].北京:清华大学出版社,1999.

[52] 曾晓进.健康内涵的文化学诠释[J].当代体育科技,2013,3(10):145-146.

[53] 张浩,吴秀娟.深度学习的内涵及认知理论基础探析[J].中国电化教育,2012(10):7-11+21.

[54] 张强.学生画像、动态监测、行为预测:大数据时代高校思想政治工作创新研究[J].现代教育科学,2019(04):65-69.

[55] 张勤,汝鹏,秦晓阳,等.社会规范导向与政策工具类型:数字技术赋能社会行为引导的机制解释[J].中国软科学,2024(11):67-76.

[56] 张艳宁,王鹏,张磊,等.面向无人移动平台的自主进化学习研究进展与展望[J].科学通报,2023,68(35):4821-4843.

[57] 张颖熙,谭诗异.以数字技术推动人口高质量发展——基于健康人力资本的跨国实证研究[J].学习与探索,2024(01):110-122+176.

[58] 张玉志,魏宏森.人工智能与社会进步[M].长春:吉林教育出版社,1990.

[59] 张征,王叶雨.健康人力资本研究评述与未来展望[J].山西财经大学学报,2020,42(S2):25-27.

[60] 赵仁清.运动影响骨代谢的 OPG/RANKL/RANK 作用机制[J].体育与科学,2010,31(3):76-80.

[61] 郑荣华,谭斌,张茜,等.石河子大学学生营养知识、态度及饮食行为的分析研究[J].中国现代医生,2012(50):21-24.

［62］郑永廷.思想政治教育方法论［M］.北京:高等教育出版社,2010.

［63］朱广家.健康内涵初探［J］.江苏卫生保健,2002(01):51－52.

［64］朱小燕.人工智能:知识图谱前沿技术［M］.北京:电子工业出版社,2020.

［65］F.D.沃林斯基.健康社会学［M］.孙牧虹,等译.北京:社会科学文献出版社,1992.

［66］Linda Brannon,Jess Feist,John A. Updegraff.健康心理学［M］.8 版.郑晓辰,张磊,蒋雯,译.北京:中国轻工业出版社,2016.

英文学术期刊

［1］BAGWELL M M，BUSH H A.Improving health promotion for blue-collar workers［J］.Jnurs care qual,2000,14(4):65－71.

［2］BRESOW，L. & ENSTROMJ. E. Persisstence of health habits and their relationship to mortality preventative medicine［J］. Preventive medicine,1980(9):469－483.

［3］GROSSMAN，M. On the concept of health capital and the demand for health［J］. Journal of political economy,1972,80(2):223－255.

［4］JAMES，J. Health & education expansion［J］. Economics of education review,2015,49(6):193－215.

［5］JOHNSON R L. Gender differences in health-promoting lifestyles of african americans［J］. Public health nurs,2005,22(2):130－137.

［6］KALJEE L,GENBERG B，MINH T etc. Alcohol use and hiv risk behaviors among rural adolescents in khanh hoa province viet nam［J］. Health education research,2004,6(15):1－10.

［7］KANG S W，YOO J S. Health-promoting lifestyle and depression in metabolic syndrome patients in korea［J］. Int J nurs pract,2012,18(3):268－274.

［8］KRISTINA E.B，STEFAN BK，ET AL. Health information literacy in everday life: a study of Finns aged 65－79 years［J］. Health Informatics Joumal,2012,18(2):83－94.

[9] KROEZE, W, WERKMAN, A, & BRUG, J. A systematic review of randomized trials on the effectiveness of computer-tailored education on physical activity and dietary behaviors[J]. Annals of behavioral medicine, 2006,31(3):205 - 223.

[10] MAYER, UWE F, SIMONETT, ET AL. A numerical scheme for axisymmetric solutions of curvature driven free boundary problems, with applications to the willmore flow[J]. Interfaces & free boundaries, 2001,4(1):89 - 109.

[11] MUSHKIN S J. Health as an investment [J]. Journal of political economy, 1962,70(S5):129.

[12] PASCUCCI MA, CHU N, LEAAURE AR. Health promotion for the oldest of old people[J]. Nurs older people, 2012,24(3):22 - 28.

[13] PEKER K, BERMEK G. Predictors of health-promoting behaviors among freshman dental students atIstanbul university[J]. Dent educ, 2011,75(3):413 - 420.

[14] S GOKYILDIZ, S ALAN, E ELMAS, A BOSTANCI, E KUCUK. Health-promoting lifestyle behaviours in pregnant women in turkey. [J]. International journal of nursing practice, 2014,20(4):390 - 397.

[15] STARK M A, BRINKLEY R L. The relationship between perceived stress and health-promoting behaviors in high-risk pregnancy [J]. Perinat neonatal nurs, 2007,21(4):307 - 314.

[16] SULLIVAN K, WAUGH D. Toward the development of the cerebrovascular attitudes and beliefs scale (cabs): a measure of stroke-related health beliefs[J]. Top stroke rehabil, 2007,14(3):41 - 51.

[17] SUNTAYAKORN C, ROJJANASRIRAT W. Effects of an empowerment program on health behaviors and stroke risk reduction of at-risk group in thai rural community[J]. Med assoc thai, 2013,96(9):1229 - 1238.

[18] T. PAUL SCHULTZ, Health and schooling investments in africa [J]. The journal of economic perspectives, 1999,13(9):67 - 88.

索　引

后 记

本书是上海市教育科学研究项目"上海高校哲学社会科学研究专项"课题，高校推进"三全育人"综合改革的评估指标体系研究的部分研究成果。

当本书的最后一页即将画上句点，我的内心既充满欣慰，又深感责任未尽。从人工智能技术革新到高等教育数字化转型，从大学生健康行为管理的理论探索到实践闭环构建，这段学术旅程既是对时代命题的回应，也是跨学科研究的深度碰撞。本书以"技术赋能人性"为核心理念，试图在工具理性与价值理性的张力中寻找平衡，在数据驱动与人文关怀的交织中探索路径。此刻回望，那些灯火通明的办公室深夜、激烈争论的跨学科研讨、扎根校园的田野调查，都成为这段旅程中不可磨灭的注脚。

当前我们面对的是一个充满矛盾的技术图景：智慧校园建设如火如荼，但大学生的健康行为管理仍深陷"数据孤岛"困境；健康类 App 层出不穷，却难逃"下载即卸载"的怪圈。这一现象背后，折射出人工智能技术应用与行为科学研究的深层割裂。本书提出的核心问题——"如何让人工智能从冰冷的工具转化为有温度的健康伙伴"——正是源于对这种割裂的深刻反思。为此我们系统梳理了健康行为理论与技术介入研究的断层：传统健康信念模型难以解释技术依赖导致的"知行分离"，而纯技术优化路径又忽视了个体心理的复杂性。这一发现促使研究团队转向跨学科整合，最终构建了"人的全面发展理论—思想政治教育人格塑造理论—健康人力资本理论"三位一体的理论框架。这一创新不仅为后续实证研究提供了理论根基，更揭示了技术赋能的核心逻辑——人工智能的本质是拓展人的主体性而非替代人性。

本书的章节设计体现了从理论建构到实践落地的完整链条。理论意蕴系统阐释了人工智能赋能的三大理论支点：马克思关于人的全面发展理论为技术介入划定伦理边界，思想政治教育人格塑造理论提供了行为引导的价值坐标，健康人力资本理论则赋予研究以国家战略视野。这些理论在实践意蕴中转化为具体的技术路径：从数据采集的伦理重构到监测评估的教育价值释放，形成了"数据—分析—干预—评估"的全链条管理闭环。

实证研究部分是理论框架的生动注脚。陆佳和同学在健康生活方式研究中，通过动态行为预测模型破解了"知行断层"难题。迟媛元同学在生理健康的突破性贡献，体现在对技术介入"双刃剑效应"的破解。针对大学生听力衰退、脊柱侧弯、视力损伤三大痛点，提出了"智能防护三阶模型"——通过骨传导耳机动态调节声能、坐姿矫正算法的代偿性预警、屏幕光生物效应自适应调节。陈沛如同学负责的心理健康研究，则将技术伦理研究推向纵深，提出了"技术介入须守护主体尊严"的伦理准则。

本书的完成得益于多方力量的汇聚。特别感谢我的导师张健明教授。从研究框架的顶层设计到理论突破的关键节点，张老师以其深厚的学术积淀和高屋建瓴的视野为本书指明方向。他在跨学科研究方法论上的指导（如"技术赋能需以人的发展为中心"的核心命题）、对实证研究设计的严谨要求（如"数据采集必须扎根真实场景"的原则），以及对学生创新探索的包容与激励，为团队注入了持续前行的信心与动力。还要感谢合作高校的师生，你们的真实反馈让研究始终扎根中国高等教育的现实土壤。

人工智能与健康行为的融合研究仍任重道远。本书虽初步构建了理论体系与实践模型，但数字时代的技术伦理、跨场景行为激励等命题仍需持续探索。期待我们的研究能激发更多关于"科技向善"的思考——当算法能够预测我们的健康选择时，我们比任何时候都更需要追问：技术进步的终极目标，究竟是为了计算生命，还是为了滋养生命？

本书的出版获得了上海工程技术大学2025年度学术著作的出版资助，同时也得到了上海交通大学出版社编辑提文静老师的热情帮助和指导，在此一并表示感谢。